プロレスという壮大な旅が
私を成長させてくれた。
そして、今もその途上にいる。
旅はこれからも続くのだ。

TATSUMI FUJINAMI
ROAD of the DRAGON
イースト・プレス

プロローグ・オブ・ドラゴン

プロレスラーになって今年で50年が経った。

半世紀と記すと、とてつもなく長い時間だと感じるし、実際、50年という月日は、非常に重みのある日々だったと思う。

故郷の大分県東国東郡（現在の国東市）を離れ、16歳で日本プロレスに飛び込み、1971年5月9日、岐阜市民センターで北沢幹之（当時のリングネームは新海弘勝）さんとの試合でデビューした。

以後、アントニオ猪木さんに従い新日本プロレスに参加、海外武者修行を経て、ニューヨークのマジソン・スクエア・ガーデンでWWWFジュニアヘビー級のベルトを奪取した。凱旋帰国後、ジュニアヘビー級という当時は未知の分野を開拓し、リングで闘ってきた。そして、永遠のライバル、長州力との抗争、飛竜革命と呼ばれた猪木さんに反旗を翻した行動から猪木さんとの60分フルタイムという生涯のベストバウトと出会うことができた。

至福の時だけではなかった。腰の椎間板ヘルニアで1年3か月もの長期欠場をするという地獄を味わったこともあった。さらには、新日本プロレスの社長として会社を牽引する難しさも体験し、あれほど愛していた新日本を辞める苦しみもあった。

そして無我、ドラディションと自ら団体を主宰しリングに上がり続け、WWEの殿堂入りという名誉を授与される光栄を経て今、50周年を迎えた。

こうして書き連ねると波乱万丈、紆余曲折、50年は本当に長い歳月だったと思う。一方で不思議だけれども、一瞬の出来事だったと感じることも正直ある。

今、目を閉じると、デビュー前の日本プロレスでの練習、巡業での風景、そしてデビュー戦の緊張がまるで昨日ことのように浮かんでくる。

50年の様々な闘いを振り返ると、「俺はプロレスラーになっていなかったら、一体、何をやっていたんだろう…」という感慨が込み上げて来る。その答えを必死に自問自答しながら求めると、どう考えても常に結論はひとつしか出てこない。

それは「俺にはプロレスラー以外の人生は考えられない」という確信だ。

幼い頃からプロレスファンで、中学生の時にはプロレスラーになると夢を見て、それを実現した私にとって、プロレスラーである自分が唯一、絶対で、もし「プロレスラーとは違う道を生きていたら……」と想像するだけで恐ろしくなる。

そんな思いを抱くのは「プロレスが好きだ」という情熱が、デビューした50年前も67歳の今もいささかもブレることなく、私の肉体と精神を貫く背骨となっているからだと思う。

そういう意味で自分が好きで愛してやまないプロレスを生業に、現役レスラーとして半世紀を過ごせたことは、無上の喜びだ。

　プロレスラーを志し16歳で故郷の大分・国東を後にした。その時からこれまで、日本、ヨーロッパ、アメリカ、メキシコ……世界中で闘ってきた。振り返るとそれは、理想のプロレスを追い求める旅だった。まるで旅をするようにリング上で様々な相手と出会い、闘い、別れ、喜びも悲しみも経験した。プロレスという壮大な旅が私を成長させてくれた。そして、今もその途上にいる。旅はこれからも続くのだ。

　今回、長い長いプロレスの旅で50年という節目を迎え、自らが歩んだ道を残したい思いが募り、この一冊が実現した。50年は、私自身の歴史でもあるが、日本のプロレス史でもある。本書では、そうした私が見て感じたプロレスの歴史も記していきたい。力道山先生が設立した日本プロレスでデビューしたレスラーのほとんどが引退し、また残念ながら鬼籍に入った方もおられる今、日プロを知る私が当時の光景をつづることは責務とも思っている。

　まずは、故郷の国東でプロレスと出会った時から筆を進めたい。

藤波辰爾自伝 プロレス50年、旅の途上で　目次

8章 「名勝負数え唄」――好敵手・長州力 205

13章 葛藤、そして無我へ 337

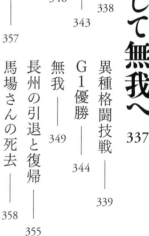

14章 苦難の社長時代 361

15章 WWE殿堂入り 385

1章 少年時代

プロレスとの出会い

プロレスと出会ったのは、1962年、小学3年生の時だった。

きっかけは、父方の叔父が初めて買ったテレビだった。当時、私の家には、ラジオしかなく、近所でテレビを買った家は叔父のところが初めてだった。夜になると私は近所の人たちに混ざって叔父の家でテレビを見るのが日課だった。

初めて見たテレビで一番惹きつけられた番組が、日本プロレス中継だった。白黒テレビに映る力道山先生が、体の大きな外国人レスラーを空手チョップでなぎ倒す雄姿に心を奪われた。

一緒に見ていた大人達も、みんな画面を食い入るように見ていた。力道山先生が外国人レスラーにやられると、大人達は、イライラし始め、声を押し殺して壁を叩き、悔しくて床に拳を付け、中には吸っていたタバコを畳にこすりつけて怒りを露わにしている人もいた。最後に空手チョップで勝つと、緊迫感が解け、ホッとしたような雰囲気になり、みんな安心して家を後にした。

私は、そんな大人達の一番後ろで白黒テレビを見ていた。画面に釘付けになる大人達の背中越しから見た、何かぼんやりと青白い光が浮かぶような画面に映った力道山先生の凄さに圧倒され、憧れ、瞬く間にプロレスへのめり込んだ。

それまで「力道山」という存在は、ラジオを聴いて知ってはいたが、姿を見たことがなかったから、実際にどんな人物で、そもそもプロレスがどんなものかもハッキリとは分からなかった。それが、テレビを見て、「力道山」、そしてプロレスが子供だった私の中に強烈な印象を与えた。

初めて見たプロレスは、私にとってケンカにしか見えなかった。最初は、本当に怖いもの見たさでテレビを見ていた。それが、見るたびに技の迫力に圧倒され、心をわしづかみにされていった。友達とプロレスごっこをしたり、家でも6歳上の兄・栄二と技を掛け合ったりするなど、プロレスが生活の中に入ってきた。ただ、小学生の私にとって、プロレスラーは特別で、完全に別世界の住人で、力道山先生のことは、人間でなくサイボーグのように感じていた。

だから、1963年12月15日に、力道山先生が39歳の若さで急逝したニュースを見た時も、亡くなったことに全く実感が沸かなかった。そもそも「力道山」を自分と同じ人間であると思っていなかったから、人間なら誰でも訪れる死と「力道山」が結びつかなかった。田舎に住む私にとって、プロレス界はそれほど別次元だったので、自分がプロレスラーになろうとか、なれるとか、そんな発想すら浮かばなかった。

力道山先生の死後も日本プロレスは存続し、訃報から翌年の1964年、私の家にも待望のテレビがやってきた。両親がこの年の10月に開催された東京オリンピックを見ようと奮発して買ったのだ。自宅でプロレスを見られる喜びは格別で、力道山先生が亡くなった後にエースとなったジャイアント馬場さんを筆頭に豊登さん、吉村道明さんらのファイトを、私は自宅のテレビでさらに夢中になって見た。

ただ、中継を見る時は、いつも大変だった。当時の大分県は、民放のテレビ局がTBS系列のOBS（大分放送）しかなくて、日本プロレスを中継する日本テレビ系列の放送局がなかったのだ。普通だったら見ることはできない。それでも、毎週金曜夜8時にプロレスを見ることができたのは、アンテナで愛媛県にある日本テレビ系列の南海放送の電波を拾ったからだった。

電波をキャッチするのは、いつも私か兄の役目だった。金曜日の夕方になると、どちらかが、平屋だった自宅の屋根に昇り、アンテナを動かして調整した。雨や風の強い日なんか大変で、体が吹き飛ばされそうになったこともあったが、大好きなプロレスを見るためだから、全然苦ではなかった。

屋根の上から「どうだ！　映ったか？」と家の中にいる家族と大声で声を掛け合い、無事に南海放送の画面が映ると、「今日もプロレスが見られる」と嬉しかった。

自宅のテレビで見た当時の日本プロレスには、師匠となるアントニオ猪木さんはまだ登場していなかった。力道山が亡くなった後にアメリカへ武者修行に出て、遠征を終えた後は、東京プロレスに移籍していて、日本プロレスには所属していなかったのだ。

東京プロレスは豊登さんと猪木さんが1966年10月12日の蔵前国技館で旗揚げ戦を行ったが、わずか3か月で崩壊した。猪木さんの姿を画面で見たのは、日本プロレスに復帰した1967年4月からだった。颯爽とした姿がとにかくカッコ良かった。ただ私は、猪木さんだけのファンではなく、画面に登場するレスラー全員が好きで憧れだった。

テレビでプロレスにのめり込んだ私にとって、さらに嬉しかったことは、国際プロレスが1968年1月からTBS系列で毎週水曜日夜7時から放送されたことだった。国際は、日本プロレスに所属していた吉原功さんが旗揚げした新団体。中継するTBSは、大分県で唯一の民放局だったOBSのキー局だったから、屋根に昇らなくてもプロレスを見られるようになったのだ。国際のレスラーも日本プロレスの選手と同じように全員が好きだった。

国際の放送が始まってから2年後の1970年4月には、大分県内に日本テレビ系列のテレビ大分が開局し、日本プロレスもクリアな映像で見られるようになった。それで、ようやくプロレスを見るために屋根に昇ることはなくなった。プロレスを見るために必死になってアンテナを調整した「儀式」は子供時代のいい思い出だった。

国東での幼少期

プロレスと出会う小学3年生までどんな環境で育って来たのか。ここで幼少時代を振り返りたい。

1953年12月28日に大分県の東国東郡武蔵町志和利（現在の国東市）で父・晋、母・トヨ子の間に、6人兄弟の末っ子四男として生を受けた。

生まれた時の体重は、母子手帳が残っていないから分からない。名前の「辰巳」（現在は辰爾に改名）も、正確にはどういう理由で命名したのかを親父に聞いていなかったから、ハッキリとは知らない。ただ、誰に聞いたかは覚えていないが、出生届が提出期限ギリギリになって、親父が慌てて自転車で役場に向かっている途中に、生まれた年の1953年の干支が「巳年」であることが頭をよぎり「巳年の前は、辰年だな。じゃあ、干支を並べて『辰巳』にしよう！」と思いつき、そのまま届け出たっていう話がある。

それが正確かどうかは分からないけど、結果的に「辰巳」という名前のおかげでプロレスラーとなってから「ドラゴン」というニックネームでファンに親しまれたことを思うと、命名の由来はともかく、素晴らしい名前を授けてくれて親父には感謝している。

幼少時代、実家周辺は、目の前が田んぼ、近くに志和利川が流れ、山に囲まれ、見渡す限り自然しかない風景だった。あふれる自然の中で私は生まれ、育った。

親父の職業は、炭焼き職人だった。山に入って炭を焼いて生計を立て、後は、祖父から譲り受けた田んぼで作った米を売りながら私達兄妹を育ててくれた。

生活は、いわゆる自給自足だった。家の田んぼで作った米は、出来のいいものは売って、そうじゃないものを家族で食べた。庭で作った野菜と飼育していた鶏が産んだ卵がおかずだった。

小学4年生ぐらいまでガスが通じておらず、台所も風呂も薪に火を付け、使っていた。お湯を沸かす時に母が竹筒で釜へ向かって息を吹きかけていた姿を思い出す。

家の食事で肉を食べた記憶はほとんどない。食べるにしても、かしわ、つまりは鶏肉で、すき焼きやカレーは、全て鯨肉だった。牛肉なんか食べたことがなかった。生まれて初めて牛肉を食べたのは、プロレスラーになってからだった。ステーキを口にした時は、「世の中にこんな美味イもんがあるのか！」と驚き感激した。

母のトヨ子も家計を助けるために、道路工事の現場で働いていた。決して裕福な家庭ではなかったが、当時、近所はみんな同じような家庭環境だったから、別に貧しいと感じることもなく、それが当たり前の生活だと思っていた。

子供の頃の楽しみは、炭焼きで山に入った親父に弁当を持っていくことだった。窯に木を入れて焼いて作る炭は、火の調整がとても大切で、いったん火を入れたら、2～3日は昼も夜も付きっ切りで窯の前から離れることはできない。煙の色を見ながら火の加減を調整しなければならず、親父は山に入ると、しばらく家に帰って来ることはできなかった。

だから、夕飯の弁当を届ける時が親父と会える唯一の時間で、小学2年ぐらいから会いたい一心で弁当を持って私は山を登った。

届ける時間はだいたい夕方で、帰りは日が落ちてしまう。夜の山道を照らすための懐中電灯なんてもちろんなかったから、提灯を持って登った。正確な距離は分からないが、子供の足で炭焼き小屋まで4、50分ぐらいはかかった。山に入ると、熊なのか鹿なのか定かではないけど、野生の動物が鳴く声が聞こえたこともあった。だけど、親父に会いたい思いが勝っていたためか、不思議と怖さはなかった。

平屋だった自宅の屋根は藁ぶきだった。間取りは、8畳、6畳、4畳半と後は台所だった。兄弟は、上の2人が長女・シズ子、次女・スズ子、次が長男・金治、次男・栄二、三男・鉄夫、そして私の6人だった。私が小学校に上がった頃は、13歳上の長女・シズ子は家を出ていたから、次女のスズ子が働いている母に代わって食事や家事を賄っていた。

テレビを置いた8畳の部屋が居間であり、食事をするところだった。そこには囲炉裏があった。プロレスに夢中になってから、兄の栄二とプロレスごっこをやっていた時に囲炉裏の中にあった鉄瓶や鍋を置く五徳に右腕を突っ込んで、大火傷したことがあった。その火傷の跡は今も右腕に残っている。

小学生時代は、ガキ大将っていうわけじゃなかったが、私が率先して友達を引き連れて遊んでいた。遊びは、自然を生かしたものばかりだった。木に登って住処を作ったり、木の枝で罠を作って鳥を獲ったり、川を堰き止めて魚を獲った。

鳥を獲った罠は、作り方を兄貴に教えてもらった。ひもを使って2本の棒に鳥を挟み込む仕掛けで、今もやり方は覚えている。ヒヨドリなんかが獲れたけど、初めて罠にはまった時、兄貴が毛をむしって内臓を取り除き、食べたことがあった。ただ、あまり美味しくはなく鳥を食べたのはその1回だけだった。

魚は、昼間に川を石で堰き止め、捕まえに行くのは夜だった。親父が畑の土を良くするために使う石灰を内緒で持ち出して、そこに水を入れると、カーバイトっていうガスが出て、火をつけると松明みたいになった。その明かりで堰き止めた川を照らすと、嘘のように大量の魚が集まって来た。フナ、どんこ、はぜ、うなぎなんかが簡単に網ですくって獲れた。それを家に持ち帰って焼いたり、煮つけにして家族で食べた。フナは鱗を取って、はらわたを取り出して刺身で食べたし、うなぎはさばいてかば焼きにした。

そんな自分達で獲った魚が家族のおかずになった。私にとっては遊びだったが、それは、そのまま家族の食卓を支えていた。まさに自給自足の生活だった。

魚獲りでは、忘れられない思い出がある。自宅近くにあった池は、田植えの時期が終わると、水を抜くことが毎年の行事だった。そうすると、池の底に大量の魚がいた。それを獲るのが楽しみで、毎年池の水を抜く時は、子供がいっぱい集まった。今、テレビ東京系で『池の水ぜんぶ抜く大作戦』っていう番組があるが、あんな感じで毎年、池の水を抜き、子供達は魚を獲ることに興じていた。

私も、幼い頃から毎年泥だらけになって魚を獲っていたが、小学1年の時、水を抜いた池で大きなうなぎを手づかみで獲った時に、どこかからバイ菌が入って、ジフテリアに罹った。

ジフテリアになると、喉の奥に厚い膜ができて、満足な呼吸ができなくなる。現在は予防接種のおかげで日本での発症例は報告されない病になったが、当時は死亡する人もあり、私はすぐに入院した。

自力で呼吸ができず、病院では喉に管を通して酸素を送って緊急措置をした。今も管を通した跡は残っている。後からお袋に聞いた話だと、医師からは「ダメだろう」と通告されて「今晩がヤマです」とも言われたという。実際、病院も治る見込みがないと思ったのか、手術をしないで管で酸素を送る応急措置しかしなかったことも、後年教えられた。

私自身には、入院した時の記憶はない。死の淵をさまよったが2、3日後に奇跡的に持ち直したという。意識が戻り、体調が回復に向かったのは、親父が持って来た芋を食べた時だった

自然豊かな故郷・国東で少年時代を過ごした。（提供：筆者）

と聞いた。親父は、私が入院した時、炭焼きで山に入っていて、病院に来ることができなかった。初めて見舞いに来た時に家で芋をふかして、持ってきてくれた。それを食べると、みるみる元気になって、「今夜が山」と宣告されるほどの死の危機から脱したのだという。

わずか6歳の時に体験した生命の危機だが、今、振り返ると、あのうなぎを獲ったことが良くなかったと思う。あれは多分、池の主だった。それを獲った祟りがジフテリアを引き起こしたのだろう。

ジフテリアは恐怖の体験だったが、幼い頃は自然と一体となったサバイバル生活の毎日だったから、レスラーになってからテレビで秘境の旅とかロケへ行った時も、全く動じなかった。思い出すのは『世界ウルルン滞在記』(ＴＢＳ系列)でパプアニューギニアへ行った時だ。首都のポートモレスビーから車で3時間移動した村に住む部族と、2週間生活した。そこで毎日野宿して、食事は現地の人たちと同じように虫を食べた。だけど全然苦じゃなく、むしろ、子供の頃を思い出して懐かしい感じがした。

小1の時は、病気が原因で学校を半分以上欠席した。そのせいもあって、授業にはついていけず、勉強は好きじゃなかった。学校をずる休みして、先生から「出て来い」と叱られたこともあった。そんな態度だからテストでもいい点数を取れるわけがない。だけど、両親はそれを咎めることはなかった。多分、子供のテストよりも、生活を支えるのに必死で構っていられなかったんだと思う。

生活の大変さを感じたのは、学校の昼ご飯が弁当から給食に変わった時だった。給食になれば、学校へ給食費を払わなければいけない。ところが、お金がない両親には、それを払えなかった。給食費の代わりに家で作った人参とか大根など、野菜を学校へ持っていった。そして、それで免除されたのだ。これは何も私だけでなく、当時クラスに3、4人、給食費の代わりに現物を納入していた子供がいた。

今では信じられないが、当時私が育った武蔵町では、そんなことが許されていた。私は野菜だったが、薪を先生に渡した級友もいた。給食費が払えないのは、言ってみれば恥ずかしいことだったかもしれない。でも、学校も先生も「現物納入」を認めてくれたことで、私達は辛い思いをしなかった。

そんな時代、私はテレビを見てプロレスと出会った。故郷の国東は、人生、そしてプロレスラー50年の原点が詰まっている。

プロレスを初観戦した大分市の「荷揚町体育館」

武蔵東小学校を卒業後に武蔵中学校へ入学した時、プロレスへの距離がさらに近づいた。その場所が大分市だった。

小学生時代は、テレビでしか見られなかったプロレスを、生で観戦する時が来たのだ。会場は、大分市内にあった大分県営荷揚町体育館だった。

あれは確か中学2年だったと思う。国東の実家を出て大分市内のクリーニング店で働いていた6歳上の兄・栄二から「今度、日本プロレスが大分に来るから一緒に見に行こう」と誘われた。兄は私と同じように、力道山先生をテレビで見てからずっとプロレスファンだった。小学3年生でプロレスの虜になった私にとって、憧れのジャイアント馬場さん、アントニオ猪木さんらテレビの向こう側にいたレスラーを生で見られるなんて、夢のようなことだった。兄の言葉に迷わず「行く」と返事をした。

両親にはプロレス観戦は内緒にして「兄貴の家へ行く」とだけ伝えて大分へ向かった。

初観戦した試合は、過去の記録を調べてみると日本プロレスの1968年1月30日の大分大会だったようだ。この日は火曜日で学校はあったが、早退したことを覚えている。早引きした理由は、大分まで自転車で行ったからだ。親からお小遣いをもらっていないから、バスや電車なんて使えない。大分までは、自転車で行く以外に方法はなかった。国東から大分までは約50キロの道のりで4時間はかかる。試合開始時間の午後6時半に間に合うには、早退するしかなかったのだ。

学校から帰ると、すぐに自転車に乗ってひたすらペダルを漕いで大分を目指した。舗装されていない砂利道もあったが、全く苦にはならなかった。初めて生でプロレスを見る興奮でペダルを漕ぐ足も疲れなかった。

会場の大分県営荷揚町体育館に着くと、外には大勢のファンがいて、皆、体育館の2階を見つめていた。荷揚町体育館は2階に選手の控室があり、ベランダに出て来る選手をひと目見ようと待っていたのだ。

ベランダはまるでお立ち台のようで、下から見上げる私達には、出て来るレスラーが眩しく見えた。特に馬場さんは、ファンを見下ろすように悠然とたたずんでカッコ良かった。

少し話は逸れるが、プロレスラーになった私の小さな夢が、あの時の馬場さんのように荷揚町体育館のベランダに立つことだった。馬場さんが2階から見た景色は、どんなふうだったのか見たくてたまらなかったのだ。

その思いが叶ったのがニューヨークでWWWF世界ジュニアヘビー級王者となった後、初めて荷揚町体育館で試合をした時だった。体育館に着き真っ先にベランダに出た。眼下には、大勢のファンがいて、私の姿を見て手を振っていた。馬場さんが見た光景を体感した時、レスラーになって良かったと心から思った。

他人から見れば、取るに足りないことだろう。ただ、プロレスファンだった私にとって、中学生時代に自分が見上げた場所に立っていることに、深い感慨を覚えた。荷揚町体育館のベランダは、私にとってプロレスラーになった感動を味わえる特別な場所だった。

話を初観戦した中学時代に戻そう。

兄が買ったチケットは、確か500円の立ち見席だったと思う。2階席の一番後ろからリングを初めて生で見た。当時は、館内でタバコを吸うのも自由で、テレビマッチじゃない会場は、リングを照らすライトしかなかった。その薄暗い光の中にタバコの煙が漂っていた。あの怪しげな光景は、観戦しなければ味わえない雰囲気で、中学生の私はどこか入ってはいけない場所にいるようで胸がドキドキと高鳴った。

そして、ゴングが鳴り、前座レスラーがリングに上がった。いよいよ初めて生で見る試合が始まった。驚いたのは、音だった。相手を蹴り、叩く音。マットに投げる音。レスラー同士がぶつかる音。耳にする全てがテレビでは分からないド迫力の響きだった。あの音を聞いた時、プロレスの凄さを肌で感じた。

加えて圧倒されたのは、レスラーの想像以上の大きさだった。外国人レスラーが控室から花道に出る時に頭を下げて、ぬっと姿を現した時のデカさに驚かされた。でも、別格だったのが馬場さんだった。ベランダに出てきた時よりも数倍、大きく見えたあの風格。試合が始まると、その体格を感じさせないほど機敏に動き、外国人レスラーをなぎ倒した。初めての生観戦では、馬場さんの圧倒的な貫禄に心を奪われた。

以来、荷揚町体育館では、何度か観戦した。日本プロレスだけでなく国際プロレスも足を運んだ。大分は、TBS系列のOBSが国際を放送していたから、日プロより国際の方が来る回数が多く、サンダー杉山さん、ストロング小林さんの試合を見た。当時の国際は、試合が終わると選手は同じバスに乗って移動していたが、小林さんだけは、1人で車を運転して会場を去っていった。「トップレスラーは、特別に車で移動するのか」と憧れたことを覚えている。

観戦を繰り返すうちに、小学生時代は別世界だったプロレス界が、現実の世界へ変わって来た。そして、決意した。「将来、プロレスラーになる」と。大分の荷揚町体育館で見たリングが私をプロレスの世界へ誘ったのだ。

大分での生観戦でさらにプロレスへ引き込まれた中学時代だったが、学校の部活動は陸上部に入った。放課後、毎日、学校から近くの椿八幡神社まで往復2キロのマラソンコースを走り、それから1500メートルのタイムトライアルで汗を流すのが日課だった。種目は、走り幅跳び、三段跳び、100メートルの短距離走で、中でも得意だったのが三段跳びだった。中3で、国東ではトップクラスの12メートルを超える記録を残し、大分県大会へ出場した。ただ、県大会では、14メートル近く跳ぶ選手がいて勝てなかった。

小学校の時から親父の炭焼き小屋まで毎日のように山道を歩き、中学では陸上部で走ったこ

下半身を鍛える環境にあったことが、のちのレスラー人生に活きた。（提供：筆者）

とが自分の下半身を作るベースになったと思う。おかげで太腿が人並外れて太くなり、新日本プロレスが旗揚げした頃、豊登さんに「お前、いい太腿しているなぁ。太腿だけならメインイベンターだ」と褒められたこともある。子供の頃、毎日の生活で自然と鍛えられた下半身がプロレスラーを50年続けられた要因の一つだろうと思っている。

中学時代は、家計を助けるために休みの日など時折、仕事をしていた。道路工事の仕事をしている近所の人がウチの生活を心配して「両親を助けるために俺の仕事を手伝え」と誘ってくれたのがきっかけだった。中学生が働くのは、今なら問題視されるが、当時は許された時代だった。

仕事は、道路の舗装工事だった。ブルドー

ザーで地ならしをした道に残った石を拾ったり、鋤で砂をかき集めるのが私の役目だった。体を動かすことが大好きな子供だったから肉体労働は、それほど辛くなかった。給料は、誘ってくれた近所の人が自分の収入から1日1000円ぐらいを私へ渡してくれた。両親から小遣いをもらえなかった私にとっては大金で、腹が減った時に何か食べるものを買うために使った。

働きながら学校に通っていた中学時代は、登校日も休んで働くことがあった。忘れられないのは、中3の頃、仕事を優先し、何日間か学校を休んだ時だった。心配になった先生が道路工事をしている私の下へクラスの仲間と一緒にやってきて「学校へ行こう。みんなと一緒に卒業しよう」と励ましてくれたのだ。学校を休んだことを叱らなかった先生の言葉と仲間達の温かさには、涙が出る思いだった。

思い出深い中学校生活も、進学か就職か、進路を決める時期が来た。私は、プロレスラーになる決意を兄へ打ち明けることになる。

プロレスラーになる決意

大分で生のプロレスを見て、プロレスラーの迫力を目の当たりにした時、憧れだけでなく「俺もプロレスラーになる」と決意した。

自分でも不思議なのは、子供の頃は友達と取っ組み合いのケンカもしたことがなかったことだ。人を殴ったり蹴ったりしたこともなければ、やられたこともない。どちらかと言えば争いごとは嫌いな方だ。そんな私がどうして、リングで闘うプロレスに憧れたのだろう。それはもしかすると、自分の中に「なかった」何かがプロレスにあり、だからこそ、憧れを抱いたからなのかもしれない。

最初に自分の気持ちを伝えたのは、次男の栄二だった。荷揚町体育館で一緒に観戦した時に「プロレスラーになりたい」と打ち明けた。反対されると思ったが、全面的に賛成してくれた。本当は自身もレスラーになりたかった兄は、叶わなかった夢を私に託したのだ。

当時は、団体が定期的に新人の入門テストを行なうことはなかった。しかもレスラーになるような人間は、生まれつき体が大きいとか、元力士であるとか、柔道やレスリングで高い実績を残すなど、最初から特別な存在でなければなれないと思っていた。だから私は、自分で入門を志願する勇気がなく、代わって兄が専門誌で日本プロレスと国際プロレスの住所を探して、「私の弟がプロレスラーになりたい」といった旨の手紙を書き、私の写真を同封した、いわば「入門志願書」を送ってくれた。そのうち、兄だけでなく、私も自分で「志願書」を送った。しかし、連絡が来ることはなかった。

中学を卒業してプロレスラーになりたかったのは、高校へ進学せずすぐに働きたいと思って

喧嘩早いタイプでもなく、普通の中学生だった。（提供：筆者）

いたこともある。子供の頃から炭焼きが生活の糧だった親父の苦労を見ていたから、この田舎で一体、自分は何をすればいいのか？　と考えていた。当時、国東には県立国東農工高があって、進学することもできたが、高校で何もせず3年間を過ごすよりも、早く社会に出て手に職を付けたいと思っていた。自分が早く仕事をすることで、両親を少しでも楽にさせられるし、仕事をすることで親父と同じ苦労をしない生活があるんじゃないか、と考えていた。

そして、仕事をするのなら、自分が好きなことをやりたかった。精一杯考えた結果、プロレスラーになることを決断し、高校への進学は辞めた。

両親に自分の気持ちを伝えたが、親父もお袋も反対しなかった。ただ、担任の藤嶋五男先生には猛反対された。国語教師だった藤嶋先生は、私と同じ武蔵町の出身で剣道部の顧問だった。小柄だが眼光が鋭くて、授業で漢字ができない時は、放課後に居残りで漢字の書き取りをやらされた。

藤嶋先生に、プロレスラーになりたい思いを伝えた時は「このバカタレが」って怒られて「そんな雲をつかむような仕事じゃなくて、高校へ行って、それからまっとうな仕事をやれ」と諭された。先生は同じ町に住み、私の家の暮らしを知っていたから、親に心配をかけるようなことをするなって言いたかったと思う。それでも私の思いは、変わらなかった。

藤嶋先生で思い出すのは、よく「つまらん人間になるな」と言い聞かせてくれたことだ。そ

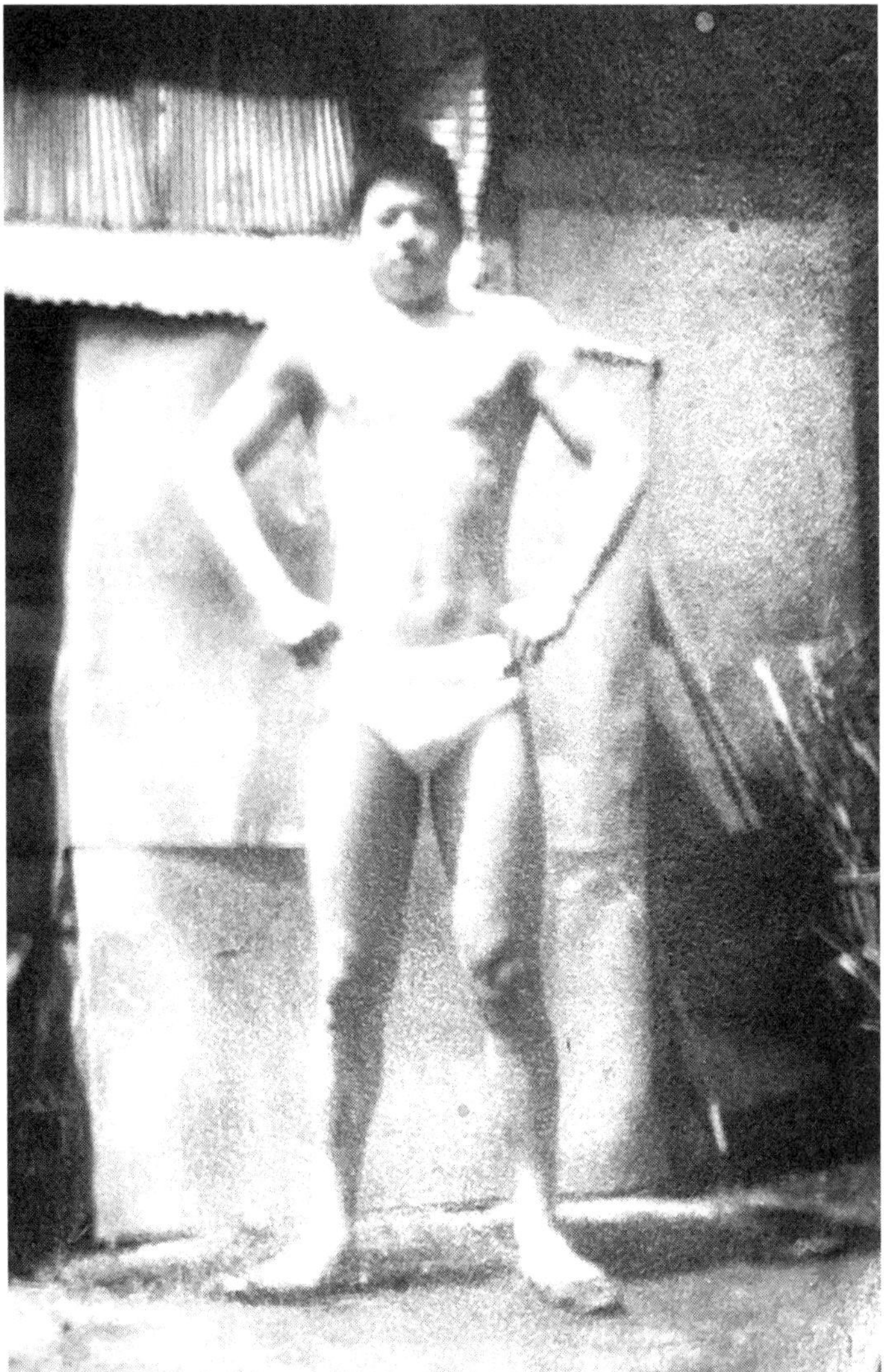

自分なりのメニューで体づくりに励んだ。（提供：筆者）

の言葉は今も耳に焼き付いている。振り返れば、これまでのプロレス人生でもいつもどこかで藤嶋先生の「つまらん人間になるな」の教えを思い出すことがあり、その言葉で自分自身を戒めてきた。

先生は後年、同級生を連れて何度か上京して私の試合を見にきてくれた。会うと必ず涙を流された。レスラーになってからも私のことを気にかけてくれた。残念ながら2020年に亡くなったが、私にとってかけがえのない恩師だった。

プロレスラーになるために「入門志願書」を送り続けたが、相変わらず連絡はなく決意とは裏腹になれる方法が見つけられなかった。そのまま中学を卒業し、万が一夢が叶わなかった時の保険として、国東にあった職業訓練校に入学した。学校では、実習として板金工場に勤めることが義務付けられていて、給料も毎月2万円もらえた。中学を卒業したばかりの私にとって2万円は大金だった。学校に通いながら月給がもらえたから、心地いい生活だったが、自分の志は変わらなかった。レスラーになるために、腕立て伏せ、腹筋、スクワット……、プロレス専門誌でレスラーが練習しているメニューを自分なりに取り入れ体を鍛えていた。

学校には1年間通って、自動車の板金塗装の整備資格と電気、ガスの溶接の免許を取得し、別府市内の自動車修理工場「松本自動車」へ就職した。

仕事に就いた時、国東の家を出て別府市内の会社が用意した寮で暮らすことになった。別府市内の会社に就職したのは、プロレスラーになるためだった。国東には、プロレス興行はまず来ない。プロレスとの接点がない土地では、夢を叶える可能性は少なく、別府なら1年に数回は興行があるし、大分市内まで電車で20分もかからない。数多くの興行がある大分の近くに住めば、団体との接点がより増えると思ったのだ。

就職してからは、毎日仕事が終わると兄が住む大分市内にあるボディビルセンターに通って体を鍛えた。練習が終わると時折、兄がなけなしの金で「体を大きくしろ」って言ってラーメンを食わせてくれた。そんな兄の思いに応えるためにもレスラーになる気持ちはさらに強くなった。ただ、いかんせん、きっかけがなかった。夢だけ見て、まるで暗闇の中にいるような日々に、光は突然、射した。それが北沢幹之さんとの出会いだった。

別府で好機を得る

就職した別府は、私とプロレスラーをつないだ町だった。

自動車工場で働き始め間もない頃だった。兄の栄二が「今、別府にレスラーが温泉療養で来ているらしい」と教えてくれた。兄は、今こそプロレスラーと接点ができるチャンスと感じたのか「選手が泊まっている旅館を探して、その人にレスラーになることをお願いしてみよう」

と提案した。

私は、兄の情報が正確なのかも分からないし、見ず知らずの自分がいきなり直談判するのは気が引けたが、兄に背中を押されるように、仕事が休みの日に別府の温泉旅館を回ってレスラーを探すことにした。

兄が運転する車に乗り、十軒ぐらいの旅館を回った時だったと思う。「湯狩荘」という温泉宿で「今、プロレスラーが泊まっていませんか?」とフロントで尋ねると、ドンピシャリ、そこにプロレスラーがいたのだ。その人が北沢幹之さんだった。当時は「新海弘勝」のリングネームだった北沢さんは、膝をケガして欠場中で、温泉治療のため別府に滞在していた。全く見ず知らずの兄弟の突然の訪問に、北沢さんは驚きながらも旅館のロビーで快く応対してくれた。

北沢さんは、1961年に日本プロレスへ入門し、一時は猪木さんと豊登さんが旗揚げした東京プロレスへ移籍したが、団体が崩壊すると猪木さんと共に日プロへ復帰した中堅レスラーだった。

あいさつをして、兄が私達の出身が東国東郡の武蔵町だと伝えると、北沢さんも同じ東国東の安岐町の出身だと明かしてくれた。当時の私は、トップレスラーの経歴は知っていたが、中堅以下の選手の情報はあまり詳しくなく、何となく兄から「国東出身のレスラーがいるらしい」と聞かされてはいたが、それが誰なのかは知らなかった。

その同郷のレスラーが、アポなしで訪ねた北沢さんだったとは、不思議な運命を感じざるを得なかった。

北沢さんを目の前にした私は、緊張でほとんど話ができなかった。北沢さんは身長175センチほどと、レスラーとしては大きくなかったが、分厚い胸板、鼻は曲がり、耳はつぶれてカリフラワーのように沸いている風貌は、迫力満点で私は圧倒されっぱなしだった。

そんな、心臓が飛び出そうなほど硬くなって話せない私の代わりに、兄が「弟がレスラーになりたいんです」と熱を込めて話してくれた。この時の私の体は身長175センチ、体重は70キロもないやせっぽちだった。そんな私の体を見て北沢さんは「細いし、レスラーらしくないから辞めた方がいいよ」と最初は諭してくれた。それでも兄が食い下がると、北沢さんに「レスラーになりたいのか？」と聞かれた。すぐに答えられないでいると、兄に「やりたいだろ？」と促され、北沢さんへ「やりたいです」と短い言葉に思いの丈を込めて返答した。

すると、北沢さんは根負けしたのか、「気持ちは、よく分かりました。じゃあ今度、日本プロレスが下関に来るから、そこで僕も合流するので一緒に下関へ行きましょう」と言ってくれたのだ。

北沢さんにしてみれば、「下関へ行こう」と言ったところで、本当に来るかどうかは分からないから、私を試したのかもしれない。下関に来たとしても、説得すれば、レスラーになることをあきらめるかもしれないと思ったのかもしれない。もちろん、北沢さんに新人の入門を許可できる権限もない。ただその時の私は、その言葉でレスラーになることを許可されたと思い込み、飛び上がるほど嬉しかった。二つ返事で「お願いします」と頭を下げて、最初の緊張はどこかへ吹き飛んで「これでレスラーになれる！」と胸を高鳴らせて、旅館を後にした。

北沢さんと出会った別府が人生の分岐点だった。そして仕事を辞め、プロレスラーになるため下関へ向かった。

下関で始まった「師弟関係」

1970年6月16日。16歳の私は、日本プロレスの試合会場である山口県下関市体育館に着いた。

前の晩は、父親の晋と一緒に大分市内の兄・栄二のアパートに泊まった。翌朝、兄からプレゼントされた赤と白色のビニール製のボストンバッグに学生服、中学校の体操服、ジャンパー、下着を入れて、兄が運転する車で下関へ向かった。

途中、温泉治療のため別府にいた北沢さんを乗せて、4人で目的地となる下関市体育館に着いたのは夕方の4時頃だった。

北沢さんの手配で試合を観戦したが、この大会が終われば、父と兄と別れて、プロレス界に入るのだと考えると、今まであれほど楽しんでいたプロレス観戦なのに、足がガタガタ震えて、まともにリングを見られなかった。

試合が終わると、また4人で車に乗り込んだ。北沢さんの案内で、選手が宿泊する下関市内の旅館に着いたが、私と北沢さんを下ろしてほどなく父と兄は大分へ戻った。

旅館に入った私は、まず、吉村道明さんにあいさつをした。吉村さんは、力道山亡き後の日本プロレスの幹部レスラーで、当時は、トップレスラーのマッチメイクを担当するなど、現場で選手を管理する責任者だった。北沢さんは、吉村さんへ私のことを「熱心なファンです」と説明したが、私には「明日から巡業があるから、一緒についてきなさい」と言ってくれた。この北沢さんの独断で、正式な練習生ではなかったが、巡業に付いていくことが決まり、私はそのまま下関の旅館に残った。

ただ、それは一方で家族との別れでもあった。父と兄との別れ際、兄は「頑張れよ」と声をかけてくれたが、親父は、何も言わなかった。駐車場へ向かう後ろ姿を私はずっと見つめていた。あの時の親父のどこか寂しそうな後ろ姿は今も鮮明に覚えている。当時は、一般人とプロレスラーの世界はかけ離れていて、一度入ったら五体満足で帰れない、ある部分で死をも覚悟しないといけないと捉えられていただろう。ましてや、あの国東の田舎から見れば別次元のことで、親父にしてみれば、息子を大変な世界に入れてしまったという何とも言えない感情があったと思う。もしかすると本当は、このまま大分へ連れて帰りたかったんじゃなかったのかとも想像する。

それは今、私も親になり身に染みて分かる。息子のLEONAがレスラーになって、彼が1人で遠征に出ると、ケガはないか？　などと心配で仕方がない。試合が終わって電話が入るまで落ち着かない気持ちになる。親は、いくつになっても子供が心配なのだ。だから、あの時の親父は、離れて暮らすことはもちろん、プロレス界という想像もつかない世界に息子を入れたことへの不安と心配、寂しさはとてつもないものがあっただろう。下関の旅館での遠くなる親父の寂しそうな背中は、生涯忘れることはない。

下関の旅館では、巡業へ同行するため、北沢さんに連れられ先輩レスラーへのあいさつにも回った。順番は、エースのジャイアント馬場さんからだった。馬場さんは、間近だと会場で見るよりもはるかに大きくて、凄いド迫力だった。私があいさつすると「そうか」とだけ言って、葉巻を吹かしていた。

そして、この時が師匠となるアントニオ猪木さんとの初対面だった。当時は、馬場さん、猪木さん、吉村さん、大木金太郎さん、坂口征二さんのトップレスラーが個室で中堅選手は3、4人の部屋、若手は大部屋で泊まっていた。

猪木さんの部屋に入ると北沢さんに「私と同じ大分出身で藤波と言います。レスラーになりたいと言っていますので、どうぞよろしくお願いします」と紹介され、「ああ、そうか」と猪木さんはうなづいた。私も「藤波です。よろしくお願いします」と直立不動であいさつをした。すると猪木さんは、たった一言「頑張れよ」と言ってくれた。当時の猪木さんは27歳で、血気盛んで迫力があってリングを離れても、凄まじいオーラがあった。目がギラギラして怖くて、まともに顔を見ることもできなかった。ただ、レスラーで「頑張れよ」と声をかけてくださったのは猪木さんだけだった。憧れの人から言葉をもらったことがとにかく嬉しかった。あの一言、そして緊張の初対面が私と猪木さんの師弟関係の始まりだった。

2章 日本プロレス入門

練習生時代

下関で正式ではないが入門を許された私は、翌日の山口市での大会から日本プロレスの巡業に参加した。

「参加した」と書いてはみたが、実際は、北沢さんの後にくっついていただけだった。この時は山口から島根の出雲市、鳥取市へ移動したが、次の目的地へ向かう電車やバスの中でも北沢さんの横に座らせてもらって、常に北沢さんから離れなかった。旅館でも自分の食事は用意されていなかった。そのため、北沢さんが自分のために、試合後に外で食事させてくれた。その時に食べたとんかつに「こんな美味いものが世の中にあるのか！」と感動したことを思い出す。

北沢さんに付いた当初は、移動中も試合会場でも、他の先輩レスラーは口もきいてくれなかった。多分他の選手は、自分を練習生とは認めず「北沢さんが面倒を見ている子供」みたいな感覚で見ていたと思う。ただ、変な嫌がらせを受けることはなかった。それも、北沢さんが中堅選手の中でもキャリアが上で、なおかつ人格者だったから、北沢さんの手前、他の選手は私に手出しができなかったのだ。

試合前の練習は、北沢さんから「見てなさい」と指示され、客席の一番後ろでリング上で汗を流す先輩達を見た。初めて見たレスラーの練習は、試合と同じように威圧感と迫力があり、怖さを感じた。この時私は、実家から持って来た「武蔵中学」と書かれた中学時代の体操服を着ていた。傍目から見ても、会場に何か1人、場違いな中学生がいる、と思われていただろう。そのうち北沢さんから「腕立て伏せをやってみなさい」とか「スクワットをやってみなさい」と少しづつ指導されるようになった。リングで練習する選手の輪には入れてもらえなかったが、北沢さんから教えてもらったスクワットや腕立て伏せの動作を見様見真似で繰り返し、会場の片隅で、一人、汗を流した。

私が6月16日の下関大会から初めて巡業に付いたシリーズは「第1次ゴールデンシリーズ」で、19日の鳥取大会後に3日間のオフがあり、選手は一度東京へ帰ることになった。

鳥取大会を終えた翌日、私も北沢さんに付いて東京へ行った。この時が初めての上京だった。新大阪からこれも初めて乗る新幹線で東京に着いた。テレビでしか見たことがなかった大都会の風景だったが、正直、何の感動も驚きもなかった。この時は、花の都へ初めて来たという観光気分よりも、プロレスラーとしてこれから自分はどうなるのか、こんな怖い世界でやっていけるのかという思いしかなく、東京の街並も何も目に入ってこなかったのだ。

東京では、正式に会社へ入門を認めてもらうため、北沢さんに外苑前の秩父宮ラグビー場の傍にあった日本プロレスの事務所へ連れていかれた。当時は、代官山に新しい事務所を建設している最中で、この外苑前のオフィスは仮の事務所だった。そこで初めて芳の里淳三社長、遠藤幸吉さんら幹部にあいさつをした。北沢さんは、芳の里さんへ私のことを「これから僕が面倒見ますから日本プロレスに入れてもらえませんか」と頭を下げてくれた。芳の里さんに「お前に任せるから、ちゃんとやれよ」と入門を認められ、晴れて練習生となった。

今、こうして振り返っても右も左も分からない16歳の自分をここまで導いてくれたのは北沢さんだと実感する。レスラーになるために背中を押してくれた兄の栄二と北沢さんがいなかったら、プロレスラーにはなれなかったと思う。2人のおかげで、50周年を迎えることができたと感謝している。

若林で居候生活

上京して困ったのは、暮らす場所がなかったことだった。

私が入門する以前の日本プロレス合宿所は赤坂にあった。力道山の自宅だった赤坂にある「リキ・アパートメント」に隣接していて、そこで若手選手が生活していたのだ。私が上京したこの時は、赤坂を離れ代官山に合宿所を建てている途中で、私は住む場所がなかったのだ。

助けてくれたのは、やはり北沢さんだった。世田谷区若林のマンションに住んでいた後輩の永源遥さんの部屋に居候することを頼んでくれ、永源さんも快く引き受けてくれた。合宿所が完成するまでの間、永源さんのマンションで生活することになった。

永源さんは、1946年1月11日生まれ。大相撲の立浪部屋から1966年に東京プロレスに入団し、その後、日プロへ移った。年齢は私より7歳上だったが、明るい人柄で一緒に生活して楽しかった思い出しかない。マンションには、風呂もトイレもあり、キッチンと8畳と6畳ほどの2部屋があった。永源さんは、私を引き受ける前に飯田敏光さんと大里巌さんの2人の若手選手の面倒も見ていた。飯田さんは、後に日プロを退団して実業団を経て、プロ野球の大洋ホエールズ（現・横浜DeNAベイスターズ）に投手で入団した。大里さんは、私の1年先輩で、この頃は既にデビューしていた。

他に、永源さんの相撲時代の後輩で、食事や掃除、洗濯をしてくれる方も住んでおり、合計5人での暮らしが始まった。思い出すのは、この元力士の人が作ってくれた食事が美味しかったことだ。特にちゃんこ鍋は、スープが抜群で感激した。鍋だけじゃなくて網を買って焼き肉をやったり、みんな和気あいあいと生活していた。これもひとえに永源さんの人柄のおかげだった。

翌年、この永源さんの部屋には、プロレスに転向を決めた元力士が転がり込んできた。のちにキラー・カーンとなる小沢正志、そしてのちのケンドー・ナガサキである桜田一男だ。

一時期は、6畳間に私、大里さん、飯田さん、小沢、桜田の大男5人が寝起きしていた。その中ではやせていた私は、テレビの下とか、床の間みたいなところに追いやられて寝ていた。身長が188センチもある桜田なんかは、部屋にクーラーがないから、夏は暑くて、ベランダに布団を敷いて寝ていた。ちょうどベランダの大きさと彼の身長がピッタリ合って「ここは気持ちがいい」ってご機嫌な顔して横になっていた姿を懐かしく思い出す。

東京で初めて暮らした若林は、住宅街だったが、近くに飲食店がたくさんあったし、休みの日は、三軒茶屋へ出て食事や買い物へ出かけたりして、東京暮らしを楽しんでいた。

猪木さんの教え

練習生となった私は、北沢さんに代わってアントニオ猪木さんの付け人を務めることになった。入門前は、猪木さんもそうだが、ジャイアント馬場さんにも憧れていて、「BI砲」のどちらというよりも2人の大ファンだった。私が猪木さんに惹きつけられたのは、リング内外の行動に間近で接した付け人時代からだった。

まず猪木さんは、誰よりも練習熱心だった。試合がある時は、どんな会場でも床に敷くゴム板を持って、客席の後ろで柔軟体操、ブリッジ、縄跳びをして汗を流すのが日課だった。その後は、スパーリングに取り組んだ。思い出すのは、猪木さんがリングに上がると、他のレスラーがまるで蜘蛛の子を散らすようにみんなリングからいなくなったことだ。

理由は、猪木さんのスパーリングは、他の選手がやる内容とは違っていたからだ。当時の日プロのレスラーがスパーリングと呼んでいたものは、ロックアップ、バックを取って倒して逃げるとか、言って見れば試合と同じ動きだった。ところが猪木さんのスパーリングは、相手と関節を極め合う内容だった。「極めっこ」あるいは「ガチンコ」、「セメント」と呼ばれたこのスパーリングは、日プロのコーチをしていたカール・ゴッチさんから学んだ練習で、猪木さんは、ゴッチ流のスパーを追求していたのだ。

ゴッチさんは、１９４８年のロンドン五輪に出場した経歴を持つレスリングの選手で、１９５０年にプロレスデビューすると、いわゆるショーマンスタイルを嫌って強さを求めるスタイルを実践した。初来日は１９６１年で１９６８年からは日本に住んで日プロのコーチとして選手を指導した。

ゴッチさんのプロレスへの考え方は、試合は道場のスパーリングを少しアレンジしてお客さんの前で披露するもので、ベースは練習している「セメント」をそのまま見せようという思想だった。この教えに最も共鳴したレスラーが猪木さんだった。そして後年、私も絶大な影響をゴッチさんから受けることになるが、それはまた後に詳述したい。

ゴッチさんが教えた関節を極め合うスパーリングで猪木さんに敵う選手は、当時の日プロで誰もいなかった。他の選手は、猪木さんと「セメント」をやれば、関節技で極められてしまう。誰も好き好んで痛い思いをしたくないから、猪木さんがリングに上がると相手に指名されることを嫌がって消えていった。それは、試合会場だけでなく道場でも同じで、猪木さんが道場に来ると、いつの間にか選手がいなくなったものだった。

いつも猪木さんとスパーリングで汗を流していたのは、北沢さん、山本小鉄さん、木戸修さんだった。この方達の名前を出せば分かる方も多いと思うが、猪木さんが新日本プロレスを旗揚げした時に参加したメンバーで、新日本は猪木さんのプロレスに共鳴したレスラーが集った団体だった。もちろん、私も強さを追求する猪木さんの姿に自然と惹きつけられ、プロレスに対する考え方も大きく影響を受けた。

猪木さんは、馬場さんとライバル関係だったと評される。しかし、私が見た限りで馬場さんが練習で猪木さんと競うように「極めっこ」をやっていることはなかった。読売巨人軍に在籍するもプロ野球を引退し、プロレス界に入った馬場さんは、デビューから間もなくアメリカへ遠征し、本場でトップを極めた。こうした経験から恐らく馬場さんは、プロレスにはゴッチさんが考える道場の「セメント」は必要ないと考えていたのだろう。だから、道場でそんな練習をすることはなかった。こうした2人の姿勢が後に「新日本プロレス」と「全日本プロレス」のカラーの違いになって表れた。

猪木さんに惹かれたもう一つは、試合に臨む姿勢だ。試合が近づき、ガウンを着て、帯をギュッと締めるとスイッチが一気に入った。全く人を寄せ付けない空気をまとい、控室を出て会場へ一歩踏み出した時は、顔色が変わり、相手から視線を外すことはなかった。その緊迫感でお客さんは猪木さんに引き込まれ、一挙手一投足に釘付けになった。

普通、選手はゴングが鳴ってからテンションを最高潮に上げるが、猪木さんの場合は、控室を出た瞬間から気迫が溢れ出し、まるで試合が始まっているようだった。あの感性は誰もマネができない。付け人としてガウンを着せていた私は、あのスイッチが一気に入る焼けつくような緊張感は忘れることはできない。そして、猪木さんから折に触れて「リングは闘いの場だ」と教えられ、少しでも相手から視線を外すようなものなら「命のやり取りする場所で、敵の目を反らして、客席を向く馬鹿がどこにいる」と叩き込まれた。

「プロレスとは闘いである」

私の中での、プロレスラーとして私の原点だ。

巡業の思い出

猪木さんの付け人として全国を回った日本プロレスの巡業は、基本的に各地を列車で移動した。

座席もランクが決まっていて、馬場さん、猪木さん、吉村さん、大木さん、坂口征二さんのメインイベンターと外国人選手は、グリーン車で、山本小鉄さんら中堅選手が指定席、若手は自由席だった。

移動時の服装は、ジャージが禁止だった。これは特に教えられたものではなく、自然に先輩から伝わってきたもので、恐らく力道山先生の時代から続く日プロの伝統だったと思う。練習生の私も、お金はなかったが、身の丈にあった洋服を買って、一般の人に見られても恥ずかしくない服装で移動した。

その中でも馬場さんと猪木さんは、常におしゃれなジャケットやネクタイを締めていて、カッコ良かった。特に印象深いのは馬場さんだった。あの方は、常に見られていることを意識していた。例えば、駅のホームで電車を待っている時、大勢のファンが遠巻きに見ていると、辺りを見回しながら、ファンへ見せつけるように葉巻を吸っていた。葉巻なんて一般の人には珍しい時代だから、それだけで、リッチなムードを漂わせ、自らが特別な存在であることをアピールしていた。同時に無言のうちのプロレスのＰＲとなっていた。

当時のレスラーは、自分を大衆に見せるのがうまくて、移動の時も常に人の視線を感じながら、オーラを出したり消したりしていた。

移動中の駅では、立ち食いそば店があると、中堅選手に「そば買ってこい」と命令され、どんぶりごと出発前の車内へ持っていったこともあった。中堅選手達から駅弁を買いに行かされたこともあったが、猪木さんから「弁当買ってこい」とか命じられたことはなかったし、何か理不尽なことを強いられたこともなかった。傍についた猪木さんは、リング上の姿とは全く別人で普段は物静かな方で、怖い人だと思ったことはなかった。

目的地の駅に着くと、「先乗りさん」と呼ばれた巡業担当の社員がいて、会場あるいは宿へ向かうタクシーを選手ごとに割り当てた。「先乗りさん」は、選手より先に試合前日に巡業地へ入って、現地で移動する車、宿、列車の切符などを手配する係のことで当時は、大相撲で過去に力士のしこ名を呼びあげる「呼出」だった方が担当していた。「先乗りさん」が用意したタクシーには、フロントガラスに「ジャイアント馬場」「アントニオ猪木」などリングネームが書かれた紙が貼ってあった。車が並ぶ順番は選手のランキング順で、全国どこへ行っても先頭は馬場さんで、次が猪木さんだった。

日プロでは、馬場さんがトップで、猪木さんは、待遇面も全て常にその次だった。私が接した中で猪木さんから、そこについての不満を聞いたことはなかった。年齢も馬場さんが5歳上で、身長2メートル9センチというあれだけの存在感はプロレスの象徴で、そこは猪木さんも認めていたし、気を遣っていた。

ただ振り返ると、いつも馬場さんの後ろを歩く毎日は、表には出さずとも猪木さんの性格を考えると「負けてたまるか」という闘魂に火を付けたのだと思う。それが、のちの新日本プロレスを支える源だった。

もちろん付け人時代の私は、そんなことに考えも及ばない。ひたすら猪木さんに付いてカバンを持って、タクシーへ一緒に乗って、会場や宿でお世話をすることに必死だった。

会場に着くと、控室で猪木さんのガウンをハンガーにかけ、練習と試合の用意をする。付け人としての仕事をしていた私に猪木さんは、会場でもそれ以外の場所でも特にこうしろ、ああしろとか何か指示をする人ではなかった。叱られたり、殴られたこともなかったが、褒められたこともなかった。ただ、北沢さんからは付け人の心構えとして「猪木さんが今、何をして欲しいのか、仕草を見て、察知し気配りをしろ」と指導された。その教えを受け私は、猪木さんの目の動きに注視していた。言葉に出さなくても何をして欲しいかを敏感に察知することを心がけた。

最初は猪木さんが何を求めているのか分からなかった。でも、時間が経つにつれ、猪木さんの考えていることが徐々に分かるようになった。例えば、表に出ればファンに囲まれる。その時に猪木さんの雰囲気でサインをしたくないのか、したいのかが分かった。目を見て、今は煩わしいのだなと察知した時は、何も言われずとも人払いをした。一方で時には、猪木さんがサインをしたいんだなと感じる時がある。その時には反対にファンを止めず猪木さんの周りを囲む形を作った。これは私も後に注目されるようになってから分かったことで、レスラーは街の中にいて、自分の存在感を知らせたい時がある。そのためにサインを求められれば、サービスする時がある。これはある意味気分の問題で、付け人時代は、猪木さんの気持ちを察しようと必死だった。

付け人の仕事に話を戻そう。試合が終わると、旅館に戻る。日プロ時代は、全国どこへ行っても、宿泊先はホテルではなく旅館だった。その土地で泊まる宿は決まっており、例えば「この旅館にいた覚えがあるから、あの時は仙台だな」とか、旅館と興行の記憶は一致している。

この頃試合会場にしていたのは体育館で、シャワー室があるところは少なかった。試合が終わると猪木さんは、すぐに旅館の大浴場で汗を流すため、タイツ姿でリングシューズを履いたままバスタオルを背中に羽織ってタクシーに乗り込み宿へ戻った。私もカバンを持って猪木さんと一緒のタクシーに乗った。旅館の前には、レスラーをひと目見ようと黒山の人だかりができていた。大勢のファンが見る中、私は玄関で猪木さんのシューズのひもを解いた。これが私にとって誇らしい瞬間だった。

なぜなら、プロレスファンだった自分も少し前まではあの黒山の中にいたわけで、それが今、憧れの猪木さんの靴紐を解いている。まだデビューする前だったが猪木さんの傍にいることで

「俺はプロレスラーだぞ」とファンに向かって胸を張りたい気分になったものだった。これは、ファンからプロレスラーになった私のような人間でなければ理解しがたい感情かもしれない。

会場から宿に直行して風呂に入るのは、猪木さんだけでなく馬場さん、坂口さんといったメインイベンターならみんな同じだった。大浴場で猪木さん、馬場さんが並んで風呂に入って談笑する姿は、入門しなければ絶対に見られない光景で、私にとっては、至福の時だった。

馬場さんの付け人は、1年先輩の佐藤昭雄さんだった。私達は洗い場で、佐藤さんは馬場さん、私は猪木さんの背中を並んで流した。髪の毛を洗うのも付け人の仕事で、猪木さんの髪は、何百回となくシャンプーで流した。今でも私の手の平は、猪木さんの頭の形を覚えているし、猪木さんの髪の毛を一番上手に洗うのは自分じゃないか、といまだに思っている。

風呂場では、ある時、馬場さんのあの大きな背中を洗ってみたくて佐藤さんに「交代してくれませんか？」と頼んで、本人に気づかれないように馬場さんの背中を流したことがある。実際に洗うと、馬場さんの大きさをまざまざと実感して、あの時も日プロに入って良かったと思える瞬間だった。

宿では、猪木さんのTシャツやタイツなどの洗濯も仕事だった。当時はコインランドリーなんかないから、洗濯は全て旅館の洗濯機を借りていた。当時の洗濯機は、ほとんどが脱水機能が付いていなかったから、ローラーに洗濯物を挟んで回して脱水した。もちろん、乾燥機もない。

しかも、昔のタイツやTシャツは今みたいに渇きのいい生地じゃないから、乾かすのが大変だった。

乾かすのは、私達若手が寝る大広間にひもを張って、そこに洗濯物をぶら下げた。冬場は乾きが悪く、ストーブに洗濯物をあてたりしたものだった。

洗濯の合間に、個室で夕食をとる猪木さんのお給仕をして、洗濯物を干し終えると、ようやく私に夕食の時間がやって来る。食事場所は、個室を用意されたトップ選手以外は、全員が同じ大広間だった。空腹でたまらなかったから、本当なら食事は楽しみだったが、これが私にとって恐怖の時間だった。

洗濯を終えた私が遅れて大広間に入ると、ほぼ毎日のようにミツ平井さん、グレート小鹿さん、大熊元司さん、高千穂明久（後のザ・グレート・カブキ）さん、安達勝治（後のミスター・ヒト）さん、戸口正徳（後のタイガー戸口）さん、永源遥さん……といった中堅選手が酒を飲んで酔っ払っていた。16歳の自分から見ると、全員体がデカくて酔っ払うとさらに圧迫感が凄かった。

みんな酔っ払っていい気分で宴会状態だから、入ったばかりの頃の私は、先輩レスラーの酒の肴にされた。もう50年以上前の話だから誰とは書かないが、ある先輩から「オイ兄ちゃん、どういう練習してるんだ？　見せてもらおうか」と言われて、畳の上で受け身を取らされた。それを何回もやらされるから、二の腕と膝は擦れて、ズル向けになった。ある時、猪木さんから「お前、試合もやってないのに、何でそんなに傷だらけなんだ?」と聞かれたほどだった。そう聞かれても本当のことは言えず「ちょっと転んだだけです」と答えていた。

畳の上の受け身よりも困ったのが酒を飲まされることだった。中堅レスラーの中には酒癖が悪い人がいた。受け身が終わると「兄ちゃんよくできたな。お疲れさん、駆けつけ3杯だ」と、どんぶりに日本酒を並々とつがれて、一気飲みをさせられた。未成年に飲酒を強要するなど、今ならパワハラで訴えても良さそうな話だけど……。当時は、そういう時代だった。

飲まされるだけでなく、ご飯を無理やり食べさせられることも毎日のようにあった。そんな状態の夕食だから、食事なんか喉を通るはずもなく、巡業に出る時は旅館の食事が一番憂鬱な時間だった。逆に一番、落ち着いたのが昼間だった。会場に入るまでは、自由時間で1人で心置きなく飯が食えたから、束の間のホッとするひと時だった。

今、当時の先輩とたまにお会いすると、向こうが気まずそうな顔をすることがある。その表情を見ると、口には出さずとも心の中で「悪いことしたな」って思っているのかもしれない(笑)。

入門から1か月後の7月に最初の給料をもらった。給料と言えば聞こえはいいが、支給されたのは、練習生手当の2万7000円だった。日プロはこれを毎月支給してくれた。当時はお金を使うこともなかったから、私には十分な金額だった。他に、猪木さんから折に触れてお小遣いを頂いたのもありがたかった。

私は、月給をもらってから、毎月1万円を国東の両親に送った。ささやかな私なりの親への感謝だった。

練習の過酷さ

辛かった夕食より、過酷だったのが練習だった。日本プロレスは、午前10時から午後1時までが中堅、若手が道場に集まる合同練習だった。コーチは山本小鉄さんと柔道出身で元レスラーの大坪清隆さんだった。

まずは準備運動をして、次にスクワットだった。回数は500回で、週に1度は1000回やった。それから縄跳びをやり、リングに上がってスパーリング、最後にブリッジ、という流れだった。

辛かったのは、スクワットだった。入門してすぐは、300回ぐらいしかできなかった。次の日は足がロボットみたいに固まってしまい、階段を下りるのも大変だった。トイレも和式だったから、しゃがむこともできなくて苦労した。膝を曲げて腰を下ろすスクワットは、同じ動作を延々と続けるから肉体だけでなく精神的にも過酷だった。それでも毎日鍛錬すると慣れてきて、1か月ぐらい経つと500回は普通にできるようになった。

これは後年の話になるが、スクワットで思い出すのは最高で9000回やったことだ。新日本プロレス旗揚げ前、合宿所に他に誰もいなくて、やることがないから、ふと「スクワットで、俺の限界は何回ぐらいなんだろう」と思い立った。

合宿所のテレビを見ながら、ひたすらスクワットをやり続けた。10回ごとにテーブルにマッチ棒を置いて回数を数えた。4時間ぐらいひたすら屈伸を続けると、気が付けばマッチ棒がなくなり、そこでストップした。数えると9000回とちょっとだった。マッチ棒がなくなったから辞めたけど、なくなっていなかったらもっと続けられただろう。スクワットは、ただ、屈伸して動いているだけだから、300回以上は何回やっても一緒。ただ、練習生だった日プロ時代の私にとってのスクワットはプロレスラーになるための最初の洗礼であり関門だった。

さらに過酷だったのがスパーリングだった。柔道やレスリング、空手など、格闘技経験が全くないままプロレス界に入ったから、スパーリングといっても最初はどう動けばいいのか全く分からない。当時のスパーリングは、お互いに四つん這いになって、先輩が上に乗っかった状態で「逃げろ!」と命じられる。そう言われてもどう動けばいいのか分からないから、あっという間に潰されて腕や足を力任せに固められた。

特に苦しかったのが「ラッパ」だった。これは、上に乗っかった先輩が腹に体重を乗せて顔面を思いっきり塞ぎ、全く息ができなくなる状態に追い込むことだった。散々もがき苦しんで、意識が遠くなりそうになった頃合いに顔面を押し付けていた腹を外すと、ようやく呼吸ができた反動で「プーッ」と音が鳴る。その音が楽器の「ラッパ」に似ていたことから、そう呼ばれるようになった。

コーチや先輩からは、「ラッパ」をやる意味として「逃げることを覚えるんだ」と指導されたが、息もできない状態で入ったばかりの自分が逃げることなんてできるわけがなかった。良く言えば、プロレスラーの厳しさを体で教える「かわいがり」で、悪く言えば単なる「しごき」だろう。ただ、そうした厳しさを叩き込まれることで精神的には強くなったと思う。

日本プロレス時代のスパーリングは前にも書いたが、ゴッチさんや猪木さんがやっていた関節技の極め合いは、ほとんどなく、試合の「型」を指導されることが多かった。

私がまず教えられたのは、試合での動き方だった。プロレスの試合は、ゴングが鳴ると、誰もが、時計回りとは逆の左回りへ動く。そして、相手の腕は必ず左手を取って投げる。これは、別に、右に回っちゃいけないとか、右手を取ってはダメだという決まりではない（実際、メキシコへ行くと、左手ではなく右手を取っている）が、不思議とそういう動きになっている。私もプロレスラーを50年やってきて、どうしてそうなったのか理由は分からない。恐らく力道山先生がプロレスラーに転向した時、ハワイで沖識名さんから最初に教えられた形がそうだったのだろう。以来、その動きを踏襲して現在に至ったと考える。入門した当初、こうした「型」を徹底して教えられた。加えて、ヘッドロックや足の取り方、ロープワークなど、試合で使う技の掛け方も教えてもらった。

私は格闘技経験がないから、こうした「型」を柔道家が「組み手」、レスリングで「タックル」を最初に覚えることと同じように、必死で学んだ。恐らく柔道日本一の坂口征二さんや、レスリングでオリンピックに出場した長州力とは違う感覚で私はプロレスの「型」を覚えたと思う。繰り返しになるが格闘技経験のない私にとってこれが柔道の「組み手」でありレスリングの「タックル」と同じだった。多分、同じように格闘技をやらずにプロレスラーになった猪木さんも、入門直後は私に近い感覚でプロレスを覚えていったと思う。

合同練習が終わると、よく北沢さんが居残ってくれて、受け身を教えてくれた。プロレスの受け身は、自分自身をケガから守るものではあるが、文字通り相手の技を真っ向から受ける「型」の一つで、「左回り」やロープワークと同じように必死で吸収した。

練習が終わると、ちゃんこ鍋が待っていた。ちゃんこは、先輩から順番に食べることができ、私達若手が箸をつける頃には、鍋に具はほとんど残っておらず、少しの具をおかずにご飯を口にした。

1970年9月17日、台東体育館にて撮影。（提供：筆者）

体重が60キロ台だった私は、先輩から太ることを命じられており、ご飯はどんぶり3杯がノルマだった。食事中は、頭に鉢巻した上半身裸の先輩が竹刀を持って監視していて、おかわりするのを待っていた。なかなか食べることができないと「遅い！」などと半分からかわれるように怒られて、先輩達は私を見て楽しんでいた。

大分の実家では、両親から「いい加減にしろ」と言われるぐらいに何杯もおかわりしていたが、ごっつい体格の先輩に監視されながらの食事は、そうはいかない。まるで恐怖の館に叩き込まれたようだった。やせ細った私は、そこにちょこんと呼ばれた一般人のようだった。本当なら食事は楽しみだが、当時は恐怖で、あの時代は誰もが新人時代にそういうものをくぐって一人前になったが、振り返っても恐ろしい記憶しかない。

デビュー前夜

日本プロレスに入門した1970年が終わろうとしていた。

この頃、初めて海外へ行った。日本プロレスには社員、レスラーが参加するハワイへの年末恒例、慰安旅行があった。初めての海外だから、ブレザーを作り、羽田空港からジャンボジェット機に乗ってハワイへ行った。

12月になると、若手には餅代の名目でボーナスが出て、それがハワイへ行くときのお小遣いになった。確か３００ドル（約10万円）ぐらいもらえたと思う。初めての海外は、見るもの全てが新鮮で、半年前まで大分の田舎で暮らしていた自分にとっては、夢のような世界だった。

ハワイの感激はあったものの、年が明けてもデビュー戦が組まれることはなかった。当時の日プロでは、若手が出場する前座試合を管理監督していたのはミツ・ヒライさんだった。「若手頭」と呼ばれたヒライさんは、馬場さん、猪木さんよりも2年先輩の１９５８年に日プロに入り、力道山亡き後は、幹部の覚えめでたく信頼されていたレスラーだった。デビューはヒライさんに認めてもらうことが第一で、格闘経験もなく体格も多少胸板は厚くなったが、身長１７５、６センチで体重63、４キロと細かったためか、私には、なかなかデビューの許可が出なかった。

この年の春に日プロは、地上3階、地下1階の道場とオフィスを兼ねた新社屋と合宿所が完成し、私も居候していた永源遥さんのマンションを出て合宿所での生活に変わった。

待ちに待ったデビューの時が来たのは、この頃だった。4月2日に後楽園ホールで開幕した「第13回ワールドリーグ戦」の巡業中、会場は忘れたが、試合前にヒライさんから「ちょっと受け身を取ってみろ」と指示され、受け身をした。するとヒライさんが「お前、靴を持っているのか？」と聞く。「持ってません」と答えると「作っておけ」と指示されたのだ。

「靴」とはリングシューズのことで、当時は、牛革製のオーダーメイドだった。シューズは試合に出場する選手だけが履けるもので、先輩の許可がないと練習生は注文することができないのが仕来りだった。リングシューズはプロレスラーであることの証明だった。

私は、入門から約10か月間、運動靴で練習し、リングシューズを履いて練習する先輩をうらやましく見ていた。

ヒライさんから「作っておけ」と言われたことは、デビュー戦が近いことを意味しており、その様子を見ていた北沢さんに「もうすぐデビューが近いぞ」と耳打ちされ、一気に緊張が高まってきた。すぐにシューズを注文して届いた時は嬉しくて、宿舎で抱いて寝たほどだった。

待望のリングシューズができて間もなく、ヒライさんからデビュー戦を告げられた。5月9日、岐阜市民センター。対戦相手は北沢さんだった。

3章 デビュー戦

岐阜でのデビュー戦

岐阜は、「プロレスラー藤波辰爾」生誕の地だ。50年前の1971年5月9日、岐阜市民センターを思い出すと今も胸は熱くなる。

ミツ・ヒライさんから岐阜でのデビューを言い渡されたのは、試合の3日ぐらい前だったと思う。ヒライさんからは「岐阜でデビューだから、相手は北沢」と、練習の合間の立ち話みたいな感じで告げられた。

それからは、神経が立って、夜も眠れない日が続いた。相手が北沢さんと聞いてからは、入門前からずっとお世話になってきた先輩なのに「この人と闘うのか」と複雑な感情が沸き、北沢さんの顔をまともに見られないこともあった。

5月9日当日は、昼頃に岐阜に入った。会場入りするまで、旅館の大部屋で真新しいリングシューズにひもを通して、試合道具をカバンに入れて準備をした。いつものように猪木さんの試合道具も用意して、外で早めの昼食をとった。確か、ご飯ときしめんを食べた記憶があるが、緊張で喉を通らなかったように思う。

会場に着き、真新しいリングシューズを履いて試合前の練習に参加した。先輩レスラーの中には、今日、私がデビューすることを知っているから、愛情なのか、からかい半分なのか「大丈夫か？」などとプレッシャーをかけるようなことを言う人もいた。

そこから試合開始時間の午後6時半まではあっという間だった。黒のショートタイツ、リングシューズを履いて、控室を飛び出し、花道からリングを駆け上がった、と思う。

「と思う」と書いたのは、自分がどっちの足からロープを跨いだか、どうやって上がったのかを覚えていないのだ。それほどの緊張だった。

憧れ続けたリングだったが、実際に初めて上がると、お客さんの顔も見えない目の前がボワ～っとなる不思議な空間だった。足は震え、体が金縛りにあったように動かなくなった。篠原長昭リングアナウンサーに「藤波辰巳」とコールされたと思うが、あの美声も聞こえたのか、聞こえなかったのか分からない。ただ、おじぎをするだけだった。

対角線には北沢さんが立っていた。当時のリングネームは「新海弘勝」だったが、これまでお世話になってきた普段の北沢さんの印象とは全く違った。顔つきは怖く、体もバカデカく見えた。リングも練習で何度も上がっていたが、この時は、たった2人だけの空間だから、凄く広く感じた。ボディチェックの時、レフェリーに手を叩かれた。恐らく私が緊張でそわそわして落ち着かない様子で、喝を入れるために手を叩いたのだろう。それで少しだけ我に返った時、ゴングが鳴った。

試合が始まると、北沢さんに顔面をバチンと張られ、投げられ、気が付いたらうずくまるか寝ている状態でずっと天井ばかり見ていた。北沢さんの技は、全部が厳しくて、痛かった……はずだが、その感覚もなかった。

練習でドロップキックを練習していたから、試合前に先輩から「飛び蹴りぐらいやってみろ」と言われて、思い切ってやらせてもらったが、手も足もバラバラで北沢さんに当たったのかどうかも分からなかった。

試合は、7分52秒、首固めで敗れた。10分にも満たない時間だったが、凄く長く感じた。終わった後は、無呼吸で試合をしたんじゃないか、と思うぐらい、息が上がっていて喉もカラカラに乾いて、どうやって控室に戻ったのかは記憶がない。

控室では、馬場さんから順番に先輩方全員への礼儀として「デビュー戦をさせてもらいました。ありがとうございます」とお礼を言った。

猪木さんも馬場さんも「オウ」と振り向く程度で、特に何か声をかけられることもなかった。その時の心境は、ホッとしたっていうよりしんどさだけが残った。

試合が終わると、猪木さんの試合準備をするためにすぐにジャージに着替え、付け人の仕事に戻った。会場では、デビューしたことをゆっくりとかみしめる時間はなかったが、旅館に戻り、時間が経つにつれ、やっとレスラーの仲間入りができたという喜びが込み上げてきた。一方で改めて凄い世界に入ってしまったと思い、もう後戻りはできないという気持ちも強くなっ

1971年5月9日、日本プロレスでのシングルデビュー戦でドロップキックを放った。（提供：東京スポーツ新聞社）

た。

デビューした実感が沸いたのは翌日だった。新聞を買うと、成績欄にたった1行「藤波」と記してあった。自分の名前が活字になったのを見た時、何とも言えない喜びが生まれた。たった1行だけど自分がプロレスラーとして認められた気がした。給料も練習生時代の2万7000円から5000円アップし月3万2000円になった。

国東の両親には、デビュー戦が決まった時に電話で報告した。試合後に、連絡はしなかったが、私をプロレスへ導いてくれた兄の栄二は、新聞で結果を見て喜んでくれたことを後で知った。

デビュー1年目

岐阜で北沢さんとのデビュー戦を終えたが、なかなか次の試合は組んでもらえなかった。2戦目は、デビューから1か月半後の6月23日、新潟県佐渡島の佐和田町体育館での佐藤昭雄さんとの試合だった。

佐藤さんは、1970年5月の入門で私より1か月早い、一番近い先輩だった。馬場さんの付け人を務め、人柄も温厚で仲良くさせていただいた兄弟子だった。試合は、私が歯が立たず敗れた。

練習生時代に試合の想像はしていたが、実際はこれほどしんどいものなのかと、日々、思い知らされていた。格闘技経験のない私にとってのリング上は、常に恐怖の中に置かれて、一瞬一瞬が必死だった。頭の中は真っ白で、試合中に相手の動きを見て、次は何をやろうか、どんな作戦でいこうか、どう試合を組み立てようかなんて、考えられなかった。技らしい技は持っていなかったが、少ないなりに練習では何度も反復しているはずなのに、思った動きができない不思議な空間だった。

前座の試合は、ミツ・ヒライさんが全て管理監督しており、若手は誰もがヒライさんの命令に背けなかった。試合が組まれるのは、全てあの人のさじ加減で決まっていた。私がなかなか試合を組んでもらえなかったのは、猪木さんとヒライさんの折り合いが良くなかったからというのもある。一度日プロを飛び出して東京プロレスへ行き、出戻ってきた猪木さんのことを、ヒライさんは快く思っていなかった。そのため、付け人である自分は、あまり試合を組まれなかったのだ。逆に馬場さんに付いていた佐藤さんは、デビューが早く試合も定期的に組んでもらっていた。それは、試合後に外食する時にも表れていて、ヒライさんが若手選手を連れていく時、なぜか私だけ声がかからないことがよくあった。

シングルマッチは組まれなかったが、あの頃は、地方巡業へ出ると毎日のようにバトルロイヤルがあって、それには出場していた。バトルロイヤルには地方の興行主が賞金を提供して、若手の試合が終わる3、4試合目終了後に組まれた。

思い出すのは、みんなが私を囲んで「受け身の練習だ」とボディスラムを何度もかけてきて、受け身の取り方がまずいと「しょっぱいぞ！」と背中を蹴られたことだ。試合というより、練習の延長線みたいなもので、ロープへ飛ばしてパンチが飛んでくるなど、しごきみたいなものだった。

しかも、私が倒れてもフォールに来ないし、なかなか退場させてくれない。適当にあしらわれたバトルロイヤルだったが、先輩に容赦なく攻められることで、やられることを自然と覚えていった。反撃なんかできなかったが、やられた時の空気感を覚えた。それが試合が少ない私にとっては、貴重な経験になった。

城との出会い

デビューし、晴れてプロレスラーになる夢は叶ったが、想像以上に厳しい世界であることを思い知らされた時、心を癒してくれたのが城だった。

今では、私の城好きはテレビなどでも紹介され、すっかり有名になってしまったが、元を辿れば、城の魅力に引き込まれたのは中学生の修学旅行で大阪城を見学したことだった。

初めて見る大阪城の壮大な迫力にときめき、地方巡業で自由時間があると、その土地の城を訪ねるようになった。

地方での試合は、会場へ入る午後3時ぐらいまでは自由時間で、選手はそれぞれ、パチンコ店へ行ったり、昼寝したり、思い思いに過ごしていたが、私は、時間があれば城を回った。

デビューから50年で全国の城のほとんどに足を運んだが、中でも今、一番好きな城は、滋賀県の彦根城だ。現存天守は国宝で、その美しさ、城郭のたたずまい、窓枠……城全体に気品あふれる姿は最高で、彦根は、街も大好きだ。

あまりにも城が好きすぎて、いつか自分で城を持つのが夢で、実際、1度、知り合いの工務店に城の建築費用の見積もりを出してもらったことがある。想定した規模は、中学生の時に憧れた大阪城で、戻って来た見積書を見て仰天した。

総工費は120億円、かかる人件費は10万人分、さらに納期は今世紀中となっていた。いくら好きだからといって、こんな見積もりを頼んだこと自体に、さすがの妻も呆れ果てていた(笑)。この話には続きがあって、見積もりを頼んだ時、工務店が工費の割引キャンペーン期間で「藤波さん、今なら20億円値引きしますよ！」と言ってきた。20億値引きされても100億円。どうやったら払えるのか、果たしてローンは何年組めばいいのやら……。これには、私もただ、ただ、笑うしかなかった……。

かなり、話が横道に反れてしまったが、リングの厳しさを実感し、「俺はやっていけるんだろうか？」と迷っていたデビュー1年目は、束の間の自由時間で足を運んだ城巡りが私に英気を授けてくれた。

猪木さんの追放

激震は突然、訪れた。デビューから7か月後の12月13日、猪木さんが日本プロレスを追放された。

代官山の事務所で行われた追放を発表する会見を、私は記者の後ろで茫然と聞いていた。何しろ猪木さんは、ほんの1か月前の11月2日に新宿の京王プラザホテルで女優の倍賞美津子さんと1億円結婚式を挙げたばかりだった。私も出席させてもらって、あまりに豪華な披露宴に感動したばかりだった。幸せの絶頂からわずか1か月後に団体を追放とは……。あまりの急展開についていくことができなかった。会見で猪木さんが「会社乗っ取りを企てた」ことが追放の理由と明かされた。「どうしてこんなことになったんだろう」と私は戸惑うしかなかった。

付け人だった私が知る限りのことを書くが、猪木さんは会社を改革しようと動いていた。それは、リング上でレスラーが激しい試合で痛い思いをしながらファンに感動を与えて、全国どこへ行っても会場は満員。会社には興行収入が相当入って来るはずなのに、レスラー、社員の待遇は変わらない。それどころか、幹部が会社の利益を私的に使っているという情報が入っていた。猪木さんは、それを是正したかったのだ。

具体的には、秋ぐらいから選手間で毎月のように改革へ向けた話し合いがあった。最初は、馬場さんも猪木さんの改革案に賛同し、巡業中に2人が中心に若手を何回か集めて「会社を変える必要がある」と訴えかけていた。

ところが、いつの頃かハッキリとは覚えていないが、猪木さんと馬場さんの間に距離が生まれ始めた。これは、後になってから聞いたことだが、上田馬之助さんが猪木さん主導の改革案

1971年12月13日、猪木さんの日本プロレス追放処分会見。右から4人目が筆者。(提供：東京スポーツ新聞社)

を幹部へ内通し、これに激怒した幹部が猪木さんが単独で会社の乗っ取りへ動いていることを馬場さんに吹き込んだという。それが真実かどうかは私には分からないが、そのことが原因で馬場さんは猪木さんへの不信感が生まれ、2人の間にすき間風が吹き始めた。

私は付け人として、2人の距離が離れていることを感じていた。例えば、それまでは試合後、2人揃って旅館の大浴場で汗を流すのが常だったが、猪木さんが先に入っていると、馬場さんは時間をずらして風呂に入るようになった。師匠同士がそうなると、私も、それまで仲が良かった馬場さんの付け人の佐藤さんとの関係がおかしくなって、話をすることはなくなっていった。

そして、巡業中の選手間の話し合いも猪木さんだけが外されるようになった。控室の中も猪木さんと他の選手の間で険悪なムードができ、猪木さんは1人だけ別の部屋で試合の準備をするようになっていった。

最悪だったのは、12月7日、北海道の札幌中島体育センターでの興行だった。この日猪木さんは、馬場さんとのタッグで保持するインターナショナルタッグ王座の防衛戦で、ドリー・ファンク・ジュニアとテリー・ファンクのザ・ファンクスと対戦した。しかし、猪木さんは、宿舎を他の日本人選手とは別のホテルをとった。聞けば、一部の選手が乗っ取りへ動いた猪木さんへ制裁を加えようとする動きを見せ、それを警戒して別宿に入ったのだ。しかも、試合が始まるギリギリまでホテルにこもって、入場する直前に会場へ入った。試合もファンクスに敗れ、結果的にこれが猪木さんの日プロでのラストファイトになった。

翌日から猪木さんは「腎臓炎、右尿管結石」を理由に都内の病院へ入院し、出場が予定されていた残る日程を全て欠場した。私は、猪木さんと離れ、シリーズに帯同し12月9日の大阪府立体育会館と12日の東京体育館で試合を行なった。この東京体育館が私にとって日プロ最後の試合になった。

そして、翌13日に猪木さんは追放された。今、言えることは、私が知る限り猪木さんは会社を改革しようと動いたが、乗っ取りを企てたことはない。ただ、理想はあっても大きな組織が動かないことも現実で、そんな中で上田さんが幹部に切り崩されて、猪木さんの行動が筒抜けになったことで、幹部にとって猪木さんは邪魔な存在となり追放に至ったと思う。馬場さんも改革には賛同していたが、最終的には力道山が作った日プロを守らなければならないという責任があって、結果的に猪木さんだけが取り残されてしまった。

師匠が追放され、私は1人取り残されたが、幹部レスラーの吉村道明さんからは「猪木はいなくなったけど、お前は気を使わなくていいんだ。ここにいていいからな」と声をかけてもらった。忘れられない1971年12月13日。事態が急変したのはその夜だった。

4章

新日本プロレス旗揚げ

新日本設立

今も代官山へ行くと、あの緊迫の夜を思い出す。

猪木さんが日本プロレスを追放された１９７１年12月13日の夜。私は、代官山の合宿所にいた。何時だったか覚えていないが、猪木さんの実弟・啓介さんから連絡が来た。

「新しい団体をやるから、来ないか」

その誘いに何の迷いもなく「行きます」と即答した。吉村道明さんからは、日プロに残っていい、と言われたが、私は猪木さんの付け人で、行動を共にするのは自然なことだと思っていたし、入門から常に猪木さんに仕えてきて、プロレスへの姿勢、試合、考え方、行動に心酔し「猪木さんと一緒に行動すれば間違いない」と考えていたから、啓介さんを通じた猪木さんの誘いは、嬉しくてたまらなかった。

啓介さんから、後で車で迎えに行くこととその際に合宿所にある猪木さんのガウン、試合道具など一式を持ってきて欲しい旨を伝えられた。

そこから慌てて、スーツケースに自分の荷物、猪木さんのものを詰め込んだ。１台ではとても足りず、結局、４台ぐらいになったと思う。啓介さんから合宿所の傍に到着したと連絡が来て、合宿所を脱出した。完全な夜逃げで、先輩に見つかったら、大変なことになる。車と合宿所を往復するわけにはいかないから、1度に全てのスーツケースを抱えて合宿所を飛び出した。今でもあれだけの数のスーツケースをどうやって抱えたのか覚えていない。とにかく見つからないように他の選手が寝静まる中、夜の闇を切り裂くように無我夢中で待っていた車を目指して走った。

こうして書いていると、あの時の緊迫感が甦ってきて、今も胸がドキドキしてくる。スーツケースを車に詰め込んで、無事に脱出に成功した。車が向かった先は、日プロの事務所から500メートルも離れていない猿楽町のマンション内にある猪木さんの個人事務所だった。

無事に脱出したのは良かったが、よりによってたどり着いた場所が日プロの目と鼻の先にある事務所とは……。ここにいれば外出した時に日プロの選手や社員と顔を合わせるかもしれない。そう考えると事務所を別の場所へ移転するのが普通だと思うが、猪木さんは動かなかった。それは、猪木さんの自分を追放した日プロに負けてたまるかという気性だろう。おかげで、私は、日プロの選手、社員と顔を合わせるんじゃないかと思ってハラハラしっぱなしだった。

事務所に着くと猪木さんがいて「おお、来たのか」と笑いながらたった一言だけ声をかけられた。当時私は18歳。12月28日に19歳の誕生日を迎える目前の代官山の夜逃げだった。そして、猪木さんは新しい団体を作るべく具体的に行動を開始した。

新日本旗揚げ前夜

日プロの合宿所を夜逃げし、住む場所がなくなった私は、猪木さんの自宅の家政婦さんが使っていた部屋を使わせてもらった。

歌手の畠山みどりさんが住んでいた家を猪木さんが買った世田谷区野毛の自宅は、それまでにも付け人として何度も伺っていたが、まさに豪邸で、特に芝生が敷かれた庭が優雅だった。鯉が泳ぐ池、松の木、大きな石も置かれ、行くたびに「凄い庭だな」と感動していた。

ところが、夜逃げして自宅へ行くと驚いた。庭にブルドーザーを入れて更地にする工事が始まっていたのだ。猪木さんは、そこに自らが旗揚げを計画する新団体の道場建設へ動いていた。

プロレスラーの基本は練習という信念があった猪木さんは、新団体で真っ先に必要なのは、選手を育てる道場と考えていた。あれだけ優雅な庭を潰して道場を建てる猪木さんの行動に、新団体へかける本気を感じ、私は、たまらなく嬉しくなった。

猪木さんのもとには、そのプロレスへの姿勢に共鳴していた山本小鉄さんと木戸修さんも日プロを離脱し馳せ参じた。私達は道場の建設工事を手伝った。石をどかしたり、鉄骨を運んだりして、1日でも早く道場ができることを待ち望んでいた。

そんな状況でも練習は欠かさなかった。山本さんに近くの多摩川の河原に連れていかれて、ス

1972年1月29日、新日本プロレス道場鏡開き。右端が筆者。（提供：東京スポーツ新聞社）

クワット、プッシュアップをやった。我ながら大変な時期だったと思うが、当時は、猪木さんと新しい団体を作る希望しかなく、毎日が充実していた。

新団体の名前は「新日本プロレス」に決まった。年が明けた1972年の1月13日に新会社「新日本プロレスリング」の会社登記を済ませ、26日に京王プラザホテルで設立会見を開き、そして、29日に待望の道場が完成した。旗揚げ戦は、3月6日、大田区体育館に決定した。

オープニングマッチが決まり、練習にも熱がこもってきた時、山本さんと練習後にストーブの上で餅を焼きながら、他愛もない雑談の中で「団体名が決まったから、ポスターに載せるシンボルマークが必要じゃないか」という話が出た。

その流れで山本さんと、シンボルマークのアイデアをお互いに出し合った。新団体の「新日本」とか「プロレス」を英語で書いたらどうだ？という話になったが、アルファベットのスペルが分からなくて、道場の前に住んでいた女子高生に聞きにいった。その中で、団体のキャッチフレーズが話題になり「スポーツの一番、王様を目指すのがいいと思います」と提案すると、山本さんが「王様だったらキングだな」と返してきて、その中で生まれたフレーズが「KING OF SPORTS」だった。

フレーズが出てきたら、シンボルマークのアイデアも浮かんできた。山本さんが『王様』だからマークは『虎』がいいんじゃないか」って言ったが、私は王様と言えば百獣の王と呼ばれるライオンだと思い「いや、それはライオンですよ」と言うと、山本さんも「それだ！」とうなづき、台所にあったどんぶりを持ってきて、紙の上に丸を書き、そこにライオンの絵を描いてみた。後日、私達がイメージした拙いデザインを専門のデザイナーへ持ち込んで完成したのが今も新日本で使われているライオンマークだった。

旗揚げ戦に向けて野毛の道場でシンボルマークを作り、練習に汗を流していた私は、近所の飲食店などを回ってチケットを売り歩いた。有力なスポンサーもない新団体は、選手、社員みんなが協力して切符を売った。猪木さんは先頭に立って、昼も夜も伝手を頼って歩いていた。あの頃の猪木さんは、ほとんど練習もできない状態だった。

代官山の事務所へ行くと、奥さんの倍賞美津子さんがチケットにスタンプを押し、姉で女優の倍賞千恵子さんも宣伝カーのアナウンスを吹き込んで、山本さんの奥さんが差し入れてくれたおにぎりをスタッフみんなで囲んで食べて、家族ぐるみで一丸となって旗揚げ戦を成功させようと誰もが汗を流していた。

旗揚げ戦が近くなると、日本プロレスのレスラーが妨害しようと事務所に殴り込んできたこともあった。そんな妨害は逆に、みんなを一致団結させた。選手は、メキシコへ遠征していた北沢幹之さんと柴田勝久さんを猪木さんが現地へ行って口説き落とし、新日本への参加が決定し、所属は全6選手となった。誰もが成功させようと燃えていた旗揚げ前夜。私にとっての新日本プロレスは、そんな家族同然のつながりを持つ団体で、あの時のみんなの頑張りが私の中の原風景となっている。

旗揚げ戦

1972年3月6日、新日本プロレスは、大田区体育館で旗揚げ戦を迎えた。

追放されてから3か月。所属選手は、猪木さん、山本さん、北沢さん、柴田さん、木戸さん、そして私のたった6人しかいない。この陣容で天下の日本プロレスを敵に回し、妨害工作も受けながらここまでたどり着いたのは、負けず嫌いで踏まれれば踏まれるほど、燃える猪木さんの性格だからできたと思う。

絶対に下を向かない猪木さんを目の当たりにしていたからこそ、私に不安はなかったし、猪木さんと一緒にいるから旗揚げできると信じ、希望だけを抱き大田区体育館へ入った。

選手、社員が一丸となって切符を手売りしたおかげで、客席は超満員だった。晴れのオープニングマッチで私は、第1試合に出場した。お客さんは、新しい団体はどんな試合を見せてくれるのかと期待している。ある意味、新日本プロレスの方向性を示す試合だけに、緊張したし気合が入った。猪木さんもそう思っていたのか、これまでデビューしてから試合前に声をかけられたことはなかったが、この時は「元気出して気合入れていけ」と背中を押された。

猪木さんは、新日本の旗揚げ後、常に第1試合を意識していた。お客さんの雰囲気を作るのは最初の試合で、そこでどれだけのファイト、やる気を見せるかで決まる。逆に崩れると、客席の雰囲気もだらける。お客さんにメインイベントまで手に汗握って見せるには、第1試合がカギを握ると言っていた。後年、テレビマッチの1時間の枠でも、最初の試合を重要視し、直前で順番を変えたりしていた。しかもこの時は、旗揚げ戦だから特別に声をかけてくれたのだと思う。山本さんからも「気合入れろよ」と声をかけられ、真新しいリングに私は上がった。

対戦相手は、アルゼンチン出身のエル・フリオッソ。選手が少なく日本人同士の試合は組めないため、私にとって初めての外国人選手との試合になった。タイツとリングシューズはそれまでの黒から赤に変えた。これは当時、北沢さんが赤のタイツを着て、それがカッコ良くて憧れていたから、北沢さんに「僕も赤にしていいですか？」とお願いして許可をもらったのだ。日プロでの最後の試合から3か月間、実戦から離れていたが、それほど違和感はなかった。相手のフリオッソは、背は私と同じぐらいだったが、体は豆タンクみたいで圧力があった。試合では、今まで教えられたことをそのまま相手にぶつけ、バックや足を取り、ヘッドロックで固め、タックルも決め、とプロレスラーらしい技は出せた。日プロ時代よりも攻防のある試合はできたが、結果は、４分20秒で敗れた。

控室に戻ると、猪木さんから特に言葉はなかったが、先輩レスラーから「良かったぞ」と声をかけてもらった。私にとって、緊張のリングだったが、それ以上に試合ができた喜びと新日本プロレスがスタートした嬉しさが上回った。

旗揚げ戦は、東京プロレスの崩壊で猪木さんと絶縁していた豊登さんがサプライズで参戦した。猪木さんは、メインイベントでカール・ゴッチさんと対戦し敗れたが、道場のスパーリングがベースになった2人しかできない試合内容だった。思えば、私にとってあの大田区体育館での旗揚げ戦が本当の意味でのデビュー戦だった気がする。今は新しくなり、「大田区総合体育館」と改称されたが、私にとって記念碑的な会場だ。

初勝利

プロレスラーになって初の勝利は、大田区体育館での旗揚げ戦を終えてから4戦目となる3月16日、愛媛県松山市の愛媛県民会館だった。

対戦相手は、この日がデビュー戦だった浜田広秋、後のグラン浜田だった。試合内容はあまり覚えていないが、当時の記録を調べると9分55秒、逆エビ固めで勝っている。前年5月9日のデビュー戦から18戦目での初勝利は、相手がデビュー戦の浜田だったこともあって、飛び上がるほど嬉しいという感じではなかったが、試合が終わって、初めてレフェリーに手を挙げられた時は、負け続けた今までとは違う喜びはあった。

浜田は、新日本を設立してから初めての新弟子だった。入門のきっかけは、浜田の友人で後にミスター・ポーゴとして活躍する関川哲夫が入門志願で道場へ来たことだった。大相撲の二所ノ関部屋の力士だった関川は、角界を廃業しプロレスラーへ転向しようと設立したばかりの新日本に入門テストを受けにきたのだ。その時、関川を車で道場まで送ったのが浜田だった。

関川と一緒に道場に来た浜田は、身長は167センチと小柄だったが柔道経験があり、体はがっちりしていた。この時、旗揚げ戦でサプライズ参戦する豊登さんが極秘でトレーニングのため道場にいて、面接を受ける関川の隣にいた浜田を見て「お前もプロレスやらないか？」と声をかけた。試しにリングで受け身や簡単なスパーリングをやらせたら、関川よりも動きが鋭くプロレス特有の動作もすぐにできた。それで入門を勧められた浜田は、関川と共に入ることになった。

旗揚げ1年目は、前座の第1試合でとにかく浜田とばかり試合をやった覚えがある。グラウンドレスリングが巧みで、柔道をやっていたから腕十字の取り方がうまかった。全てにおいて器用な選手で、後にメキシコで花開いて、向こうに定着しトップを取るまでになった。浜田も新日本の草創期を語る上で欠かせない存在だった。

藤原デビュー

旗揚げ1年目の1972年は、浜田、関川、さらに栗栖正伸、荒川真ら新人が入って来た。関川のように途中で退団した選手もいたが、当時の私は、新日本を家族のように思っていたから、新人が入って来るたびに家族が増えて団体が成長していくようで嬉しかった。

その中でも別格のセンスと実力を持っていたのが、前述した浜田と11月に入って来た藤原喜明だった。藤原は、脱サラして入門してきた変わり種で、入った時は既に23歳と私より4歳年上だった。プロレス界に入る前に元重量挙げの全日本ライト級王者で、日本プロレスで活躍した金子武雄さんが運営する横浜の「スカイジム」でボディビルとレスリングを学んでいた。入った時は、体もできているし、レスリングの動きは全てできていたため、入門直後の11月12日、和歌山白浜町坂田会館大会で私を相手にデビューした。入門からデビューまで11か月もかかった私と比較すれば、藤原はまさに別格で、これほど短期間でデビューしたレスラーは、後にも先にも藤原が随一ではないだろうか。

試合は逆片エビ固めで私が勝ったが、藤原がとてもデビュー戦とは思えない動きを見せたことから、試合後、私と2人、控室で豊登さんから「すげぇなお前ら。若手がやる試合のレベルじゃないぞ」と褒められていたことを覚えている。

では、いい選手とそうでない選手をどこで見極めるのか。それは体のバランスだ。見た目では、常に前傾姿勢ができていることがポイントだ。デビューしたばかりの選手は、この構えができない。しかも、試合が進み疲れてくるとバランスが崩れ、余計に前傾姿勢をキープすることがキツくなり、体が棒立ちになる。言うは易し行うは難しで、これがなかなかできない。私も日プロ時代は、棒立ちになり、先輩に注意されたものだった。

藤原は、この前傾姿勢がデビュー前からできていた。しかも、ゴッチさんから猪木さんに伝わった関節を極め合う「極めっこ」「セメント」と呼ぶスパーリングが強かった。私が見て、道場のスパーリングが強かった選手は、藤原と木戸さんの2人だった。後輩ながら藤原は「セメント」の実力を持った逸材だった。

日プロから新日本プロレスへ移って、練習の中身が一番、変わったのが、このスパーリングだった。

日プロは、先述したように主に試合の「型」を繰り返すことがスパーリングだった。しかし、新日本は違った。猪木さんがやってきた関節技の極め合いがほとんどになり、試合の「型」を道場でやることはなくなっていった。

私はレスラーにとって「セメント」は不可欠だと考えている。道場で関節技を極め合うことで、例えば腕を極められた時は、どんな動きになり、顔になるのかなど、自然に理にかなった動きが身につく。試合でやたら大袈裟な動きをやってもお客さんには、見抜かれる。説得力のある攻防を展開するために「セメント」を学ぶことは不可欠だ。

旗揚げ当時、道場のコーチは山本さんが務めたが、スパーリングでの山本さんの教え方は「もっと強く絞めろ」とか「力を出せ」という根性論だった。その中で北沢さんは、猪木さんと頻繁にスパーリングをやっていたので、関節技を極めるポイントを理解していた。私も北沢さんから基本を指導され、タックル、相手の倒し方、関節の極め方を体で覚えていった。試合数を重ねたことはもちろんだが、新日本へ来て、日々、日プロ時代とは違う練習を重ねることで、試合でもバランスが取れた構えが固まって来た。ただ、試合運びは、誰も教えてくれない。先輩の試合を見て学び、盗んで覚えていくしかなかった。

猪木さんが道場のスパーリングで徹底して「セメント」にこだわったのは、私が思うに馬場さんを意識したからだと思う。

馬場さんは、この年の7月に日本プロレスを離脱し、日本テレビの全面的なバックアップを受け「全日本プロレス」を設立し、プレ旗揚げ戦を経て10月22日に日大講堂で旗揚げ戦を行った。

馬場さんは、前にも書いたように私が入門してから練習を見た限り、「セメント」をやった場面はなかった。あくまでも本場アメリカで覚えた既存のスタイルを守ることに徹していた。日プロ時代の猪木さんも道場ではゴッチさんから学んだスパーリングで強さを磨いていたが、表向きにはそんな馬場さんとの違いを明かすことはなかったように思う。

新日本を旗揚げした当初もマスコミには、理想のプロレスはこうだ、とか、プロレスとはなんぞや、とかアピールしていたが、内心はそんなに大袈裟には考えていなかったと思う。それが馬場さんが全日本を旗揚げし、文字通りライバル団体になってから猪木さんの言動がかなり変わっていった。見ている人へ、よりリアルなものを見せようと意識し始めた。それが猪木さんのやりたいプロレスだったかもしれないし、理想のスタイルだったと思う。

全日本が旗揚げしてからは、明らかに目の色が変わって来た。傍にいて常にピリピリして目の雰囲気が怖かった。以前、東京プロレスを潰したため、二度と同じ失敗を繰り返すことはできないという背水の陣の感覚が猪木さんにあったからだと思う。だから、馬場さんが見せる既存のプロレスとの差別化を図るため、よりリアルなスタイルを追求し、周囲から「ストロングスタイル」と呼ばれることになった。

私達若手には、猪木さんから具体的に「こうやれ！」といった指導はなかったが、理にかなっていない動き、リアルじゃない動作には激しく注意を受けた。例えば、相手と向かい合った時、両手が垂れ下がっていると「お前ら闘う目の前に敵がいれば、普通、両手で身構えるだろ！手を下げている馬鹿がどこにいる！」などと、闘いの中で矛盾した動きには、常に厳しい叱咤が飛んできた。

最も厳しい指導は、気合が入っていない試合だった。猪木さんの目に敵わないファイトをやれば、試合中に竹刀を持ってリングに上がって「てめぇ、この野郎！」と若手選手を容赦なく制裁した。私も猪木さんから激しく指導されたことがある。

会場は覚えていないが藤原との試合だった。デビュー戦で豊登さんに褒められたように、私と藤原は、そこから道場のスパーをベースにした玄人好みの試合をしていた。ただ、同じ相手と繰り返し試合を重ねると、自然に相手が次に何をやるか、動きが分かって来る。

そんな藤原との試合を重ねた時、控室で殴られた。互いに相手の動きを読み過ぎて、猪木さんの目には、本物の動きではなく馴れ合いに映ったのだろう。控室に戻ると、問答無用で鉄拳制裁された。私は、自分では必死で試合をやっているつもりだったが、例えばヘッドロック一つにしても、「そんなもん、腕を相手の頭の上にかざしているだけだ！　いつでも逃げられるじゃないか！」と指導された。

その叱咤で私自身も「馴れ合いになっていたかもしれない」と気づかされる。猪木さんに指導されると翌日から動きが変わった。ましてやリング上で制裁された選手は、お客さんの目なんかそっちのけで動きが変わった。当時の我々、前座試合を務める若手は、試合相手よりも控室の猪木さんの方が怖かった。そして、この指導こそがストロングスタイルの原点で「プロレスラー藤波辰爾」の礎となった。

旗揚げ1年目の苦境

試合で猪木さんから厳しい指導を叩き込まれた旗揚げ1年目だったが、興行にはとにかく観客が入らなかった。

それは当然だった。まず、お客さんを呼べるスターが猪木さんしかいない。外国人レスラーは、ゴッチさんの伝手を頼って無名選手を参戦させていたが、有名な外国人は、日本プロレスが招聘ルートを妨害し、呼ぶことができない。しかもテレビ中継がない。有力なスポンサーもない。何もかもないない尽くしでは、会場にお客さんが来るはずはなかった。

全国のプロモーターは、日プロと強いつながりがあり、裏切り者扱いで追放された猪木さんに手を貸すプロモーターはほとんどいなかった。当然、興行の権利を買ってくれる主催者はおらず全て自主興行だった。

そもそも興行を組むことが、ままならなかった。何とか猪木さんの知り合いを頼って、興行を打つ状態で、選手にも「知り合いがいたら試合を開催してもらえるように頼んでくれ」と言われて、私も兄の栄二に頼んで１９７３年１月28日に母校の武蔵東小学校の校庭で興行をやったことがあった。

日プロ時代は１年間で１８０試合もの興行を行っていたが、旗揚げ１年目は、１０３試合だった。３月に旗揚げしているから、試合数が減るのは当たり前だが、月に10試合程度で年間でも１２０試合と興行数は激減した。

しかも各地で妨害にもあった。会場となる体育館を貸してもらえないことが多かった。だから１年目は、駐車場、学校の校庭、空き地などの屋外が多くて、中には海水浴場で試合をやったこともあった。

どれほどお客さんがいなかったかと言えば、旗揚げシリーズで行った埼玉県の秩父市だったと思うが、リング上からお客さんの数を数えることがfrきたことがあった。別の会場では、あまりの惨状に控室で猪木さんが「今日の興行は辞めるぞ」と山本さんに漏らしたこともあった。落ち込む猪木さんを山本さんは「やりましょう。お客さんは少ないですけど、会場に見に来てくれている以上はやらなくてはいけないですよ」と諭し、試合開始のゴングが鳴ったこともあった。

そんな悲惨な状況でも私は、不思議と「日プロに残れば良かった」とは思わなかった。選手同士で愚痴を言うこともなかった。あの時は、猪木さんと一緒に沈むなら本望だ、みたいにみんな肝が据わっていた。給料も会社から支給されず、山本さんがポケットマネーで毎月3万円くれるような状態だった。それでも私が鈍感なのか、明日の生活がどうなるかという不安もなかった。あったのは、猪木さんの下で試合ができるという喜びだけだった。

閑古鳥鳴くリングは、拍手もパラ、パラ、パラ……と寂しいものだったが、やる気を失ったことはなかった。なぜなら、メインイベントに出る猪木さんが一切の手抜きをしなかったからだ。猪木さんは、超満員の大会場でも地方の寂しい駐車場でもどこでも一緒だった。控室を出て花道に出たら、いつものスタイルになった。そんな猪木さんを毎日見ていると、前座の自分なんかが気を抜けるわけがない。猪木さんのファイトが、選手や社員の希望だった。

アフリカ事件

旗揚げ1年目は、リング外で忘れられない「ハプニング」があった。それが、「アフリカ置き去り事件」だった。

1年目は試合数が少なかったため、猪木さんは、オファーがあれば、団体のPRも兼ねてできる限りテレビ番組に出演していた。その中で、東京12チャンネル（現・テレビ東京）が企画した、アフリカで現地の人々と20日間生活するドキュメントに、猪木さんが出演することになった。

マサイ族が生活するタンザニアのジャングルで、20日間を共に暮らす大掛かりなロケで、猪木さんから「お前も来い」と指名され、私も荷物持ちとして行くことになった。

海外は、日本プロレスの慰安旅行で行ったハワイに続き2回目だった。ただ今回は、猪木さんの付け人として行くため、気持ちとしては、いつもの巡業と同じ心構えで飛行機に乗った。直行便で行けるハワイと違ってアフリカははるかに遠かった。羽田空港から北京へ行き、そこから香港、タイのバンコク、インドのムンバイを経て、ケニアのナイロビに至り、そこでようやくアフリカ大陸に入った。

ナイロビからは車でタンザニアを目指し、マサイ族が住むジャングルにたどり着いた。野生の動物の鳴き声が聞こえる森で、テントを張って野宿した。ロケには現地のコーディネーターと万が一、我々、撮影隊が動物に襲われることを想定して、銃を持ったポーターも同行していた。

ロケでは、マサイ族の人たちとの交流だけでなく、猪木さんが銃を持ってジープに乗り、野生の動物を撃つこともあった。野生の象、キリン、バッファローなどを目撃したが、その中でインパラを狙って撃ったが仕留めることはできなかった。

野宿だから、風呂はない。体を洗うのは、近くの川で水を浴びるだけだった。食事は、朝はパンと卵をフライパンで焼いて、水道がないから川で汲んだ水を沸かし殺菌してコーヒーを飲んだ。昼間はサンドウィッチが用意されたが、夜は現地の人たちと一緒に実際に狩りで仕留めた動物の肉を食べた。何の肉かは分からなかったが、恐らくインパラだったと思う。焼いた肉は、殺したばかりで硬かった。忘れられないのは、満天の星空だ。ジャングルで見る星空は、大分の田舎でも見たことのない美しさで、いまだにあれほど鮮やかに星が輝く夜空を見たことはない。

ロケは順調に進んだが、1週間ほど経った時、猪木さんが「日本で急用ができたから先に帰る」といきなり帰国してしまった。しかも「お前はここに残れ」と命令された。師匠からの指示に、ただうなづくしかなく、アフリカのジャングルに置き去りにされてしまった。

テレビのクルーも猪木さんと一緒に帰ってしまって、猪木さんが乗ったジープが遠ざかった時は心細くて寂しかった。当時、私は18歳。その夜は、遠くで動物の鳴き声が聞こえるテントの中で「俺はどうなるんだろう？　このままマサイ族と一緒に暮らすのか」と不安で眠れなかった。

置き去りにされ、2日間はテントで暮らしたが、さすがにこのままタンザニアのジャングルで暮らすわけにはいかず、1人で帰国することを決めた。パスポートと帰りの飛行機チケットは持っており、幸い同行していたポーターがジャングルに残っていたので、彼に片言の英語で帰国する旨を伝え、翌日、ジープでナイロビまで送ってもらい、アフリカを脱出した。

ナイロビからムンバイへ行き、そこで一泊してバンコクから香港、北京と渡った。北京に着いた時は「これで本当に日本に帰ることができる」とホっとした。そして羽田空港に着き、野毛の合宿所に戻った時は、大袈裟じゃなく生きて帰ってこれたことのありがたみを実感した。

帰国して数日後、旗揚げ当初の代官山から南青山へ移転した会社へ行くと、猪木さんと会った。顔を合わせると第一声で「オッ、帰って来たか」とニヤっと笑っていた。私は、何で置いていったんですか？　なんて問いただすことなど、できるわけもなく「はい。おかげさまで帰ってきました」とおじぎするだけだった。

あれから50年近く経ったが、いまだに猪木さんがなぜ、私をアフリカに置き去りにしたのか分からない。もし、何かのトラブルがあって帰ってこられなかったら猪木さんはどうしたのだろうと思うこともある。

後年、何度か理由を聞いたことがあるが、猪木さんは明確な答えは言わない。「ポーターに金を渡して、日本行きの飛行機で帰してくれって言っておいたぞ」とは教えてくれたが、ただ笑って「いい経験になっただろ」と言うだけで、それが答えだった。

今、私の中では、あれは18歳の私に与えた猪木さんの課題だったと思う。ハプニングをどう自力で切り抜けるかを試したのだ。なぜ、そう考えるのかと言えば、ハプニングからの脱出が猪木さんのプロレスの根底にあるからだ。日本では経験できない体験をアフリカでやらせて私をプロレスラーとして成長させようとしたのだ。

これが私が考える「置き去り事件」の真相だ。

ゴッチ杯

私にとって様々なことがあった旗揚げ1年目だったが、2年目を迎えようとした1973年2月に沈んでいた会社が好転する。

日本プロレスを中継していたNET（現・テレビ朝日）の仲介で日プロと合併することにな

ったのだ。猪木さんを追放した日プロだったが、力道山の時代から中継してきた日本テレビが契約違反で撤退し、馬場さんも離脱し団体は苦境に立たされていた。

窮状を見かねたNETが新日本との合併を提案し、日プロ側も合意、猪木さんと日プロのエースだった坂口征二さんが2月8日に京王プラザホテルで会見し合併を発表した。ところが、この決定を大木金太郎さんが覆し合併はご破算になる。それでも坂口さんは約束を守り、新日本へ移籍することになった。

坂口さんは小沢正志（後のキラー・カーン）、木村聖裔（後の木村健吾）、大城勤（後の大城大五郎）らの若手選手とレフェリーの田中米太郎さん、社員を連れて新日本に合流した。NETは、坂口さんの入団後の4月6日宇都宮・栃木県営スポーツセンター大会から毎週金曜夜8時の中継を日プロから新日本に切り替えてくれた。待望のテレビ中継の決定に、これで団体が軌道に乗るのだと、私も嬉しくてたまらなかった。逆に日プロは、この4月に崩壊した。

待望のテレビ中継で、旗揚げからの沈滞を脱し、会社は上げ潮ムードになった。その波に乗って私自身もチャンスをつかんだ。それが「第1回カール・ゴッチ杯」だった。

1974年秋に開催された大会は、若手の底上げを目的にした総当たりリーグ戦で、猪木さんが尊敬するゴッチさんの名前を冠にした。出場したのは私の他にリトル浜田（後のグラン浜田）、荒川真、藤原喜明、ドナルド・タケシ、栗栖正伸、小沢正志、大城大五郎、木村たかしの

9人だった。

テレビ中継も付き、新日本プロレスの看板が全国に知られるようになったこの頃は、ようやく興行的にも安定してきていた。所属選手も旗揚げ当時の6人から大きく増えて20人ぐらいの大所帯になってきた。会社としても余裕が出始めた時に若手育成へ目が向いたことで「ゴッチ杯」が実現した。

初めての若手主体の大会に、これはチャンスだと思った。実力を試されるが、新日本の旗揚げからの生え抜きで、この大会が今までやって来た総決算だという意識があった。しかも出場選手の中で、自分が一番先輩というプライドがあるから、意地でも勝ってやると気合が入った。

迎えたリーグ戦は、初戦で小沢に負けたが、後は全勝で決めて12月8日の愛知県刈谷市体育館での得点上位2人による決勝戦へ進出した。

対戦相手は、小沢だった。後にキラー・カーンとなりアメリカマットでも活躍する彼とは、日プロ時代に永源遥さんのマンションで一緒に暮らすなど、気心が知れた仲だった。日プロ時代は試合はしていなかったが、巡業では一緒に行動していた。190センチ以上の大きな体とは裏腹に性格は穏やかだった。大相撲の春日野部屋の力士を廃業してプロレス界に入って来たから、ちゃんこ鍋を作るのが上手で、合宿所なんかでも、ちゃんこ番になると生き生きとして作っていた。ちゃんこには彼なりのこだわりがあって、他の若手には手伝わせず、私達は横で見ているだけだった。逆に彼が全部作ってくれるのは私達からすれば楽だから、みんなちゃんこになると小沢を褒めておだてた。そうすると嬉しそうにちゃんこを作ってくれた。

そんな思い出がある小沢だったが、猪木さんが新日本を旗揚げして、私は猪木さんと行動を共にし彼は日プロに残った。そして、今度は彼が坂口さんと新日本へ移籍した。互いに紆余曲折を経て、決勝戦で闘う運命となった。

この頃、特に道場の練習で、新日本生え抜きの選手と日プロから来た小沢を含めた3人の若手の間では緊張感があった。我々にすれば「よそから来た奴らに負けてたまるか」みたいな意識があった。私はそんな思いを表に出すことはなかったが、中には、日プロから来た選手が相手だと、スパーリングで感情をむき出しにする血気盛んな選手もいた。

こうした様々な背景から緊張した決勝戦だったが、さらに気持ちが引き締まることがあった。レフェリーを猪木さんが務めたのだ。目の前で猪木さんが見ているから、だらしない試合になれば、殴られるんじゃないかと気が気でなかった。正直、小沢に緊張するんじゃなくて猪木さんに緊張した。

この試合は、私にとって初めてテレビ中継された一戦だったが、それが猪木さんのレフェリーということで全国に放送される喜びをじっくり味わえなかった。それほど猪木さんの視線が気になった試合だった。

試合は、道場のスパーリングの延長線上のような内容だったと思う。飛び蹴りぐらいは出したと思うが、後はこれまで練習でやってきたことをひたすら小沢にぶつけた。結果は逆さ押さえ込みでフォールし優勝した。生え抜きの意地だけで勝てた試合は、猪木さんに手を挙げられて勝ち名乗りを受けた時にようやく緊張から開放され、喜びが込み上げてきた。

「ゴッチ杯」の優勝は、私にとって大きな意味があった。優勝者は、海外へ行けることを約束されていたからだ。私にとって海外へ行くことは、プロレスラーになることと同じぐらいの夢だった。中学生の頃、当時「プロレス&ボクシング」という専門誌を買っていた。いろんなレスラーが海外で試合をする写真を見て、外国ってどんなところなんだろう？　と夢のように思いを馳せ、それからずっと、いつかは海外へ行きたいと願っていた。プロレスラーになりたいと思った一つの大きな理由は、レスラーになれば、海外へ行けると信じていたからだ。デビューから3年でその夢が叶えられることは、私にとって大きな意味があった。

初めての海外武者修行は、翌年の1975年6月に実現した。ゴッチさんが私にしっかりしたレスリングを学ばせたいと考え、西ドイツ（現・ドイツ）になった。そのころは、正直、アメリカとヨーロッパの区別もつかず、とにかく海外へ行きたい私にとっては国はどこでも良かった。

西ドイツには先輩の木戸修さんと共に行くことになった。出発当日、羽田空港には、木戸さ

1974年12月8日、第1回カール・ゴッチ杯を制する。（提供：東京スポーツ新聞社）

んの家族は来たが、私の身内は誰もおらず新日本の社員が見送ってくれただけだった。21歳、夢の海外への旅立ちだった。

5章

夢の海外、プロレスの礎

西ドイツへ

初めての西ドイツで暮らした町は、南部のニュルンベルクだった。

当時は、米ソ冷戦でソ連（現・ロシア）上空を飛ぶことができず、アメリカのアラスカ州アンカレッジを経由する北回りでフランクフルトに着いた。ここでトランジットしニュルンベルクへ入ると、プロモーターのグスタフ・カイザーさんが迎えに来てくれた。

現在は統一されたドイツだが、私が訪れた１９７５年は、東と西に分かれていた。西ドイツは民主国家だったから、人々の暮らしも安定していた。カイザーさんは私と木戸さんのためにペンションを用意してくれて、部屋には生活するために不自由ないものが揃っていた。

カイザーさんは西ドイツのプロレス興行を仕切る大プロモーターで、ゴッチさんとは、旧知の仲だった。初めての海外武者修行も、全て２人の間で段取りを組んでくれていた。

ここで当時、西ドイツのプロレス興行のシステムを紹介したい。まず、日本のように日々、試合場所が変わるのではなく、同じ土地の同じ会場でだいたい3週間ほど、試合を行なったら、別の町へ移って興行をした。

私は、ニュルンベルク、デュッセルドルフ、ケルン、ヴィースバーデン、ミュンヘン、フランクフルトの各地をほぼ3週間ごとに移って試合を行なった。移動する時は、カイザーさんがいつも奥さんと子供を乗せている、フォルクスワーゲンのビートルに僕と木戸さんを乗せてくれた。そんなふうに、日本から来た私達に気を遣ってくれて、本当によくしてもらった。

試合会場は、サーカスのテント小屋の隣に特設された小屋みたいな建物だった。私達は、このサーカス団と一緒に各地を巡った。サーカスと並んでの興行となった経緯をカイザーさんに聞くと、当初は、サーカスのプログラムの一つとしてプロレスが組み込まれていたのだという。それが、プロレスが特別に人気を博したため、独立して興行を開催することになり、一緒に巡業することになったらしい。

試合形式は、5分1ラウンドのラウンド制で、ラウンド数は前座からメインイベントへ上がるごとに増えていった。マットは板の上に布を張っただけで、日本より固く、投げられるとダメージが大きかった。ロープも日本のようなワイヤーをゴムで包んだものではなく、まさに本物のロープを使っていて、常にたるんでいるような状態だった。

試合スタイルは、私達が新日本の前座でやっていたようなロープワークはほとんど使わず、地味なレスリングが主体だった。お客さんもネクタイを締めた紳士然とした人が多かったように思う。試合を見て歓声を上げるとか、日ごろのストレスを晴らそうと騒ぐような観客はほとんどいなかった。誰もがじっくりとレスリングを堪能するようにリングを見つめていた。こうしたレスリング重視のスタイルだったからこそ、ゴッチさんは私の修行の地に西ドイツを選んだのだと思った。

会場へは、木戸さんとゴム草履でペンションから歩いていくことが多かった。2人とも言葉が多い方じゃないから、あまりしゃべることなく黙々と歩いた。時々、ピーター・カイザーというレスラーが車で送り迎えしてくれたこともあったが、ドイツの街を歩くのは、海外に来たことを実感できる充実した時間だったから嫌いではなかった。

試合は、常に2、3試合目だった。試合内容は、倒して投げてカバーする。そこから再び立ち上がるのが基本で、日本とほとんど変わらなかった。だから私も、新日本でやってきたことをそのまま崩さずグラウンドを主体で組み立て、スムーズに対応できた。寝ている相手への攻めは反則、とかルールの違いはあったが、試合を重ねるうちに向こうのスタイルも吸収していった。

対戦相手は、日本にも来た選手で言えば、オットー・ワンツ、スティーブ・ライト、マーティン・ジョーンズ、ピート・ロバーツらがいた。勉強になったのはスティーブ・ライトで、器用でテクニックを存分に発揮するスタイルは参考になった。

その中で強烈な洗礼を浴びたのが、ホースト・ホフマンだった。国際プロレスにも来日経験があるホフマンは身長190センチ、体重115キロほどと均整の取れた体で、当時のドイツマットで最高峰のレスラーだった。そのホフマンとの対戦で、私は、体を自由自在に引っ張りまわされ、おもちゃのように扱われた。何をやっても歯が立たない。あれほど過酷な試合は、私のプロレス人生の中で後にも先にも経験したことのない最も苦しい闘いだった。もちろん、勝てるはずもなく屈辱のリングだったが、本物のレスリングの厳しさをホフマンとの試合で学んだ。

これは、ほぼ同じ相手と対戦する日本のシステムでは経験できないことで、ホフマンとの試合にこそ海外へ出た意味があった。ゴッチさんがドイツへ行けと言った意味があの試合で分かり、文字通りの修行だった。

ファイトマネーは、「取っ払い」と言われる日払いで、金額はいくらだったか覚えていない。お金よりも夢の海外で試合ができる喜びしかなかったから、あまり高いとか安いとか気にしていなかった。

試合以外では、現地のテレビに出演したこともあった。日本人レスラーの練習を伝える番組で、木戸さんと2人でスクワットをやった。どこかで「次のメニューを見せてくれ」とか声がかかるかと思ったが、何の合図もなく、結局スクワットだけを延々とやり続けた。「こんなのでいいのかな？」と心配になったけど、スタッフは「良かった」と言ってくれて、私と木戸さんがスクワットをやり続ける姿がドイツで放送された。

試合を離れたプライベートでは、ドイツに入った最初の頃は体が疲れていたせいか、休みの日に町を出歩いたりはあまりしなかった。観光らしいもので言えば1度、ヴィースバーデンに滞在した時、ライン川流域にあったラインシュタイン城へ行ったことがあった。城好きの私としては、初めて見るヨーロッパの古城の荘厳さに、日本とは違う感動を覚えた。

出発する時は、ドイツ語なんて全く分からないから心配で、羽田空港の書店で6か国語の日常会話集みたいな本を買って持っていった。しかし、実際に現地に行くと、いちいちそんな本を見て会話なんかできるわけがなく、プロモーターやレスラー仲間との会話は結局、身振り手振りのボディランゲージで通じた。

ただ、自分なりに単語を覚えようと勉強はした。まずは、数字をメモ用紙に書いて覚えて、次に「ありがとう」なら「ダンケ・シェーン」などのドイツ語の発音をカタカナで書き留めて覚えていった。それが1か月、2か月たつと単語が増え、並び替える程度の簡単な日常会話ができるようになった。

日常会話に不自由しなくなると、休みの日に部屋にこもることも少なくなり、街を散歩して行動範囲が広がった。ヨーロッパ独特の石畳の街並は、日本では味わえない空気感だった。試合で訪れた街には、それぞれ移動遊園地があって、そこへ行って遊んだ。

西ドイツの生活での一番の楽しみは、やはり食事だった。中でも私が好きだったのが、会場で売っているソーセージだった。ドイツは、言わずと知れたソーセージの本場。試合が終わった後、ドイツ語で「ブラートブルスト」と呼ばれるソーセージを売っている屋台へ行くのが楽しみだった。茹でたソーセージをパンに挟んでマスタードをたっぷりつけて食べると、肉汁が弾けてこれがたまらなく美味かった。言ってみれば、このソーセージが唯一の贅沢。とにかく試合が終わってから食べたソーセージは最高だった。

ドイツの食事は、朝は卵とソーセージとパン。昼は外食で、だいたい中華が多かった。不思議と私は日本食が食べたいとはほとんど思わず、ドイツの食事にも順応して楽しんでいた。試合が終わった夜は、ブローチェンという硬式ボールみたいに固いパンを焼いて、後は、パテやハムをおかずにして食べた。ブローチェンは、最初は固くて歯が立たないぐらいだったが、慣れると美味しく感じた。ドイツと言うと、あの会場で食べたソーセージとブローチェンを懐かしく思い出す。

最初の海外武者修行の地だった西ドイツでの生活は、瞬く間に過ぎていった。10月に契約が終了し、私と木戸さんは、ゴッチさんへ連絡を取って次にどこへ行くかの相談をした。するとゴッチさんから「私の家へ来なさい」と命じられた。

思い出の西ドイツを後に、私は、ゴッチさんが住むアメリカ・フロリダ州タンパへ向かった。

ゴッチさんの教え

ゴッチさんの自宅があったタンパは、私を真のプロレスラーにさせてくれた町だった。

1975年10月、22歳だった私が木戸修さんと初めて訪れたゴッチさんの自宅は、土地が4、500坪ぐらいあり、みかん畑に囲まれた自然豊かな場所だった。

庭に入ると、ボートが浮かべられるほどの大きな池があった。後日、この池で泳いだ時に、ゴッチさんから「ワニがいるぞ！」と言われて、慌てて池から飛び出たこともあった（笑）。

毎朝6時半ぐらいに起きて、7時から3時間ぐらい練習した。その後に朝食をとった。メニューはだいたい、卵、ソーセージ、パンで、庭先の畑でなったみかんを絞って作るフレッシュジュースが抜群に美味しく、あの甘酸っさが練習の疲れを癒してくれた。

食後は、午後3時ぐらいまで休憩で、だいたい昼寝をすることが多かった。体を休めると午後4時から再び3時間ほど練習した。

会社から定期的にプロレス専門誌が送られてきたが、ゴッチさんに「こんなものは今のお前には必要ない」と捨てられ、タンパで暮らした日々は、専門誌を読むことができず、日本マットの状況は全く分からなかった。

ゴッチさんから、代わりに「これを読みなさい」とレスリングの関節技が図解された分厚い本を渡された。英語だから何が書かれているのかは分からなかったが、イラストを見て関節技を勉強した。

練習メニューは、午前中はだいたい柔軟やフィジカルトレーニングだった。駐車場にゴムマットを敷き、ブリッジ、プッシュアップ、縄跳び、コシティーを使って汗を流した。

庭には、鉄棒があって、懸垂もやったし、ぶら下がっている吊り輪を使って、体操選手のようなトレーニングもやった。吊り輪は最初難しくて、捕まるのに精一杯だったが、体を持ち上げるために手首を輪に引っ掛けて脇を締めるコツをつかむと、体操選手のように十字懸垂もできるようになった。

また、庭の大木にロープが下がっていて、それを何度も登るトレーニングもやった。小さなダンベルはあったが、コシティー以外は器具をほとんど使わない自然の環境を生かした筋力トレーニングだった。それを重ねるうちに体は筋肉でバキバキになり、まるで体操選手のような肉体になっていった。

午後は、スパーリングが中心で、リングがないから芝生の上にマットを敷いて、関節技の極め方、相手のバランスを崩す動き、タックルなどの基本を徹底的に教えられた。

最初は木戸さんと2人だったので、近くにアパートを借りて通っていたが、木戸さんが日本からの命令で帰国し私1人になると、ゴッチさんの自宅で下宿することになり、息子のように接してくれた。

ゴッチさんは練習で「第1にコンディションだ。次に頭を使って相手をどうやって倒すかを考えろ。筋肉をつけるのは二の次だ」と繰り返し教えてくれた。プロレスラーにとって何よりも重要なのはコンディションで「1時間闘っても持ち堪えるコンディションを作れ」が口癖だった。相手との力量で差があっても、コンディションが良ければ、試合でそう簡単に仕留められることはない。コンディションの重要性は、キャリアを重ねるごとに痛感させられた。今も私は、ゴッチさんの教えを肝に銘じて体調管理に務めている。

実は、ゴッチさんのことは、まだプロレスファンの少年の頃や日本プロレス所属時代は、その存在をあまり知らなかった。どれだけ凄いレスラーかを目の当たりにしたのが、新日本プロレスの旗揚げ戦で猪木さんと対戦した時だった。生のゴッチさんを初めて見たこの試合で、猪木さんをグラウンドで手玉に取るような技術、キーロックを片腕で持ち上げるパワーに驚嘆した。この時、ゴッチさんは47歳。普通ならリタイアしてもおかしくない年齢でこれだけの強さを持っているということは、若い頃は、どれだけ凄かったのかと思い、「カール・ゴッチ」というプロレスラーの存在感が頭に焼き付いた。

その後、新日本の道場でゴッチさんが我々若手を指導する「ゴッチ教室」が開かれ、その練習に感銘を受けた。例えば、スクワットもただ屈伸するだけでなくジャンプを入れるなど、3、

4種類のバリエーションを付けて工夫していた。また、選手が飽きないようにゲーム感覚の練習も取り入れていた。それがトランプを使った練習だった。フィジカルトレーニングの時、選手が作った輪の真ん中にトランプを置いて、めくった数字の回数だけプッシュアップやスクワットなどをやるのだ。大きい数をめくった選手を、他のレスラーがからかうなど、笑いも生まれ、単調な練習を楽しんで取り組むことができた。

ただ、困ったのは、あまりにも指導が熱心だったことだ。当時の新日本の合同練習は午前10時から午後2時ぐらいまでだったが、ゴッチさんが来た時は、熱が入りすぎて、夕方ぐらいまでに延長することがほとんどだった。あまりに長いと腹は減るし、集中力もなくなるから、そこだけは勘弁して欲しかった（笑）。

タンパでは、そんな熱心なゴッチさんとマンツーマンだから、朝から晩まで徹底して鍛えられた。中でもスパーリングは、これまでの、特に日プロ時代の指導とは全く違った。ゴッチさんは分かりやすい英語で人間の体の構造を説明し、関節はどういう仕組みで極まるか理論立てて教えてくれた。例えば、力を使わなくてもテコの原理を利用すれば関節は極まる。今では誰でも知っている常識だが、日プロ時代はスパーリングと言えば、先輩が上に乗っかって「逃げろ」と命令されて、逃げられなかったら潰されて、力任せに腕や足を固めるだけだった。そんな力任せのスパーリングとは、かけ離れた、理にかなった「本物」の動きをゴッチさんのおかげで習得できた。

振り返れば、デビューから5年を経ていたこの時、初めてプロのレスリングを教えてもらった気がする。それまでのレスリングは何だったのかと思うほど、目から鱗と言おうか、レスリングに開眼した日々だった。

格闘技経験がないままプロレスラーになった私は、それまで不安と恐怖の中で闘ってきたが、ゴッチさんの指導で理にかなった動き、関節技を覚えるとレスラーとしての自信も生まれた。試合で相手が何をやってきても対応できる懐刀を持った気がした。

ゴッチさんに教わった関節技を極め合うスパーリングは、いわゆる「セメント」だった。日プロ時代も、道場でのスパーリングを「セメント」と先輩レスラーは呼んでいたが、前述したように先輩が後輩の上に乗っかるだけで、極めてはこなかった。正確に表現すれば極め方を知らないから、できなかったのだ。そんな彼らが呼んでいた「セメント」とゴッチさんのそれとは、レベルが全く違った。技術と理論に基づき手、足を極める。さらに全身のどこを押さえれば、より極めやすくなるかを研究し、私に伝授してくれた。

私は日プロ時代にプロレスの「型」を覚えようと没頭したが、タンパでは同じように柔道家やレスリングの選手が相手を極める、倒す技術を学ぶように「セメント」を一心不乱に学んだ。繰り返しになるが、自分は格闘技を知らないから、ゴッチさんに言われたことはストレートに頭に入って来た。スパーリングを重ねるごとに、防御法、攻め方が自然に身についていった。

恐らく猪木さんも初めてゴッチさんから指導された時、同じような気持ちだったと思う。私と同じように格闘技の経験がない猪木さんにとってゴッチさんから学んだ関節技は、相手を倒す最大の武器だったはずだ。それを磨くことで馬場さんを超えようと必死に練習していたと思う。

ゴッチさんのプロレスへの考えは、リアルだった。ゴッチさんのプロレスには、お客さんは存在してない。言ってみれば、宮本武蔵と佐々木小次郎の果し合いと同じだ。だから、試合もスパーリングと同じように、どちらが先に極めるかを争う闘いを理想としていた。

猪木さんはそこまでの考えではなかった。試合ではやはり、常にお客さんを意識して相手と対峙していた。それは私も同じで、ゴッチさんの境地までは到達できなかった。

猪木さんは「リアル」を追求するゴッチさんの哲学を試合の中に取り入れていた。例えば、ロックアップは万国共通だが、別に組まなければいけないというルールはない。あれは、大相撲で何度か仕切って立つ「立ち合い」のようなもので、別にフェイントをかけても構わない。ただ、そんなことをやるレスラーは実際にはほとんどいないが、猪木さんは時折、ロックアップの時に違う動きをやった。それは、相手を倒すことを目的に掲げるゴッチさんから影響を受けた部分だったが、そんな猪木さんは、特に名前がある外国人選手に対戦を嫌がられた。

私もアメリカの試合で経験したことがあるが、かつては想定外の動きをするレスラーは、確かにいた。それは試合の中での「セメント」で、それがあるかないかで緊張感が全然違ってくる。日本でも、試合の序盤で主導権を握るために、極めにいくレスラーがいた。かつては道場で誰が強いか、自分はどれぐらい強いか、みんな表には出さずとも分かっていた。道場のスパーリングと試合はもちろん違うが、プロレスは闘いでなければいけない。また、お客さんも闘いを見に来ている。道場とかけ離れたものを見せるだけだったら、闘いの緊張感を伝えることはできない。試合は道場の「セメント」が基本だ。観客が見ているリング上でそれをどう出して構成するかにレスラーの感性が問われている。

私は、ゴッチさんからプロレスラーとしての基本を学び習得した。デビューから50年、リングで闘ってきた「藤波辰爾」のスタイルは、まさにあのタンパで誕生した。私の試合での技術は、全てがゴッチさんから学んだものを生かしている。例えば、ドラゴンスクリューは、アマレスの技術の中に「片足タックルを捕まえて、そのまま巻いて投げる技がある」とゴッチさんに指導され、それを応用した。グラウンドの攻防、スープレックス……私の源流には、ゴッチさんがいる。

ゴッチさんは、2007年7月28日に82歳で天国へ旅立たれた。もしゴッチさんと出会っていなければ、私のスタイルは全く別のものになっていただろう。同時にここまで長くプロレス

プロレスの神様と呼ばれたカール・ゴッチさん。（提供：山内猛）

を続けることはできなかったと思う。それほど、ゴッチさんの存在、影響は私にとって絶大だった。今も感謝の思いを忘れることはない。

ゴッチさんの自宅での練習漬けの日々は、5か月になろうとしていた。その間、1975年12月19日には、猪木さんに呼ばれて、ロサンゼルスのオリンピックオーデトリアムで試合をしたことはあったが、これほど長く試合から遠ざかると、リングに上がりたくなってくるし、切実な問題として、西ドイツで稼いだファイトマネーも底をついてきた。そこでゴッチさんに試合をしたいと申し出ると、仲の良かったプロモート会社に連絡を取って、試合を手配してくれた。1976年3月、私はプロレスの本場、アメリカのリングへ本格的に参戦することになった。

アメリカ修行

1976年3月、ゴッチさんの仲介でアメリカマットへの本格参戦が決まった。契約したのは、東海岸のノースカロライナ州シャーロットが拠点のジム・クロケット・プロモーションだった。後にNWAの会長となるジム・クロケット・ジュニアが代表を務めるこの会社は、ノースカロライナ州、サウスカロライナ州、バージニア州がテリトリーだった。マッチメイクや選手の管理を担当するブッカーだった元レスラーのジョージ・スコットがゴッチさんの友人だったことが縁で、私は、このプロモーションのリングに上がることになった。

クロケット・プロモーションは、NWAに加盟する有力プロモート会社だった。当時NWAは、世界最高峰の団体で、NWA世界チャンピオンこそがプロレスの世界王者と日本でも認知されていた。このNWAと太いパイプを築いていたのが、馬場さんの全日本プロレスだった。新日本プロレスもNWAに加盟はしていたが、馬場さんとの関係で、新日本の選手がNWA系のプロモーションで試合をすることはほとんどなく、私はゴッチさんとジョージ・スコットの個人的な絆があったためNWA系のプロモーションに参戦できたが、当時の日本マットの状況を考えると異例のことだった。

珍しかったのはこれだけではなかった。それまで日本のレスラーがアメリカで試合をする時は、顔にひげをたくわえ、裸足でタイツは膝上までのいわゆる「田吾作スタイル」で試合をするのがほとんどだった。あの馬場さんも最初に渡米した時は、この格好で下駄を履かされたほどで、日本人レスラーは「田吾作スタイル」でヒールに扮し、地区のベビーフェイスと対峙する扱いが普通だった。

ところが私は、「田吾作スタイル」ではなく黒のショートタイツに黒のリングシューズで闘うことが許された。ゴッチさんが頑としてジョージ・スコットに私が田吾作スタイルを強要されることを拒否したからだ。ゴッチさんの後押しで「田吾作スタイル」をやらされることなく、アメリカのリングに立つことができた。恐らく田吾作以外でアメリカのマットに登場した日本人は、かなり珍しかったと思う。私は、それまで赤のショートタイツとリングシューズで試合をしていたが、ゴッチさんから黒に変えるよう命じられ、両方とも黒に統一した。シューズも猪木さんのような脛の辺りまで覆う長いタイプだったが、ゴッチさんから「短い方が動きやすい」とアドバイスされ、トレーニングシューズのような形に変えた。そして、この時から今も変わらない同じスタイルでリングに立ち続けている。プロレスラーとして本物の実力をつけてくれただけでなく「藤波辰爾」というプロレスラーを文字通りデザインしてくれたのもゴッチさんだったのだ。

アメリカへの本格的な参戦で、住まいもタンパからプロモーションがあるシャーロットへ移した。生活したのは、フリーウェイの横にあるウィークリーマンションのようなロッジだった。そこにはレストランがあって、思い出すのはミートローフが美味しかったことだ。グレービーソースがかかっていて、付け合わせのマッシュポテトも最高だった。西ドイツのソーセージとシャーロットのミートローフは、修行時代の忘れられない味で今も時折家内に頼んで作ってもらうことがある。

リングネームは「ドクター・フジナミ」だった。ヨーロッパでは、「タツミ・フジナミ」だったから、私にとって初めて本名と違うリングネームでのサーキットだった。「ドクター」の由来は、実は今も分からない。プロモーターが決めた通り、名前を変えただけで、なぜ「ドクター」になったかは謎のままだ。

アメリカのプロレスは、西ドイツとは全く違っていた。じっくりとレスリングを味わうように観戦するヨーロッパの観客と違って、アメリカは、必要以上に派手なアクションを好んだ。レスラーは世界のどこへ行っても観客の要求に応えなければいけない。アメリカはグラウンドのレスリングの攻防ではなく攻守が派手に逆転する展開が主流で、その攻防にファンはエキサイトしていた。

ただ私は、日本、そして西ドイツと同じようなスタイルを崩すことはなかった。派手なアクションもほとんどなかったから、観客の受けは良くなかった。プロモーターから見れば、「田吾作スタイル」で試合をさせられないし、キャラクター付けができるほどの大きな体ではなかったから、マッチメイクを組みにくかったと思う。試合では反則をするわけでもないのに大きなブーイングを浴びた。日本人だし、全く名前も知らない選手だったからそうなったのだと思うが、ブーイングでも客席の反応があったことは、試合を進める上ではありがたかった。

対戦したレスラーで忘れられないのは、ロニー・ガービンだった。日本プロレスにも来日経験のあるラフファイトが持ち味の選手で、パンチ攻撃が得意技だった。

タフな選手だったが、意地悪な男で私とシングルマッチで対戦した時に一線を越える攻撃を仕掛けてきた。シャーロットに入る前にゴッチさんから「試合では、仕掛けてくる奴がいる。その時は、すぐに仕返ししないとやられる。だから、やられたらやり返せ」と指導されていた。だからその時も、すぐにピンと来て、手首を取ってゴッチさんに教えられた関節技でひねると、もうやって来なくなった。もしあそこで極めなかったら、私は他のレスラーにも馬鹿にされて、試合をやっていくことができなかっただろう。ゴッチさんの教えが実戦で生きたという意味でガービンとの試合は忘れられない。

その後、試合で私に仕掛けて来る選手はいなかった。ガービンとの試合ですぐにやり返したことも大きいが、やはり、ゴッチさんの名前が大きかった。ブッカーのジョージ・スコットが配下の選手に「フジナミは、ゴッチにプロレスを習っている」と教えると、危険なことはされなくなった。アメリカマットでそれほど、「カール・ゴッチ」の名前は、真の実力者としてとどろいており、その弟子である私には手出しをするな、という暗黙の了解あったのだ。タンパを離れて、改めてゴッチさんの凄さに気づいた。

アメリカでのファイトマネーは、観客の入りで決まった。満員ならギャラも上がるし、不入りだと減るのは、ある意味合理的だった。毎週月曜日にシャーロットの事務所へ行って、1週間分を小切手でくれた。安い時は、800ドル（約24万円）で、いい時は2000ドル（約60

万円）ぐらいだった。英語は片言だったが、プロモーターも選手も分かりやすい単語で私と会話をしてくれて、私も英語を勉強したし言葉で不自由な思いはしなかった。

私がサーキットしたこの地区でのトップレスラーは、ブラックジャック・マリガン、ワフー・マクダニエルだった。この2人に迫る勢いで頭角を表してきたのが、リック・フレアーだった。この1976年当時、フレアーはデビュー4年目の27歳。抜群のセンスで将来のエースとして期待され、この時、既に地区のチャンピオンを獲得し、メインイベンターとして活躍していた。リング上では華があって、試合を離れてもおしゃれでカッコ良かった。控室では、前座の1、2試合目に出場する無名の前座レスラーの私にフレアーの方からいろいろ話しかけてくれて、休日にはバーベキューパーティーへ招待してくれたり、移動の時は、彼のキャデラックに乗せてくれるなど、親しく付き合わせてくれた。駆け出しの私にとって、眩しく見えたフレアーと、それから約20年後の東京ドームで闘うなどとは、この時は思うはずもなく、運命と出会いの不思議さを感じざるを得ない。

ノースカロライナ、サウスカロライナ、バージニアを渡ったアメリカサーキットは、中学生の頃にプロレス専門誌で見た憧れの世界が現実となったようで、レスラーになった醍醐味で毎日ワクワク感でいっぱいだった。サーキットに入った当初は運転免許証を持っておらず、ビル・ミラーの弟のダン・ミラーが運転する車で試合会場へ移動した。

ただ、いつまでも彼のお世話になるわけにもいかず、免許を取ろうと考えた。ちょうどそんな時に、試合会場で毎回、顔を合わせる警察官と親しくなり、プライベートで食事する仲になった。彼は、私が免許を持っていないことを知ると「じゃあ、免許を取ればいいじゃないか」と言ってくれて、ペーパーテストは筆記ではなく、彼が口頭で「キープライト」などの交通用語や標識を教えてくれて、ペーパーはそれでクリア。さらに路上の実地も彼の自家用車で済ませた。試験官を連れてきて、デパートの駐車場を回り「そこでパーキングしろ」とか言われて駐車したりした。終わったら「OKだ」と手続きをして運転免許証を交付してくれたのだ。

果たしてこれが法律的に正しいのか分からないが、さらに彼は、知り合いの中古車センターを紹介してくれ、1500ドルか2000ドルぐらい（当時の日本円で約45万～60万円）でシボレーのインパラを買った。アメリカ車らしい大きな真四角な形で、これが私にとって初めての自家用車だった。

自分で車を運転するようになってからは、試合会場も地図を見て調べていった。あのアメリカの広大な土地でハンドルを握りながら、ハンバーガーを食べて、ドリンクを飲んで走っている時は、まさに夢のようだった。大分の田舎で育った私が、憧れのアメリカで車を運転して、プロレスラーとして試合をしているなんて、子供の頃は想像もできなかった。「本当に俺はプロレスラーになったんだぞ！」という優越感で体中がいっぱいだった。もっともスピード違反でよく捕まったけど……（笑）。

レスラーになった醍醐味を満喫したアメリカでの生活は、1977年3月に終わりを告げた。西ドイツ、タンパ、シャーロット……と続いた修行の旅は、メキシコへ移った。

メキシコ修行

アメリカマットへ本格参戦した夢のような1976年は瞬く間に過ぎ、1977年に入ると、ジム・クロケット・ジュニアのプロモーションからそろそろ契約を終了することを通告された。そこで、次にどこへ行くかをゴッチさんに相談した。するとゴッチさんは、親交のあるメキシコ人レスラーのハン・リーに連絡を取って、メキシコのUWAへの参戦を手配してくれた。

初めてのメキシコでは、首都のメキシコシティのホテルで生活した。現地には、先に後輩のグラン浜田が修行に来ていて、浜田と同じスケジュールで動き、ホテルから会場までは浜田が車を運転してくれた。

試合で驚いたのは、日本、西ドイツ、アメリカと全くスタイルが違っていたことだ。まず、ほとんどの選手が軽量級で体が小さい。普通は、組む時に左手を取る「型」も右手からスタートした。タッグマッチでは、タッチなしで交代できる……など、これまでのプロレスとは全く違い、最初は状況がつかめないまま試合をやっていた。

さらに深刻だったのが、酸素不足だった。メキシコシティは、標高が富士山の5合目とほぼ同じ2250メートルと高地で空気が薄く、最初は息苦しくて大変だった。標高2800メートルぐらいの町でも試合をやったこともある。この時は、試合中に全く空気が入ってこなかった。窒息ってこんな感じなのか、と死ぬかと思った。これまでに経験のない高地での試合は、慣れるまでの2、3か月間は苦しくて、覆面をかぶっているレスラーを見て、よくこんなところで試合ができるな、と思っていた。

「ルチャ・リブレ」と呼ばれるメキシコのプロレスは、覆面レスラーが主体で試合は空中殺法が軸だった。ただ、私の飛び技は、飛び蹴り（ドロップキック）だけで、試合の中でヘッドシザーズぐらいは覚えたが、メキシコの選手のように、派手な飛び技はやらなかった。

メキシコでよく対戦したのがエル・カネックだった。ルード（悪玉）だった彼は、身長が180センチを超え体重も100キロ以上とメキシカンの中で大柄だったから、体格が似ていたリンピオ（善玉）の私と何度も試合が組まれた。

メキシコに入ったばかりの頃、日本でも「仮面貴族」と呼ばれ絶大な人気があったミル・マスカラスと6人タッグで対戦した。マスカラスは、私が日本プロレスに入門した頃に来日して間近で見ていて、憧れの存在だった。当時は、マスカラスと話などできるわけがなく、セコンドに付いていただけだが、後年、マスカラスが来日した時に当時のことを話すと、マスカラスは「お前は丸坊主でいたよな」と覚えていてくれた。彼は世界中でトップを取り、常に自分は他の選手とは違う、自分が一番だとプライドが高いレスラーだが、私は悪いイメージを持っていない。逆に言えば、高い人気を集め、しかもあれだけの体を作っていたことは尊敬に値すると思っている。

メキシコは、食事が合わないことも苦労した。食が進まず、アメリカでは90キロを超えていた体重も、80キロを切る時があった。海外に出ると、こうした生活面も自分で考えてコンディションを整えなくてはならず、団体が守ってくれる日本では培うことができないタフさを覚えられる。

様々な国や都市であらゆる観客、全く違う対戦相手を経験することで、試合運びや相手との駆け引き、どうすれば観客を惹きつけられるか、どうやって勝負をつけるかを学ぶことができる。海外武者修行には、こうした様々な意味があったと私は思っている。

メキシコでの生活は、10か月を過ぎようとしていた。年が明けた1978年1月のある日、ゴッチさんから電話がかかってきた。電話越しにゴッチさんは「次はニューヨークへ行くぞ」と命じた。そして、マジソン・スクエア・ガーデンでWWFのジュニアヘビー級王座に挑戦が決まったことを告げられた。同時に日本からも電話で新間さんからマジソン・スクエア・ガーデンでタイトルに挑戦することを言われた。

気が付けば日本を旅立ってから2年半が過ぎた。私にプロレス人生で最大のチャンスが来た。

6章 ドラゴンブーム

WWWF奪取

1978年、年が明けメキシコを発った私は、ロサンゼルスへ向かった。現地では1月13日にオリンピックオーデトリアムでビクター・リベラと試合をした。この会場は、かつて力道山がフレッド・ブラッシーからWWA世界ヘビー級王座を奪取するなど、日本マット界には、縁の深いリングで、伝統ある会場は、私が海外で試合をやった中で最も好きな試合場だった。

ロスでは日本から来た新間寿さんと合流した。新間さんは、猪木さんが豊登さんと設立した東京プロレス時代に営業部長を務め、新日本を旗揚げした1972年秋に猪木さんのマネージャーとして入社した。以後、ストロング小林さんとの日本人対決の企画実現や、モハメド・アリとの格闘技世界一決定戦では、アリ陣営と先頭に立って交渉するなど、猪木さんの右腕であり新日本の頭脳とも言える存在だった。

ロスからシカゴを経由し、ニューヨークへ入った。アメリカ人でも憧れるという大都会。マンハッタンの摩天楼を目にした時は、目が回るようで、これまで訪れた世界のどの街よりも街並には驚き圧倒された。ただ、マジソン・スクエア・ガーデン（MSG）でのWWWFジュニアヘビー級王座への挑戦という人生最大のビッグマッチを控えていた私は、そんな大都会を満喫する気分にはなれなかった。デビューから6年7か月で巡って来たこのチャンスをどう掴み取るか。それ以外は考えられず心は高鳴るばかりだった。

新聞さんからは「MSGで挑戦だぞ」「日本からテレビ局も呼んでるからな」などプレッシャーがかかることばかり言われた。試合の前日には、日本から来たNET（現・テレビ朝日）の舟橋慶一アナウンサー、東京スポーツの重鎮記者でテレビ解説を務める桜井康雄さん、月刊ゴング編集長の竹内宏介さんと会って取材を受けた。私の試合のために本当に日本からテレビ局が撮影に来て、ベテラン記者もニューヨークへ入っている現実は、ありがたいことだったが、一方でさらに精神的な重圧がかかり、試合前日の夜は食事も喉を通らず、眠れなかったことを覚えている。

迎えた1978年1月23日、ニューヨークは記録的な大雪でホテルを出ると身が引き締まるような寒さだった。地下鉄の排気口から道路に真っ白な蒸気が勢いよく吹き上がっていた光景を思い出す。

試合会場のMSGは、ニューヨークのスポーツの殿堂と呼ばれ、WWWF（現・WWE）の総本山で、毎月開催される定期戦には、毎回、タイトルマッチなどビッグマッチがラインアップされていた。WWWFは、当時、ニューヨークを拠点に東海岸をテリトリーにしたNWA、AWAに続く第3の団体で新日本は提携関係を結び、プロモーターのビンス・マクマホンと新間さんは個人的にも強いつながりを築いた友人でもあった。こうした背景で私の挑戦も実現した。

初めてMSGの地下駐車場に入ってからは、足が地に付いていない感覚だった。

控室のドアを開けると、ニューヨークを代表するスターがズラリと揃っていた。ブルーノ・サンマルチノ、ゴリラ・モンスーン、ペドロ・モラレス……子供の頃に見た世界の大スターと同じ控室に入って、さらに緊張は高まり、唾を飲み込むことすらはばかられた。部屋の片隅でシューズにひもを通し、黒のショートタイツに着替え、闘いの出番を待った。

スタッフが私を呼びに来た。案内されたのは花道の奥だった。そこに新間さんが待っていた。私の試合は次だ。頭が真っ白になっていた時、新間さんがささやいた。

「いいか、藤波。テレビも来ているんだから何かやれよ。ゴッチさんと練習してきたんだから何かできるだろう。頼むぞ」

突然の言葉に私は返事に詰まった。これから、まさにリングに上がろうとする直前に「何かやれよ」と言われても、何をすればいいのか。一瞬、パニックになった。混乱のままリングに上がり、チャンピオンのカルロス・ホセ・エストラーダと対峙した。

リングアナウサーが私をコールしたが、頭の中は真っ白だった。ある意味、デビュー戦以上に緊張していた。この試合に失敗すれば、「俺の将来はない」という大きな覚悟を背負い、自分を追い込んでいたからだった。

試合は、ゴッチさんから学んだ技術をとにかく発揮しようと必死だった。肉体もゴッチさんのトレーニングの賜物で筋肉の鎧をまとっているようだった。今、当時のビデオを見ても、我ながら、凄い体だったと感心してしまう。

緊張の中だったが、試合で心がけたことは、機敏に動くことだった。投げるのもロープワークも素早さを意識してエストラーダと闘った。スピードと躍動感を見せるために、飛び蹴りもロープへ振った相手に蹴るのではなく、その場でジャンプして敵の喉をめがけて突き刺した。実は、この助走なしのドロップキックはこの時が初めてのトライだった。新間さんの「何かやれよ」に応えようとぶっつけ本番だったが、この時の私は体が細くて足がすらっとしていたから狙い通りエストラーダの喉元に当たって、見栄えも良かったと思う。

試合で覚えているのは、この飛び蹴りが狙い通りに決まったことぐらいだった。後は無我夢中で相手に食らいついていった。

そして、フィニッシュの瞬間が来る。

エストラーダのバックに回った瞬間、咄嗟に相手の両腕を羽交い絞めにした。ワンテンポ呼吸を置くと、フルネルソンで固めたエストラーダをそのまま思いっきり投げてブリッジで固めた。レフェリーがマットを3回、叩いた。試合時間は11分31秒、初めて公開したドラゴンスープレックスでWWWF王座を奪取した。

フィニッシュをドラゴンスープレックスで決めることは考えていなかった。何かあれば、ジャーマンスープレックスはやりたいとは思っていた。まさに咄嗟の思いつき、ぶっつけ本番だった。今まで誰もやったことのない技は、実況席で舟橋アナウンサーによって私の名前にちなんだ「ドラゴンスープレックス」と命名された。

ぶっつけ本番の「ドラゴンスープレックス」は、ゴッチさんから伝授された技だった。タンパでの練習漬けの日々の中でゴッチさんから「こんなものがあるよ」と様々なスープレックスを口頭で教えてもらった。ジャーマン、ダブルアーム、後にタイガーマスクがやる両腕を背中で固める「タイガースープレックス」、そして、その中にドラゴンがあった。

言葉で教えられたスープレックスを重さ80キログらいのダミー人形で試しに投げた。人形は腕が短くて寸胴で人間のように柔らかくないから、投げにくい。特にフルネルソンで固めて投げるドラゴンは、何回やっても人形がモロに顔の上に乗って、こんな技はできるわけがないと思った。ゴッチさんもフルネルソンで固めるドラゴンは、「投げる自分も肩がロックされるから、きれいに孤を描くようにブリッジを極めないと相手がモロに顔に落っこちてくる。だから一番危険なスープレックスだ」と言っていた。ゴッチさん自身、この技を試合で使ったことはなく、実際にやれば、どうなるかは、半信半疑だったと思う。

できないだろうと思った大きな理由は、私の体が硬かったことがある。柔軟運動の基本となる股割もできないし、何よりブリッジが苦手だった。私がドラゴン、ジャーマンが得意技だから、ブリッジは得意だろうとイメージされている方もいると思うが、実はそうではない。ブリッジで固めるスープレックスは、大袈裟に言えば自殺行為で、失敗して顔に相手が落ちてきて潰される恐怖が毎回あった。

だからゴッチさんは「スープレックスはレスリングの基本だ。だからブリッジは毎日やりなさい。特にお前は体が硬いから、入念にやりなさい」と指導した。その教え通り、ブリッジは練習の最後に必ず時間をかけて取り組んだ。方法は、足を広げて壁に手を付いてブリッジをする。そして、再び壁に手を付き、また上がっていく。これを何回も繰り返して腰の柔軟性を作っていった。そういう日々の積み重ねでだんだんブリッジは形になっていたが、MSGはぶっつけ本番で、崩れてもおかしくはなかった。もし、失敗していれば、今の私はいないだろう。しかし、幸いにも成功した。まさに運命の分かれ目だった。

猪木さんや初代タイガーマスクの佐山サトルは、うらやましいほど体が柔らかく、スープレックスも華麗だった。特に佐山のブリッジは、頭が踵に付くほど、美しい孤を描いた。ただ、放物線のような柔らかいブリッジだと相手に受け身を取る間を与え、必殺技に見えないように思う。私のドラゴンが必殺技として認められたのは、体が硬くブリッジがいわば直線的だったからと考えている。相手に受け身を取らせる間を与えず後頭部がモロにマットに打ち付け、見ている人にその破壊力がダイレクトに伝わった。

そんなゴッチ直伝の、世界中で誰もやったことがない初公開の必殺技に、MSGの客席が一瞬、静まり返った。マットに頭が突き刺さるスープレックスに、ファンはエストラーダのケガを心配したのだ。幸いエストラーダは立ち上がり、観衆はスタンディングオベーションで勝利を祝ってくれた。私は待望のベルト奪取に歓喜に浸り、リング上では舟橋アナウンサーのインタビューに声を弾ませた。

ところが、喜びは束の間だった。控室へ帰ると、誰も私の勝利を歓迎せず無言だった。控室の中心にいるサンマルチノ、ゴリラ・モンスーンらがあれほどの危険な技をやった私から目を反らした。その冷たい空気に「俺は大変なことをやってしまった。もう2度とニューヨークで試合はできないかもしれない」と思った。

アメリカのプロレスで大切なのは、相手にケガをさせないことだ。だから、ケガをさせるような技は使わないことが暗黙の掟だった。ただ、この時の私にとって、そんなことは知ったことではなかった。とにかく新間さんから命じられた「何かやれ」に応えることだけに必死だった。すぐにタオルで汗を拭いて重苦しい控室を飛び出た。すると、新間さんが「お前、あれ凄いな！」と声を弾ませ、テレビスタッフも「良かった」と喜んでくれた。さらに、プロモーターのビンス・マクマホンが褒めてくれて、控室で選手達の冷たい空気にいたたまれなかった私は、ビンスの反応に救われた気がした。

これは後から知ったことだが、ニューヨークはサンマルチノ、ビリー・グラハムとマッチョ系の選手がチャンピオンに君臨してきたが、この頃ビンスは、正統的なレスリングを見せるスタイルに変えようと考えていたという。プロレスのイメージチェンジを思い描いていたのだ。現実に、その後、ヘビー級の世界王者にアマレスの基本を持つボブ・バックランドを据えた。ビンスが求めるスタイルに私は合致し評価されたのだ。そこから毎月のように、WWFの定期戦にチャンピオンとして招聘されることになる。幸運が重なった初めてのニューヨークで私はチャンスをものにした。

試合が終わった夜は、ホテルの部屋にチャンピオンベルトがあることが信じられなかった。田んぼに囲まれた田舎で育った私が、世界一の大都会でチャンピオンになった。何か不思議な感慨と「やったぞ！」という喜びを1人でかみしめた。ニューヨークは私にとって、生涯、忘れ得ぬ最高の街になった。

当時25歳。チャンピオンになった私は、およそ3年ぶりに日本へ帰国する。

アリ戦を観戦

ニューヨークでベルトを奪取した私は、すぐには帰国できなかった。ゴッチさんが、私にアメリカで試合を続けさせるよう新日本プロレスへ提案したからだ。ゴッチさんなりの考えがあったと思うが、チャンピオンになった私をもう少し自分の下に置いておきたかったのだろう。私もアメリカでの生活を楽しみたかったので、特に不満はなかった。

2月に入り、ロサンゼルスへ移動し、ベルトを巻いてから初めて猪木さんと対面した。この頃猪木さんは、1976年6月26日に日本武道館で闘ったボクシングのWBA、WBC世界ヘビー級王者のモハメド・アリとの再戦へ動いており、アリ陣営と交渉するためアメリカへやって来た。「よくやったな」と祝福され、ご褒美として猪木さんが招待されていたラスベガスのヒルトンホテルで行なうアリとレオン・スピンクスの世界戦に同行し、観戦した。

初めてのラスベガスは、町全体がテーマパークのように活気に満ち溢れていた。試合も、ゴージャスな雰囲気で、リング上のアリには別格のオーラがあった。

猪木さんがアリと闘った世紀の一戦が行なわれた時、私は、ちょうどノースカロライナとサウスカロライナをサーキットしている最中だった。試合はアメリカでも注目されたが、結果は、ルールに縛られた猪木さんが、寝た状態で蹴ることに終始し引き分けに終わった。この試合は他のレスラーとも話題になったが、誰もが冷ややかな反応だった。アメリカのレスラー達は、あの格闘技世界一決定戦をプロレスの試合としての評価しかできなかった。真剣勝負になれば、お互いが噛み合うわけはなく、あの攻防はある意味、当たり前だったと私は思うし、何よりアリをリングに上げたことがあの試合の凄さだった。現役のボクシングの世界チャンピオンとプロレスラーが真剣勝負で闘うことは、後にも先にもあの時の猪木さんだけだ。

常に馬場さんと違う存在感を見せることを意識していた猪木さんにとって、起死回生の策として何かをやらなければいけないという覚悟が、アリ戦を実現させたのだろう。一方で会社は莫大な借金を、抱えることになったが、猪木さんの名前は全世界に知られることになった。リスク以上に、歴史に名前を残したという意味では、試合をやった意義は深かった。実現には、マネージャーの新間さんが奔走したことも忘れてはいけない。猪木さんと新間さんは、新日本を隆盛に導いた本当にいいコンビだった。

お互いに命がけで闘った猪木さんとアリは、その後、友情で結ばれ、再戦の交渉にもアリ陣営は応じていた。猪木さんが私を連れてラスベガスでのスピンクス戦を観戦できたのも、こうしたアリとの信頼関係があったからこそだ。アリの防衛を信じていたが、結果はまさかの判定で敗れた。

この直後に私は、猪木さんと共にシカゴにあったアリのオフィスを訪問した。高層ビルのワンフロア全てを所有し、一番奥の最も広い部屋にアリはいた。

私は、アリがいる部屋に入ることはなかったが、猪木さんと新間さんは入室しアリと会談した。部屋の外で話し合いが終わるのを待ちながら世界的なスーパースターのアリと対等に話し合う猪木さんのスケールの大きさを改めて実感した。猪木さんとアリから刺激を受けた私は、帰国の途についた。

凱旋帰国

1978年2月22日、WWWF世界ジュニアヘビー級王座のベルトを引っ提げ、私はニューヨークから凱旋帰国した。

猪木さんと同乗した飛行機は、生まれて初めてのビジネスクラスだった。75年6月に西ドイツに海外武者修行へ出発してから2年8か月、チャンピオンの待遇を空の上でかみしめていた。

喜びはこれだけではなかった。羽田空港の到着ロビーに出ると、大勢の人々が鈴なりになっていたのだ。「誰か有名な人が来るのかな?」と後ろを振り向いた私は、自分の名前が書かれた横断幕を見て、これだけ大勢のファンが自分の帰国のために羽田まで出迎えてくれたのか、と感激した。

ベルトを奪取したMSGの試合がテレビ放映され、私が知らないところで、一気に注目の存在になっていた。出発した時は、新日本のわずか数名の社員が見送ってくれただけだったが、帰国した時にはこれほどのファンに出迎えられたことに、改めて王者になった実感が沸き上がっ

1978年2月22日、羽田空港へ凱旋帰国。多くのファンが迎えた。（提供：東京スポーツ新聞社）

た。

　ロビーには、ファンに交じって兄・金治と栄二の姿があった。2人は大分からわざわざこの日のために上京してくれた。私をプロレス界へ導いてくれた栄二は、何も言わずに涙を流していた。そんな兄の顔を見て私も込み上げて来るものがあった。

　空港内の特別室で猪木さんと共に帰国会見を行った。カメラマンのフラッシュは眩しくて、夢見心地だった。会見が終わると兄は「お帰り。よく頑張ったな」と言ってくれた。私も兄も感無量の再会だった。

　会社は次のシリーズが始まるまで、住まいのない私のために新宿の京王プラザホテルに部屋を用意してくれた。これにも感激だった。

　私にとって京王プラザは、猪木さんが倍賞美津子さんと挙式した、憧れの場所だった。給料の支払いがなかった旗揚げ当初は、北沢さんに誘われて、京王プラザの付近で小遣い稼ぎに屋台でうどんを売ったこともあった。その時そびえ立つホテルを見上げて、いつか自分もこんな高級ホテルに泊まってみたいと思ったものだった。その夢のホテルに泊まれたことは、何よりのご褒美だった。

感激の羽田空港での凱旋帰国だったが、後日談がある。実は、集まったファンの中には、新間さんが私の帰国をマスコミへ派手に扱ってもらおうと、いわば絵作りの「サクラ」だったのだ。万が一、ロビーにファンがいなかったら寂しいものになる。新間さんは私を売り出すために、そういう細かいイメージ作りにまで気を配ってくれていた。ただ、新間さんは「俺はあんなに呼んでなかったぞ。本当にファンが来たから凄いぞ」とビックリしていた（笑）。それほどの人気を凱旋シリーズで実感する。

凱旋試合

凱旋初戦は3月3日、群馬県高崎市体育館だった。

テレビ生中継となったビッグファイトシリーズの開幕戦で、マスクマンで正体がロディー・パイパーのマスクド・カナディアンと対戦した。

　このシリーズは私の凱旋シリーズと銘打って開催された。注目されたのは嬉しかったが、開幕戦が近づくにつれ日増しにプレッシャーがのしかかった。ニューヨークでチャンピオンとなり、一気にメインイベンターへ駆け上がった。もう若手時代とは違い、日本のファンの私への見方は全然違う。会場に入ると、期待に応えなくてはいけないという重圧を感じていた。

　試合前に新間さんに「ニューヨークで決めたあの技をやってくれよ」と注文された。言われなくてもドラゴンスープレックスを日本のファンに見せたい思いが私にはあった。試合では、重圧の反動で必要以上にテンションが上がり、浮足立ってしまった。海外で学んだことを1試合で全て出してやろうと、気負いすぎたのだ。それでも最後はドラゴンスープレックスでフォールを奪い、凱旋試合を勝利で飾った。

　試合後、リング上でのインタビューで「I NEVER GIVE UP」と叫んだ。ネバーギブアップと言ったのは、正直、深い意味はなかった。何か気の利いたセリフを言おうと思って、咄嗟に浮かんだ言葉がそれしかなかったのだ。ただ、アメリカではアスリートが決まり文句で使っていたのを聞いていたから、響きがいいし「あきらめない」という意味もこの時の自分自身の心境にはピッタリで結果的にはいいセリフだったと思っている。

　シリーズが始まって各会場を回ると、ファンが私に期待していることを全身で感じた。声援と拍手を受けるたびにお客さんが私を目当てに切符を買っていることが分かった。これは、若手の時には分からなかった感覚で、注目されていることが分かると、リング上はもちろん、試合を離れた時でも立ち居振る舞いには注意するようになった。その積み重ねがメインイベントを務めるレスラーとしての責任感となっていった。

試合では、毎試合何か新しいことをやろうとトライした。シリーズ4戦目の埼玉県越谷市体育館では山本小鉄さんとのシングルマッチでダブルアームスープレックスをそのままブリッジする技でフォールを奪った。これは、ゴッチさんから伝授されたスープレックスだ。小鉄さんとの試合でこの技を思い出し、披露した。「飛竜風車固め」と呼ばれたが、その後は、自分でも理由は分からないが、この技はあまりやることはなかった。ゴッチさんからは10種類ほどスープレックスを教えてもらったが、試合で使ったのは、ジャーマン、ドラゴン、そしてこの風車固め、の3つぐらいだった。

そして、凱旋試合の翌週のテレビマッチ、私の代名詞となる必殺技「ドラゴンロケット」を披露した。

新間さんと顔を合わせるたびに「何かやれよ」と言われていた私は、常に目立つ華々しいことを考えていた。その時にひらめいたのが、メキシコで他の選手が使っていた「トペ・スイシーダ」だった。場外の相手をめがけて頭から突っ込んでいく空中技は、メキシコで見て「あんな怖いことよくやるな」と、一歩引いた視線で捉えていた。

しかし、凱旋帰国して注目度が上がるにつれて、そんなことは言ってられなくなった。新聞さんからプレッシャーをかけられ、「やる方の身にもなってくださいよ」と思っていたが、「何かやらなきゃ」との焦りも常に抱えていた。

そんな思いをテレビマッチの前に対戦した小鉄さんとの試合でぶつけた。場外へ落ちた小鉄さんへ初めてのトペを敢行し、決まったのだ。テスト飛行を終えた私は、迎えた2週目の福島県郡山市総合体育館でのテレビ生中継で全国のファンに初めて披露した。対戦したロン・スターが場外に落ちた時、一か八か頭から突っ込んだ。無事に成功し観客は大きく沸いた。あの時を振り返ると、たまたまうまく決まったから良かったものの、もしも足がロープに引っ掛かって失敗したら今の私はなかっただろう。技はマスコミが「ドラゴンロケット」と命名してくれた。ぶっつけ本番で繰り出したMSGのドラゴンスープレックスと同じように、ある意味、賭けのような綱渡り状態で二つの必殺技は陽の目を見た。

ドラゴンロケットを繰り出す時のコツはない。あれは、水のないプールに飛び込むようなもので、言い方は悪いが自殺行為だ。そんな無謀な技をやる時に、コツがあるとすれば気合だけ。ただ、思い切って場外の相手に突っ込むしかない。気合一発で飛ぶ時にイメージするのは、ウルトラマンが飛ぶ姿。とにかく両手両足を真っすぐに伸ばすことだけを心がけた。自分としては5メートルぐらい空を飛んでいる感じだが場外へ向かって走る時は、いつも怖いし、成功す

ると は思ってない。気が付いたら相手に当たっていた、というのが本当だった。狙う照準は相手の首だった。顔や頭だと当たる箇所が高いから、決めた後に両膝を打ってケガのリスクが高くなる。首なら当たった後のダメージが少なく、見栄えもするしちょうどいい高さだった。

テレビマッチでドラゴンスープレックス、ドラゴンロケットを披露してからというもの全国各地でどこへ行っても、ファンは私にこの技を要求した。言って見れば、演歌歌手がヒット曲をどこへ行っても歌うように、私も各会場で苦手なブリッジで相手を投げて、場外へ飛びまくった。

こうしてファンの期待に応えることは、不安も大きかったが、それ以上に心地いいことでもあった。街を歩いて声をかけられたり、目に見えて注目されていることが分かることは嬉しかった。ジュニアヘビー級という新しいカテゴリーが開拓されていく手ごたえもあった。今になって思うことだが、私が凱旋した1978年は、新日本は旗揚げから7年目を迎え、猪木さんを頂点に坂口征二さん、国際プロレスから移籍したストロング小林さんのヘビー級の選手がリングの主流だったが、そろそろマンネリ化していた頃だったと思う。テレビ朝日と会社が話し合い、その停滞を打破しようと私に白羽の矢が立ち、チャンスをもらったと思っている。

プロレスはどんな時代もマンネリ化との戦いだ。ファンに飽きられないように新しい風をリングに吹かせなければいけない。あの時、体は細いが筋肉質な私のスピード感あるジュニアへビー級の試合が、ヘビー級の試合を見慣れていたファンには新鮮に映った。しかも会場には、女性や子供のファンが多くなった。新しい波に乗って、凱旋シリーズで私は躍動し最終戦を迎えた。

カネック逃亡

凱旋シリーズの最終戦は蔵前国技館だった。

今は閉館となった蔵前国技館は、50年のレスラー人生で最も好きな会場だ。

蔵前は近代プロレス発祥の地と言える。１９５４年2月19日、力道山先生が木村政彦さんと組んだシャープ兄弟との初めてテレビ中継（ＮＨＫ）された試合が蔵前で行なわれた。以来、数々のビッグマッチがこのリングで実現し、私もジュニア時代にはタイトルマッチ、ヘビー級へ転向してからは長州力との抗争など、蔵前のリングで幾度も大一番を経験した。

新日本が旗揚げしてからは、シリーズの最終戦はだいたい蔵前で開催され、アメリカで言えばニューヨークのＭＳＧと同じで、日程表に「蔵前国技館」が入ると、それはそのままビッグマッチを意味しており、下手な試合はできないぞ、と自然に気合が入ったものだった。

凱旋シリーズの最終戦が蔵前国技館と知った時は、シリーズの総決算を見せてやろうと、闘志がみなぎった。試合は、日本で初めてのWWFジュニアヘビー級王座の防衛戦で、相手は、メキシコで何度も闘ったエル・カネックだった。カネックとなら、ファンが喜ぶ試合ができると楽しみにしていた。

ところが、予想だにしない事態が起きた。

対戦相手のカネックが外国人選手を送迎するバスから降りてこないのだ。しかもあろうことか、そのまま1人でホテルへ戻ってしまった。理由はさっぱり分からなかった。レスラーがケガでも病気でもないのに試合をボイコット、しかも当日にキャンセルするのは前代未聞だ。この非常事態に、急遽新間さんがリング上で「カネックは敵前逃亡しました」と説明し、タイトルマッチは消滅となった。代わりに私はノンタイトル戦でイワン・コロフと対戦し、わずか2分あまりでドラゴンスープレックスを決めて勝利した。

カネックはあり得ない契約違反を犯したが、会社の寛大な対応で、その後も来日し、私と何度も対戦した。正直、今もカネックがなぜ、「敵前逃亡」したのか正確な理由は分からない。ただ、伝え聞いた話などから私なりに想像すると、新日本のシリーズに参加するため来日していた外国人はアメリカの選手がほとんどで、メキシコ人を軽く扱うところがあったという。英語とスペイン語で言葉も違うし、もしかすると、脅すようなことをした外国人選手がいたのかもしれない。そんな外国人レスラー同士の人間関係に耐えきれなくなって、カネックは試合をボイコットしたのではないか、と私は考えている。

凱旋して初めての蔵前国技館は、そんな苦い思い出になってしまったが、当時の私には、振り返っている暇はなかった。シリーズ後には日本を発ち、ロサンゼルスのオリンピックオーデトリアムでWWWFジュニアヘビー級王座の防衛戦に臨んだ。さらに、このシリーズ中には、2試合欠場し、わずか2泊4日の強行日程で3月20日にMSGでも防衛戦を敢行し、トンボ帰りでシリーズに合流していた。

ジュニアの王者時代は、WWWFのチャンピオンとしてニューヨークでの定期戦への出場が契約上決まっており、日本のシリーズが終われば、アメリカ、メキシコ、カナダ……など世界中を飛び回り休みなどなかった。超ハードスケジュールだったが、私は日本だけでなく海の向こうでも自分が必要とされていることにステイタスを感じていた。当時は、20代と若かったこともあって、疲れなど感じなかった。小さなアタッシュケースにタイツとベルト、簡単な着替えだけを入れて太平洋を渡った日々は、王者だからこそ味わえる生活で、それは優越感でもあった。

ファイトマネーも、修行時代は1週間で複数試合をやって、毎週2000ドル（約60万円）もらえればいい方だった。それがチャンピオンになってからMSGの定期戦に出ると1試合で

7000ドル（約210万円）に跳ね上がった。そんな待遇も私に王者である誇りを実感させてくれた。

アメリカへ行くと、必ず通訳のケン田島さんが一緒だった。ケンさんは戦後、GHQ（連合軍総司令部）で働いており、アメリカ人も驚くほどの英語力で、公私ともに大変お世話になった。お酒が好きな方でワイン、ウイスキー、バーボン……いろんなお酒を教えてもらった。ケンさんは2021年4月27日に90歳で亡くなった。ケンさんの尽力なしでは私のアメリカでの試合も順風満帆ではなかった。天国のケンさんのおかげで私はストレスなく試合に集中できた。

青山

凱旋帰国し、東京で初めての1人暮らしが始まった。

住まいは、南青山の骨董通り沿いにあるマンションで間取りは2LDKだった。物件は会社が私のために探してくれた。

この頃新日本プロレスは、同じ南青山に事務所があり、会社に近いところがいいだろうと当時、リングアナウンサーだった倍賞鉄夫さんが見つけてくれた。家賃はもちろん自分で払ったが、炊事道具一式は会社が用意してくれた。

かつて、永源遥さんの部屋に居候していた自分が、南青山のマンションで1人暮らしができるまでになったことに、何とも言えない感慨があった。リングで頑張れば、これほどまでに待遇は変わるのか。南青山は、そんな私のサクセスストーリーが始まった街だった。

7章 ジュニア時代

猪木さんとの初対決

凱旋シリーズを終えた次のシリーズは、「第1回MSGシリーズ」だった。

猪木さん、坂口さんを筆頭に日本人のトップ選手とアンドレ・ザ・ジャイアントら外国人が参加する大会で、私もヘビー級の選手に混じって参加した。

このシリーズ中の5月20日、秋田県立体育館大会で猪木さんとの初対決が実現した。思い出すのは、緊張だけだ。リング上で対峙した猪木さんは、まるでバリアが張ってあるようなオーラをまとって、その輝きを目の当たりにした私は、憧れていたファンの時代に戻ってしまった。

少年時代に大分の実家のテレビで見て、入門後は付け人として風呂で背中を流した猪木さんが、今自分の目の前に同じリング上に対戦相手としていることが信じられず、金縛りのような状態になった。ゴングが鳴っても、緊張で自分が自分でないようで体が動かなかった。

それまでは、西ドイツ、アメリカ、メキシコ、そしてMSGでチャンピオンになって優越感がたっぷりあったが、猪木さんの前に立つと催眠術にかけられたようで息は上がり、蛇ににらまれた蛙みたいになってしまった。

手を組むのも恐縮するような、殺気とも違う、言葉で言い表せない重圧感が猪木さんにはあった。アメリカで、ゴッチさんから様々な関節技を学び、ジュニアで伸び伸びと動いていた私は、何も臆することはないはずなのに、ぎこちない動きしかできず、11分43秒、ジャーマンスープレックスホールドで完敗した。

試合が終わった後は、今の試合は何だったのかと茫然となる不思議な感覚だった。ヘトヘトになったわけではないのにエネルギーを使い果たし、妙な疲労感が残った。初めて猪木さんと対戦した秋田には、猪木さん独特のオーラに圧倒された思いが残る。

猪木さんとは、海外へ行く前は付け人として仕え、凱旋帰国後は、より密接に行動を共にすることが多くなった。帰国後は、待遇がアップし、電車も猪木さんと同じグリーン車での移動が許された。駅や車内でのファンへの振る舞い、地方の試合での主催者へのあいさつ、食事会など付け人時代には経験しなかった大切な場所で猪木さんと行動を共にすることで、身なりから言動、ファンサービス……など全てにおいて猪木さんが手本になった。猪木さんは、大衆の前では、どんな時も「アントニオ猪木」であることに徹し、ファンが抱くイメージを崩さずトップレスラーの自覚を持って行動していた。これは、力道山先生を見て猪木さんも学んだことだと思う。私も、そんな猪木さんと間近に接し、そこから、プロとしてファン、後援者、プロモーターにどう自分を見せていくかを意識するようになった。それは、常に緊張を強いられることだったが、大切なことは、ファンが抱いてくれたイメージを守ることで、どんな場所でも人前に出た時は、自ずと「藤波辰巳」というプロレスラーを作ることに徹した。そんな積み重ねでトップとしての自覚が根付いていった。

海外へ行く前もジャイアント馬場さん率いる全日本プロレスへの対抗心むき出しに、ピリピリしていた猪木さんだったが、帰国してからもそれは変わらず、むしろ激しくなっていった。レスラーはもちろん、社員にも「全日に負けるな」とハッパをかけ、少しでも空席があると担当の営業部員を叱咤していた。

練習は旗揚げ当時から同じように厳しかった。この頃、私にとって忘れられないのが、地方会場での試合前の合同練習だ。この時、練習中に誰かが音楽を流した。そんな中で汗を流す姿が猪木さんの目には選手の動きがたるんでいるように映り、全選手を集めたことがあった。

私は、帰国してからは自分のコンディション作りを最重点に置いており、リング上のスパーリングよりも柔軟体操、縄跳び、スクワット、プッシュアップなど、体調を維持する練習がルーティンワークだった。その日も会場の片隅で練習していたが、猪木さんの「お前ら、集まれ！」の命令に慌ててリングへ向かった。すると、猪木さんは手にしていたプッシュアップの木製バーで「お前がだらしないからダメなんだ！」と私の頭を思いっきり殴った。衝撃で流血し、その日はテレビマッチだったが、入場から頭に包帯を巻いてリングに上がることになった。試合前から包帯をしているなんて、お客さんは、何が起きたのか驚いたことと思う（笑）。

シリーズ中盤は巡業続きで、疲れなどからどうしても練習で体が動かない、気合が入らない日がある。この時は、そんなムードからの気分転換で誰かが音楽を流したのかもしれない。だが猪木さんには、その緩みが許せなかったのだろう。私はそのころ花形選手で、誰も触れられなかった。そんな中、猪木さんは私を殴ったのだ。正直、やられた時はカチンと来た。ただ、時間が経って冷静になると、ジュニアの王者だった私を殴ることで若手選手に「俺はどんな奴でも容赦しないぞ」とより気合を入れさせる効果を狙ったと気づいた。実際、それから若手選手には緊張感が増し、より熱のこもった練習へ変わった。

猪木さんは馬場さんを超えようと、「闘い」を見せる理想のプロレスを若手に常に叩き込んでいた。例えば、リング上に手を置かせ、ゴングを鳴らす木槌で叩いた。突然、手を叩かれた若手選手は、「痛い！」と声を上げ、激痛で顔をゆがませる。その時猪木さんは「今、その顔が本当に痛い時の顔だ。その気持ちを絶対忘れるな」と指導し、技を受けた時の表情の重要性を説いた。

練習では徹底して「セメント」を繰り返した。「セメント」を試合でやれば、ケガが頻発し興行は成り立たなくなる。ただ、気持ちは常に「セメント」と同じ緊張感を持てというのが猪木さんの言わんとしていることだった。だから、相手に技をかけられ、蹴られ、殴られれば、痛いに決まっている。それなのに、やられた人間が万が一にも歯を見せたらお客さんはどう思うのか。関節技で腕を固められた時に別の腕がぶら～んと下がっていたらどうなのか。本当に痛いなら、やられている腕をカバーして、相手の攻めをブロックするはずだった。さらにテレビマッチなら、顔だけ痛い表情をしてもカメラは自由にアップも引きもできる。だから、手がぶら～んとしていたら、それ「嘘だよ」とも忠告し、「試合で自分が画面にどう映るか。そこまで常に神経を張っていろ」と教えられた。相手はもちろん、観客に隙を見せることは厳禁だった。そんな細部に至るまで猪木さんは選手に指導し、リアルな緊張感を全ての選手に求めていた。

この猪木さんのプロレス観が私のプロレスの背骨になっている。もしも日本プロレスに残り、馬場さんに付いていったら、全く別のスタイルのレスラーになっていただろう。

練習、試合では厳しかった猪木さんだが、そこを離れると我々の前では穏やかな人だった。特にホッとして「アントニオ猪木」から「猪木寛至」に戻ったのが、試合が終わって地方の宿舎で食事を終えた時だった。猪木さんは、ロビーに降りてくつろぐのが常だった。旅館だと、女将がお茶やお酒を出してくれて、選手も自然とそこへ集まって、いつの間にか猪木さんを囲んで会話が始まった。

そこで猪木さんは、ブラジルで働いた時にコーヒー豆を収穫して手の皮がめくれて血だらけになった話とか、付け人時代の力道山先生との秘話、アメリカ武者修行……様々な若い頃の話をよくしてくれた。それが、私だけでなく選手にとって凄くいい時間だった。そんな話をしてくれる時の猪木さんが私はたまらなく好きだった。

寝屋川

ジュニアヘビー級のベルトは、通算52回の防衛を達成した。1試合1試合が私にとって意味のあるタイトルマッチだったが、その中で敢えて最高の試合を挙げるなら、1978年10月20日、大阪府寝屋川市民体育館でのチャボ・ゲレロ戦になるだろう。

チャボとの試合は、MSGの初奪取から数えて10回目の防衛戦だった。メキシコ系米国人のチャボは、父親でレスラーのゴリーから指導を受けデビューし、弟のマンド、ヘクター、エディと4兄弟がプロレスラーというプロレスの申し子のような選手だった。

ゲレロ一家はロサンゼルス地区が主戦場で、私もベルトを奪取する前に初めてロスのオリンピックオーデトリアムのリングに上がったが、チャボを筆頭に兄弟の人気は高く当時のロスは「ゲレロ帝国」と呼べるほど、一家がエリアを支配していた。

寝屋川でベルトをかけて闘う前にチャボとはシングルマッチで対戦したが、テクニシャンで試合運びも巧みだった。ロスで人気があり、実績も積んでいるため、レスラーとしてのプライドも高かった。私にとって、これまで防衛してきたどのレスラーよりも最強で最高の挑戦者だった。

さらにこの試合は、私が初めてシングルマッチでメインイベントを務めた一戦で、しかもテレビ生中継だった。私がメインを任されたのは、恐らく、会社とテレビ朝日が、新鮮なマッチメイクで番組の活性化を狙ってのことだろう。猪木さんはセミファイナルとなり、初めてのシングルでのメインは、ベルトを獲ったMSGに匹敵するほど、胸が高鳴った。試合前は、当時、私をスペイン語で王者を意味する「Campeon（カンペオン）」と呼んでくれていた新間さんが、私の下に来て「カンペオン、いい試合を頼んだよ」と例の如くいい意味でプレッシャーをかけてくれた。猪木さんは放送席で解説を務め、全ての舞台は整った。下手な試合は許されない状況でチャボとリングで向かい合った。

61分3本勝負の試合は、1本目をチャボに先制された。アクシデントは2本目に起こった。場外へ落ちたチャボめがけて飛んだドラゴンロケットが避けられた。瞬間、目の前にパイプ椅子が飛び込んできた。そのまま頭から突っ込んだ。激突した直後、頭に生暖かいものを感じた。立ち上がって気が付くと夥しい出血で顔面から上半身が真っ赤に染まった。

大流血の中、2本目をダブルアームスープレックスで奪い返し、決勝の3本目をコブラツイストでギブアップを奪った。最後のコブラを極めた時、額から流れる血が糸を引いてチャボの体に落ちていった。試合後、控室で永源遥さんが消毒をしてくれ、テーピングを丸めて傷口を抑える応急措置を施してくれた。病院には行かず、会場から難波にあった宿舎の「ホテル南海」へ戻った。病院で傷口を縫えば、また、次の試合で破ける可能性がある。そうすると、傷口が化膿しさらに悪化するリスクがあるため、縫わなかった。夜は、さすがにあれだけ出血したためか、ホテルの部屋でゾクゾク寒気がして、なかなか眠れなかった。

私の防衛戦の中で最も壮絶な試合だったが、今、あの試合を振り返ると「チャボよ、よくぞ、ドラゴンロケットを避けてくれた」という思いがある。

なぜなら、凱旋シリーズでドラゴンロケットを初公開してから、どんな相手にもどの会場でも百発百中で当たっていた。実際レスラーは、試合中に目が合えば相手の反応が分かるもので、ドラゴンロケットで飛ぶ時も相手は、私の目を見て感じ取り、受けるしかない状態が続いていた。ただ、あれだけ成功すれば、ファンの中に、私が場外へ飛ぶ時に「どうせ、相手は受けてくれるんだろう」という先入観が生まれる。事実、凱旋してから半年以上を経たこの頃、技が決まっても、会場の反応は鈍くなっていた。そんな空気を自分自身で感じていた時にチャボが避けたのだ。しかも大流血というハプニングがあったことで、ファンに強烈な衝撃を与え、あの試合から、ファンは場外へ飛ぶ時に「避けられるんじゃないか」という緊張感を持って見るようになってくれた。

だからこそ、いいタイミングでチャボが逃げてくれたと思う。チャボが避けたことで、ドラゴンロケットはある意味、必殺技としてのグレードが上がった。２０１７年2月11日に68歳で生涯を閉じたチャボは、最高の好敵手で忘れ得ぬレスラーだった。

妻との出会い

チャボ・ゲレロと忘れ得ぬ激闘を刻んだ寝屋川は、妻・伽織（旧姓・沼谷かおり）と出会うきっかけになった運命の町でもあった。

当時家内は、帝塚山短大を卒業しモデルとして活動していた。プロレスとは全く縁がなかったが、プロレスファンの弟に誘われて観戦した大会が寝屋川だった。

初めて生で見たプロレスで大流血した私を家内は心配し、翌日、泊まっていた「ホテル南海」にお見舞いの意味で大きな果物籠を贈ってくれた。この頃は、全国各地で泊まる宿には、ありがたいことにファンからプレゼントが届くことがよくあった。だいたい、タオルとかお菓子が多かったから、あれほどの豪勢な果物籠は珍しく私の中で強い印象が残った。

寝屋川から5日後の10月25日、同じ大阪の堺市金岡体育館で試合があり、会場の片隅で若手の試合を見ていると、男性ファンが1人の女性を連れて私のところへ来た。その女性が伽織で、連れてきたファンは彼女の弟だった。彼女に「先日、ホテルに果物を届けたものです。おケガは大丈夫ですか」と声をかけられた。あの果物は覚えており「あぁ、あなたですか」と応じ、その場で「試合が終わったら食事しませんか」と誘い、大阪市内のホテルのレストランで会うことになった。

彼女は友人を連れてきて1対2で食事をした。帰り際に電話番号を聞き、連絡をとって、初めて2人で会うことになった。最初のデートは高倉健さん主演の映画「野生の証明」を見た。そこから交際がスタートしデートでは私の好きな「水戸黄門漫遊記」とか「赤穂城断絶」とかの時代劇を映画館で見た。

それまで女性と交際した経験がなかった私は、デートの時も、どうやって女性をリードすればいいか分からなかった。ちなみに初恋は小学校6年生だった。名前は同級生の和子さん。もちろん、片思いだったが、結婚後に故郷の国東へ帰った時に同級生が集まる食事会に家内を連れて出席した時に、初恋の人と再会した。その時も子供の頃と変わらずかわいくて「実は、小学校の時に好きだったんです」と告白した。彼女は照れくさそうにしていたけど、それが縁で家内とも知り合い、今も時々、女性同志でメールのやり取りをしている。

海外武者修行中も付き合った女性はいなかった私は、デートでも随分、彼女に失礼なことをしてしまった。例えばある時、喫茶店で自分がプリンとココアを注文して、全部食べ終えて満足していると、彼女から「私のは注文してくれないんですか?」と呆れられたこともあった。彼女を「かおり」と名前で呼ぶのも恥ずかしくて「ねぇ」とかで声をかけていた。実は、それは今も変わっていない（笑）。

交際が始まってから、堺市内の彼女の自宅へ電話する時も自分の正体を明かすことが気が引けて、彼女が沢田研二さんのファンだったから「沢田」という偽名を使ってかけていた。ただ、これは彼女が家族に私と交際していることを報告しており「沢田という名前の男性から電話があったら藤波さんよ」とネタバレしていた。私が電話してお母さんが出ると「沢田さんっていう名前の藤波さんよ」って笑っていたらしい（笑）。

交際中は、時間があれば、ひっきりなしに彼女に電話をした。日本だけでなく海外遠征へ行ってもダイヤルを回し、彼女と話をした。それが私にとって唯一の安らぎだった。

プロポーズは、私自身も予想していない状況で伝えた。付き合ってから2か月ほど経た1979年の正月が明けた頃、横浜に住んでいた山本小鉄さんの自宅へ行った時だった。山本さんは、新日本を旗揚げしてから私にとって兄のような存在だった。練習では熱心に指導してくれ、プライベートでは、よく自宅に呼んでもらって奥さんの手料理を食べさせてもらった。凱旋帰国してからは、人気が急上昇して浮足立ちそうになる私に「リングでは絶対に気を抜くな。ファンが増えて周りの環境は変わっているけど、それに振り回されるな。天狗になるな」と事あるごとに戒めてくれた。山本さんのアドバイスがジュニア時代の私にとって自らの足元を見つめる金言だった。

そんな絶大な信頼を寄せる山本さんから、その日、「お前、彼女いるのか？」と聞かれ「います」と答えると、山本さんは「結婚するつもりがあるのか？」と言われたので「あります」と即答した。すると「だったら、その人に今から俺の前で電話して、結婚してくださいって言え」と迫られた。夜中の1時頃だったが、背中を押されるように電話をして「結婚してください」とプロポーズした。電話越しに彼女は、涙声で受け入れてくれた。それが私達の婚約だった。

自分でこんなことを書くのは、気恥ずかしいが、凱旋帰国後の私は、女性ファンも多く、駅で追っかけのファンが待っていたり、バレンタインデーには、段ボール箱で7つぐらいのチョコレートが送られて来た。頂いたチョコレートは、食べきれるはずもなく、会社を通じて児童施設などに寄付していたが、そんな急増した女性ファンの存在を意識したのか、プロポーズを見届けた山本さんは「ただ、今すぐの結婚はダメだぞ」と釘を刺された。新間さんに婚約したことを伝えると「結婚は3年待ってくれ」とやはり、待ったがかかった。結婚を発表すれば、せっかく会場に足を運んでくれた女性ファンが離れてしまうことを危惧した判断だったが、私自身も今は、家庭を持つことよりもプロレスに専念する時期だと考えていたから不満はなかった。

彼女にも会社の方針と私の考えを伝え、正式に婚姻届けを提出するまでは3年待つことを納得してもらった。ただ、新間さんは、彼女と一緒に暮らすことは許してくれた。堺市に住む彼女の実家の両親にあいさつをして南青山の骨董通り沿いにある私のマンションで同棲生活が始まった。

当時は、専門誌の選手名鑑などにレスラーの自宅の住所が書かれていて、シリーズがオフの時は女性ファンがマンションの前で待っていたことがあった。同棲している彼女は、ファンの目があって外出することができず、会社の女性社員に助け舟を求めて、スタッフがファンに「今、藤波さんは自宅にいませんよ」と声をかけて、誰もいなくなったところを見計らってから、買い物なんかに出かけていた。デートをしても並んで歩くこともできず、1メートルぐらい後ろを歩いてもらうなど、婚約中は何かと苦労をかけた。何よりも3年間もよく辛抱して待ってくれたと思う。

父の死

広島は、何度も試合をした町だが、私にとって親父を思い出す場所でもある。

伽織と付き合い始めた1978年11月30日、広島県立体育館で剛竜馬を破り、WWWFジュニアヘビーのベルトを防衛した夜だった。

会場で観戦していた彼女と泊まったホテルで夜、急にうなされるほどの高熱が出た。汗をびっしょりかいて、彼女が冷やしたタオルで汗を拭いて看病してくれた。朝になると、嘘のように熱はひき、体調は戻っていた。

翌日の12月1日は、次の試合地である奄美大島の名瀬への移動だった。名瀬に着いた時、実家から連絡が入り、この日、父・晋が亡くなったことを告げられた。親父は、数年前から神経性リウマチで入退院を繰り返していた。最後はリウマチが悪化し天国へ旅立った。60歳だった。あまりに突然の訃報に悲しみで茫然となった。それと共にあの広島の夜、高熱に冒されたのは、親父が私に別れを告げに来たのではないか、と思った。そんな話があるわけないだろう、と笑われるかもしれないが、それまで何一つ体調は悪くなかったのに、突然、うなされるほど熱が出て、朝になるとピタっと引いたのは、親父が私にこの世から去ることを知らせたとしか思えない。広島は私にとって親父と別れた町となった。

親父の死にもリングには上がらなければならない。訃報を聞いた翌日の12月2日は、名瀬市体育館大会に出場、3日は大分の実家で通夜が営まれた日だったが、出席せず鹿児島県高尾野町体育館大会で試合を行なった。告別式は4日午後だったが、その日は鹿児島県鹿屋市体育館で興行があった。どうしても告別式に列席したかった私は、山本小鉄さんに相談すると、許してくれ、しかも自ら車を運転してくれた。今とは違い高速道路も整備されてなかった時代で国東までの約400キロの道のりを、小鉄さんがハンドルを握って実家へ向かった。

通常告別式は、僧侶が読経した後に焼香する流れだが、私は、夜に鹿屋で試合があるため、すぐに戻らなければならなかった。そこで家族が私のために、お寺の許可をもらって、焼香を先にしてくれた。親父の亡き顔に別れを告げ、無事に焼香を終え、とんぼ帰りで再び400キロの道を何とか試合開始までに間に合った。

プロレスラーになった時、いろんな先輩から「この商売に入ったら、親の死に目に会えないぞ」と言われた。私の中で覚悟はあったが現実にそうなると計り知れない悲しみに襲われた。交際していた彼女に電話で「親父に会えない」と涙ながらに自分の胸のうちを明かした。

親父は、凱旋帰国した時に電話で連絡をして喜んでくれた。その後、帰省して再会した時は、入院しており、病室を見舞って話をしたが、思えば実家でゆっくり話すことはできなかった。私の試合を生で親父は見たことがない。婚約していた伽織とも会うことも叶わなかった。見舞いにいった時は、涙を流してくれた。その顔を思い出すと親父なりに私へのいろんな思いがあったんだろうと想像する。

炭焼き職人だった親父は、山にこもることが多く、家にいないことがほとんどだった。米と野菜を作って自給自足の生活で私達兄妹6人を育ててくれた。

今、私も親になり、娘と息子は成人したが、親というのはいくつになっても子供のために何かしてやりたいと思うものだとつくづく思う。成長する過程の中で親父は、仕事と食べるのに精一杯だった。生活に追われ、ゆっくりと子供達を見る余裕もなかったことは、どれほど歯がゆかったろうと思う。子供達に、例えば少しのごちそうとかささやかな贅沢をさせてやりたくてもできない辛さは、親になった今、凄くよく分かる。

あの時代は、あの田舎で、大金を稼ぐ術はない。しかも、親父は自分の兄の土地を借りて家を建てた。その心苦しさもあっただろう。だから、私がプロレスラーになりたいと言った時は、一切、反対しなかった。自分が子供に胸を張って何かをやっていたら反対やアドバイスも意見も言えるだろう。だけど、日々の暮らしに精一杯だった親父には、恐らくアドバイスや将来へのチャンスを作ってやれないイライラや悔しさがあったと思う。せめて、子供にやりたいことをやらせてやろう、そう思って何も言わず送り出してくれたと思う。

それは、自分が親になって初めて分かったことだった。子供の成長は親である私の希望であり夢である。親父が私達兄妹にできなかった分、私は娘と息子のために自分ができることはやってあげたいと思っている。

そんな考えに至ったのは、自分が親になったからで子供の時はそんなことは考えもしないし、できなかった。私は親父が大好きだったし、炭焼き小屋にこもった時は、会いたい一心で弁当を山へ届けた。親父は、言葉は少なかったけど、中学時代の恩師からも言われた「つまらん人間になるな」という言葉をよく私に聞かせてくれた。

プロレスラーになる夢を叶えた後の大きな目標が、両親のために家を建てることだった。凱旋帰国して計画を温めていたが、親父が亡くなり、生きている間に実現できなかった。だからこそ「初盆までに家を建てよう」と決意した。実家の隣に空いていた160坪の土地を買って、初盆までに2階建ての家を2000万円で建てた。

当時、そんな貯金があるはずもなく、全て会社から借金した。月給から差し引かれ、給料明細の支給額は「0」だった。返済までの数年間は、サイン会やイベントなどの出演料、婚約中の家内が貯金を切り崩してくれて、生活していた。親父は亡くなったが、家が完成した時は、お袋が喜んでくれた。母のトヨ子は2008年12月に91歳で亡くなるまで、ずっとその家に住んでくれて、何とか親孝行ができたんじゃないかなとは思っている。

思えば親父もお袋も苦労の連続で、2人は貧しい家で兄妹6人を育てて楽しいことがあったのかなと思う。だから、私が今も現役でいるのは、自分を通して天国の親父とお袋にいろんな経験をさせてあげたいっていう思いが根底にある。旅が好きだった2人のために、自分を通していったことがない場所へ連れていっている思いもある。

さらに親父の私への思いを知った話を明かしたい。私は日本プロレスに入門してから毎月、1万円を実家へ送っていた。亡くなってから、しばらく経って帰省した時、お袋が色褪せた封筒を見せてくれた。そこには、私が送り続けた1万円札が全て入っていた。親父は、手をつけず神棚に置いていたとお袋に教えられた。別の封筒には、私がデビュー戦でたった1行だけ活字になってからの新聞、雑誌から切り抜いた私の記事が入っていた。

あの色褪せた封筒に親父の私への思いが詰まっていた。親父、そしてお袋を知らなかった町へ連れていくためにもまだ、リングに立ち続けたいと思う。

観客乱入

これまでの闘いの中で様々なハプニングを経験してきたが、試合中のリングに観客が乱入した時は、さすがにビックリした。

その試合は、1979年2月23日、「ビッグファイトシリーズ」開幕戦の千葉公園体育館でのタイガー・ジェット・シンとの一騎打ちだった。テレビ生中継のセミファイナルで対戦したが、私が反則攻撃を受けている時に、椅子を持った男性ファンがリングに上がりシンを背中から襲ったのだ。

それまで入場の時にシンへ物を投げたり、手を出すファンはいたが、さすがにリングに上がったのはこの時が初めてで、しかも生中継だったから、全国にそのハプニングは放送された。

さらに、驚いたのは、シンがリングに上がって来た、いわば「素人」を手加減なしで制裁したことだった。相手が一般人なら、どこか手加減するものだが、シンは一切の妥協はしなかった。その姿が全国のお茶の間に流れ、より彼の凶悪性が広がる効果があった。この時、彼のプロ意識の高さを改めて実感した。

インド系カナダ人のシンは、1973年5月4日、川崎市体育館に突如、乱入し新日本に参戦した。それまで無名の選手だったが、ターバンを巻いてサーベルを持つ姿が鮮烈な印象を与え、試合では徹底した凶悪ファイトで猪木さんの好敵手になり、草創期の新日本を支えた功労者と言える。私も海外武者修行に出る前は、セコンドを務めたが、花道に出ると、何をしでかすか分からない緊張感が常にあり、セコンドの我々にも容赦なく攻撃を加えるから、いつ殴られるのか傍にいて怖かった覚えがある。

猪木さんは、よく我々に「リングに上がったら指一本まで力を抜くな」と指導していたが、シンがまさにそうだった。観客の前では会場はもちろん、移動の時までヒールに徹していた。自分に何を求められているか熟知していた。そういう意味で猪木さんに似たプロレスの感性があった。だからこそ、2人の試合はファンを熱狂させたと思う。

ファンを恐怖に陥れる反則攻撃だったが、対戦すると非常に冷静さを持っていることも分かった。例えば、パイプ椅子を対戦相手へめがけて投げる時は、観客に当たらないように注意する一方で、激しい音が鳴り、迫力が生まれるため鉄柱にぶつけていた。その投げるタイミングが絶妙ですごく計算していた。

シンと言えば1973年11月5日に新宿伊勢丹前で猪木さんを襲撃した事件が有名だが、この時、私は猪木さんと一緒にいなかったので、どういう状況だったのかは分からない。ただ、私なりにあの事件で思うことは、力道山先生の付け人だった猪木さんは、常に師匠の背中を見て学んでいたと思う。例えばグレート・アントニオにバスを引っ張らせて話題を作るなど、プロレスファン以外の人たちを惹きつけるために師匠がやっていたことを参考にしていた。だから、あの伊勢丹事件もプロレスへの注目を広げる意味があったんじゃないか、と想像している。

それも全てシンのプロ意識があればこそ、話題になった。この千葉で観客を容赦なく殴ったこともシンの高いプライドが成し得た業だった。

猪木戦

高松は、猪木さんにプロ意識を教えられた町だった。

秋田での猪木さんとの初対決で何もできずに敗れた私は、1年後の1979年6月1日、「第2回MSGシリーズ」の香川県高松市民文化センター大会で再戦が組まれた。

ところが、試合2日前の5月30日、大阪府立体育会館でのエル・カネック戦で右足を捻挫するケガを負った。翌31日の愛知県春日井市大会は出場したが、右足は、腫れあがり靴も履けない状態だった。とても満足な試合ができる状況ではなかったが、1年ぶりの猪木さんとの試合、前回は無様に敗れただけに、どうしても闘いたい気持ちがあった。仮に試合ができないなら、できないなりの姿をファンに見せたかった。周囲は止めたが、私の我儘でリングに上がった。闘う姿勢を見せた以上、左足一本でも試合をやるつもりだった。しかし、猪木さんは、ケガをしている右足に蹴りを入れて私を立てない状態に追い込んだ。猪木さんは、私と試合をやりたくなかったのだろう。仮に試合をやれば、猪木さんは、スムーズではない私の動きに合わせなければならない。そんな試合をやって、ファンに手加減をしたと見られたら、プロレス自体が予定調和のように見られかねなくなる。常にファンの視線を意識している猪木さんのプライドはそれを許さなかった。

だからこそ、私の右足を容赦なく蹴り、私が試合をできない状態であることを分かりやすい形で観客とテレビの視聴者へ伝えたのだ。こうすることで猪木さんは、不本意な試合を避けることができるし、私も傷をつかないで済んだ。結果、退場した私に代わって、猪木さんは、アンドレ・ザ・ジャイアントと特別試合で対戦した。

自分の我儘で試合をやるよりも、プロレスラーとしてファンが抱くイメージを守るプロとしての大切さをあの時、猪木さんから教えられた。

高松は、新日本にとって信頼できる真面目なプロモーターの方がいて、だいたい、テレビマッチで好カードを組んだ。この時、試合ができなかったことで、プロモーターに迷惑をかけてしまったため、私と猪木さんの再戦は、1年後の5月30日に同じ高松市民文化センターでマッチメイクされた。試合は、敗れたが、猪木さんへ初めてドラゴンロケットをぶつけることができ、初対決の秋田よりは、少しは成長したところを感じてもらえたと思う。

カルガリー

カナダ・カルガリーで初めて試合を行ったのは1979年8月17日だった。

カルガリーマットは、「ハート帝国」と呼ばれ、プロモーターのスチュー・ハートが運営する「スタンピード・レスリング」がテリトリーを仕切っていた。ハートは、自宅の地下に作った道場で選手を育成し、さらにWWF世界ヘビー級王者として90年代に一時代を築いたブレッド・ハート、日本でも活躍したオーエン・ハートら8人の息子が全てプロレスラーとなるなど、世界のマット界に多大な功績を残した名プロモーターだった。

初参戦のカルガリーで対戦したのがダイナマイト・キッドだった。イギリスのランカシャー州ゴルボーン出身のキッドは1975年にデビューし、この時、カルガリーで活躍していた。79年7月には国際プロレスで初来日した選手だったが、正直、対戦前にキッドのことは、ほとんど知らなかった。

試合は、この年の3月に団体名を「WWWF（World Wide Wrestling

Federation)」から「WWF（World Wrestling Federation）」へ変えた私のWWFジュニアヘビー王座とキッドが持つ英連邦ミッドヘビー級王座のダブルタイトルマッチで行われた。

この頃の私は、日本でも防衛を重ね、シリーズが終わると、アメリカ、メキシコなどでタイトルを守っていたため、どこか余裕を持って試合をしていたと思う。初参戦のカルガリーでも同じような気持ちでリングに上がり、キッドへの情報がなかったこともあって、どこか気持ちを許すような部分があったと思う。しかもキッドは、身長も170センチを超えるぐらい、体重も90キロ程度の小柄だったため、内心は「そんなに大したことはないだろう」とチラッと思ったことも確かだった。

ところが、そんな余裕は、ゴングが鳴った直後に吹き飛んだ。一直線に向かってくるキッドのパワー、圧力にとんでもない選手を相手にしてしまったと冷や汗が流れた。

あの小柄な体でヘビー級のトップ選手と同じ迫力をキッドは持っていた。試合前の油断は、完全に消え、私の中で数段階、ギアを入れ替えた。それでも、激しく攻められ、口の中が出血するほどだった。結果は両者リングアウトだったが、世界には私が知らないところに、とてつもない選手がいることを痛感させられた。

試合後は、新聞さんが「キッドはいい選手だろ」と絶賛していたが、闘った私は、それどころじゃなかった。体中に痣ができて、ダメージも半端なく残った。このカルガリーでの初対戦をきっかけに、キッドは新日本マットに参戦し、私の好敵手になった。ジュニア時代を振り返ると、チャボ・ゲレロとの試合は常に気持ちが引き締まったが、初対戦でこれほど危険な思いをさせられたのは、キッドが唯一だった。キッドは、どんな時も常に全力だった。体が小さい分、全身を大きく見せる感じで体ごとぶち当たってきた。技も出し惜しみをせず、攻めも容赦がなくて、自分の体を犠牲にしてでも突っ込んでくる迫力があった。思い出すのは、彼が得意なトップロープからのダイビングヘッドバットで、技が決まる時はもちろん、避けられても、頭をマットに思いっきり激突させていた。あの姿にキッドのプロレスへの真剣な思いが表れていた。あれほど、自分の体をプロレスのために犠牲にした選手はいない。キッドは佐山サトルの初代タイガーマスクのデビュー戦に抜擢されたが、キッドが相手だったからこそ、佐山も全力で技を叩き込めた。キッドがデビュー戦の相手じゃなかったら、あれほどの成功を佐山も残すことはできなかったと思う。

キッドと闘うたびに、私は、「チャンピオンだからと言って、気を抜いてはいけない」と教えられた。本当に素晴らしい選手だった。キッドは、晩年は現役時代の激闘から体を壊し、長く闘病生活を送り、2018年12月5日に60歳でこの世を去った。若くして亡くなったのは、残念で仕方がないが、どんな時でも全力で戦ったキッドは、今も全てのプロレスラーの模範になる選手だと思う。

カルガリーでキッドと出会ったことは、私のプロレスをまた一つ成長させてくれた。

夢のオールスター戦

カルガリーから帰国した私は、直後にビッググイベントへ参加した。それが8月26日、日本武道館で開催された「プロレス夢のオールスター戦」だった。

東京スポーツの創立20周年記念として行なわれた大会には、新日本、全日本、国際の3団体が協力した。新日本と全日本が激しく興行戦争を展開していた当時は、両団体の選手が一つのリングで闘うことは、絶対にあり得なかっただけに、ファンにとっては、まさに「夢が実現した」大会だったと思う。

会場の日本武道館は、デビューから「オールスター戦」まで、それまでにも何回か試合を行なっていた。「オールスター戦」以降も数多く武道館のリングには上がったが、正直、私にとって試合をやりやすい会場ではなかった。あの高い天井がどうにも集中しづらいのだ。お客さんの歓声も遠く聞こえ、リング上で技を出しても反応が若干遅れる感じがする。私が一番好きだった蔵前国技館に比べると、リングと客席が離れているように感じていた。

ただ、そんな私の思いとは別にやはり武道館はビッグイベントの会場には相応しいだろう。「オールスター戦」のメインイベントは、猪木さんが馬場さんと「BI砲」を8年ぶりに復活させ、アブドーラ・ザ・ブッチャー、タイガー・ジェット・シンと対戦した。私は、ミル・マスカラス、そして全日本のジャンボ鶴田さんと初めてタッグを組んで、マサ斎藤さん、タイガー戸口さん、高千穂明久（後のザ・グレート・カブキ）さんと闘った。

鶴田さんは、中大時代にレスリングでミュンヘン五輪に出場し、全日本へ1972年10月に入団した。入った時から馬場さんに続く次期エースの座が約束され、実際、デビューしてからは期待通りの活躍を見せていた。輝かしい経歴と実績は、格闘技経験もなく中学を出てこの世界に入った私とは比較にならず、若手の時はもちろん、凱旋帰国してからもいわば別次元の人だと思っていた。

ところが、「オールスター戦」でタッグを結成することが決まり、私は鶴田さんの存在を嫌でも意識するようになった。当時私は25歳で、鶴田さんは28歳だった。マスコミは私を「猪木2世」、鶴田さんを「馬場の後継者」とどちらも両団体の次代を担う旗手のように報道し、夢のオールスター戦も、そうした若きエースが初のタッグ結成といった色合いで伝えられた。

こうした周囲の期待を目の当たりにして、「オールスター戦」を前に「絶対にジャンボより目立ってやる。ファンに存在感を植え付ける」と私は秘めたる決意を固めた。

それまで、鶴田さんとは、パーティーの席で会って、あいさつぐらいを交わす程度だった。ちゃんと話をしたのは、この武道館の試合前の控室が初めてだった。会話の中身は、「元気？」とか、「いつもどんな練習しているの？」「海外はどこで試合をしたの？」のような、他愛もない話だった。ただ、会話のポイントが鶴田さんは「あなたは、私とは違うんですよ」という目線で、何か先輩が後輩を諭すような話し方だった。それは、鶴田さんの自信の表れで、態度もドンと構えているようで何が起きても、慌てない動じない人なんだろう、と印象を持った。

恐らく鶴田さんにとって、私とのタッグも、数多くあるうちの1試合という認識だったと思う。ただ、私は違った。試合前の触れ込みだった「夢のトリオ」などというのんびりした気持ちじゃなかった。「ジャンボには動き負けしないぞ」と、対戦するわけじゃないのに、意識の中では鶴田さんと相対していた。だから、試合では私が先陣を切った。それは、いち早く「ジャンボよりリング上でいいところを取ってやる」という対抗心の表れだった。

そんな私の対抗心は、鶴田さんには全く届いていなかった。タッチしても、リングにゆったりと入ってきて、スピードを重視する私に対抗するような、素早い動きは見せなかった。鶴田さんには、馬場さんから教えられたプロレスの流儀があって、そこに揺るぎない自信を持っていた。私なりに表現すれば、その流儀とはファンに安心感を与えるプロレスだろう。

この1979年当時、全日本プロレスは毎週土曜日午後8時から日本テレビで中継されてい

1979年8月26日。夢のオールスター戦にて、ジャンボ鶴田、ミル・マスカラスとタッグを組んだ。（提供：山内猛）

た。シリーズがオフの時など、タイミングが合えば、テレビで全日本の試合は見ていた。その時の印象が先ほど、表現した「安心感」だった。それは、力道山先生がファイトしていた頃の番組名「三菱ダイヤモンドアワー」の時代から変わらない、始まりから終わりまでプロレスをじっくり見せる伝統と落ち着いた空気だった。一方で我々、新日本の「ワールドプロレスリング」は言ってみれば、ノンフィクション。ハプニングの連続で視聴者へ次に何が起こるか分からない驚きを与えることが信条だった。そこが馬場さんと猪木さんの性格の違いでもあったが、猪木さんは生中継の特性を存分に生かし、安心感のある馬場さんと徹底した差別化を狙っていた。

ハプニングについて、実際は、猪木さんは起きることが分かっていたかもしれないし、予期していないものもあったかもしれない。ただ、猪木さんには、どちらであっても「起きてしまったことはしょうがねぇよ」と腹を括っていた部分があった。むしろ、事件が起きてしまった方が面白い、と考えていたと思う。自分が予期しないことでも、起きたところを一つのスタートにすればいい、後は俺が何とかしてやる、という自信と覚悟があった。

もちろん、私は猪木さんから100パーセント以上影響を受けているから、プロレスへの考えは猪木さんと同じだ。「夢のオールスター戦」でも安心感を貫く鶴田さんを何とか揺さぶろうと動いたが、繰り返しになるが、鶴田さんには響かなかった。試合は、マスカラスを加えた3

人でトリプルドロップキックを披露して、客席を沸かせ、マスカラスが高千穂さんをフォールして勝利した。最初から最後まで鶴田さんは、「ジャンボ鶴田」を崩さず徹しきった。そこが鶴田さんの強さだし、私は、間近で鶴田さんのプロレスに接し「これが全日本のプロレス」と思った。

鶴田さんは、その後、名実ともに馬場さんに代わる全日本のエースに君臨し、日本人初のAWA世界ヘビー級王者となり、スタン・ハンセンやブルーザー・ブロディら強豪外国人、さらには天龍源一郎選手との「鶴龍対決」や三沢光晴選手ら後輩レスラー達の壁となり、常に全日本マットの中心で「ジャンボ鶴田」の存在感を発揮した。しかし、B型肝炎を発症し、1999年3月に47歳で現役引退した。

引退後は、米国オレゴン州のポートランド州立大学に教授待遇として赴任し家族と現地へ移住、第2の人生を送っていた。引退した翌2000年の年明けに突然、自宅にポートランドにいる鶴田さんから電話がかかってきた。それまで、ほとんど話をしたこともなく、何より私の電話番号を知らないはずの鶴田さんからの思いも寄らない電話に何事だろう？　と思って受話器を握った。電話で鶴田さんは、「どうしても話がしたくて。今度、日本に帰った時にご飯でも行きましょう」と誘ってくれた。私も「もちろんです。ぜひお願いします」と返事をして、会えることを心待ちにして受話器を置いた。

ところが、それから4か月後の5月13日、鶴田さんはフィリピン・マニラの病院で肝臓の移植手術中に急逝した。49歳だった。まさかの訃報を知った時は、ショックで言葉も出なかった。あの電話が鶴田さんとの最後の会話になってしまった。今思えば、鶴田さんが突然電話をしてきたことは、ある意味、自分の運命が分かっていて、何か同じ時代をプロレス界で生きた私に伝えたかったことがあったのではないか……と思うこともある。あの時、約束した会食が実現しなかったことが今でも悔しいし悲しい。

私は鶴田さんと対戦することは叶わなかった。今も時折、「もし鶴田さんと対戦していたら、どうなったんだろう?」と想像することがある。勝敗は分からないが、私なりに怒らせることは仕掛けただろう。いつもの「ジャンボ鶴田」とは違う顔を引き出そうとしたはずだ。長州にそんな話をしたことがあって、彼からは「辰っつぁん、何もできないよ」と言われたことがある。

長州は、全日本プロレスに参戦していた時に鶴田さんと対戦(1985年11月4日、大阪城ホール)し60分時間切れ引き分けに終わった。その経験から長州は何を仕掛けても動じない鶴田さんを身をもって体感したからこそ、そんな言葉を私に返したのだろう。

ただ、私は長州の言葉を聞いてから、余計に動じない鶴田さんを慌てさせる方法は、何があるのか、考えるようになった。

今もその答えを私は探している。

王座転落、剛竜馬戦

1979年10月2日、大阪府立体育会館で剛竜馬に敗れ、WWF世界ジュニアヘビー級の王者から転落した。

MSGでベルトを奪取してから1年8か月あまり、防衛回数は24でストップした。私は、負けた夜、交際していた伽織に電話をして「俺はもう終わった」と泣いて電話をした。

涙を流した理由は、順風満帆だった王座の座から落とされて、全てを失った恐怖感に襲われたからだろう。猪木さんは、常々、「俺達に安住の地はないんだよ」と言っていた。その言葉から私はいつ、どこで落とされるのか分からない恐怖を感じていた。

「ドラゴン・ブーム」と言われ、全国どこへ行ってもファンから注目された心地いいチャンピオンの日々を、たった1度の敗戦で失うような怖さが涙になって表れたのだろう。

しかも、負けた相手が日本人の剛だったことが余計にショックだった。私が座っていた椅子に剛が座るのかもしれないという屈辱があった。外国人だったら、そこまで思いつめなかったと思う。ただ、冷静に考えれば、1度ぐらい剛がベルトを巻いたからといって、すぐに彼が私に取って代わることなどあるはずはない。でも、その時は、いろんなことを考えてしまい、ただただ衝撃が大きかった。

格闘技経験のない私にとって、タイトルマッチは、プロボクサーが世界戦に臨むようなもので、特別な気持ちでリングに上がっていた。

当時は、ほとんど毎シリーズのように必ず選手権試合があった。ボクサーが世界戦へ向けて減量するように、私もタイトルマッチに照準を合わせて、コンディションを整え、食事も管理していた。だから、当時、同棲していた家内は大変だったと思う。選手権試合が近づくと私の空気がピリピリして張りつめてくるのだ。これは後年、家内から「あの頃は緊張して、居心地が悪かった」と聞かされた。ジュニア時代は、私にとって公私の区別なく日々、ベルトを守ることに全ての神経を集中していた。

だからこそ、負けたことはショックだったが、2日後の10月4日、蔵前国技館でのリターンマッチで剛を倒し、ベルトの奪還に成功した。振り返れば、たった2日で取り戻せたなら、涙を流すまで思いつめなくても良かったんじゃないか、と我ながら思う。でも、この2日間は本当に長い時間だった。負けた翌日から彼女ともほとんど口をきくこともなかった。どうやって過ごしたのかの記憶も抜け落ちている。再びベルトを腰に巻いた時は、やっと元に戻せたっていう安堵しかなかった。

対戦した剛は、ジュニア時代を語る上で外せない相手だろう。剛は15歳で国際プロレスに入門し、デビュー後は若手のホープとして期待されていた。１９７８年５月に国際を離脱し、この年の７月27日に日本武道館で私のベルトに挑戦した。試合は、ジャーマンスープレックスで勝ったが、国際を離脱して新日本に上がった経緯が、国際のＩＷＡ世界ヘビー級王者だったストロング小林さんが１９７４年３月19日に蔵前国技館で猪木さんと闘った展開と同じで、私の中でジュニア版の「猪木対小林」のイメージがあったので、対国際の部分で勝つことはもちろん、試合内容でも腕を一本も取らせてたまるか、という意地があった。

その後も親父が亡くなる前日に広島で対戦するなど、重要な節目で剛とは闘った。ジュニア時代は剛と同じ国際の阿修羅・原、同門の木村健吾ら日本人選手とも防衛戦で闘った。元ラグビー日本代表だった原は馬力が凄かったが、やはり、唯一、負けた相手ということで剛の印象が強い。

２００９年10月18日に53歳の若さで亡くなったが、果敢に挑んできた剛は、ジュニア時代の私にとって間違いなく好敵手だった。

ドラゴン封印

剛竜馬からベルトを奪還した私は、再び防衛を重ねた。1980年2月1日には札幌中島体育センターでNWAインターナショナルジュニアヘビー級王者のスティーブ・カーンとのダブルタイトルマッチを制し、2冠王になったが、ニューヨークでベルトを奪取した時のような高揚感はなく、2冠王へそれほどの意識はなかった。

翌月にジュニア時代の一つの節目が訪れた。ドラゴンスープレックスの封印だ。

MSGでタイトルを奪い、私の代名詞となった必殺技だった。1980年3月19日に高知県民体育館でアンヘロ・ブランカをドラゴンスープレックスでTKOに追い込み、翌20日の岡山県津山市総合体育館で長州力と組んだタッグマッチでバッドニュース・アレンとタッグを組んだマンド・ゲレロを失神させた。試合は3本勝負だったが1本目でレフェリーが試合続行をストップした。2日連続で起きた緊急事態にWWF本部からドラゴンスープレックスを禁止技にする通達が出て、封印することになった。

私にとって十八番を失うことだったが、内心は、正直ホッとしていた。ファンは毎回ドラゴンスープレックスを見たいだろうし、当時は、毎試合、特にタイトルマッチではやるのが当たり前のような空気感になっていた。しかし、先述の通り体が硬くブリッジが得意でない私にとって、ドラゴンスープレックスは毎回、恐怖の技だった。

例えばジャーマンスープレックスと比較すると、両方とも相手をおヘソで投げるイメージは同じだが、フルネルソンで相手を固めるドラゴンは、投げる時はより上体を相手の体の下へ潜り込ませ、両足を中へ踏み込んで跳ね上げる。ジャーマンより当然、ブリッジを失敗して、相手の背中が顔面に激突するリスクは高く、あの技をずっとやっていたら、いつかケガをしていたと思う。そういう意味で封印には安心したのが実際のところだ。

ブッチャー引き抜き

デビュー10年を迎えた1981年は、新日本と全日本の間に外国人の引き抜き合戦が勃発した年だった。

きっかけを作ったのは、新日本だった。5月に全日本の看板外国人だったアブドーラ・ザ・ブッチャーを引き抜いたのだ。ブッチャーは5月8日の川崎市体育館大会に登場し6月24日の蔵前国技館でスタン・ハンセンとタッグを組んで猪木さんと谷津嘉章との試合から新日本へ本格参戦した。さらに全日本からディック・マードックも引き抜き、ライバルへダメージを与えたが、馬場さんも猪木さんの最高の好敵手だったタイガー・ジェット・シンを81年7月に抜き返し、その上同年12月には新日本のトップ外国人だったスタン・ハンセンも獲得した。

外国人が移籍する理由は、金銭面もあるが、プロレスラーとしての存在感をキープしたい強い思いが一番だったと考えている。レスラーは同じ場所で闘えば、必ずマンネリ化してしまう。例えばハンセンは、新日本に参戦したばかりの頃は無名だった。そこから必死になって猪木さんへ食らいつき好敵手として光ったが、来日を繰り返すごとに、猪木さんとの試合は当たり前になり、最初の頃のような無我夢中で突進する本来のハンセンの良さが消えていたと思う。そこで、別の団体へ行けば、ファンから注目されまた新しい輝きを放つことができる。常にフレッシュな状態で視線を集めたいのがレスラーの性だ。特に日本で人気のあった常連外国人は、その新鮮さを求め動いた。それが、ハンセンが全日本へ動いた一番の原因だと私は考える。

ただ、私は、一連の引き抜き合戦をプロレス界の政治的な内部事情をファンへ赤裸々に見せるようで、あまり気分がいいものではなかった。ライバルを倒そうと思った引き抜き合戦も、結果としてブッチャーとシンはトレードの形となった。今振り返っても、引き抜き合戦は両団体が痛み分けで、あまり実のあるものにはならなかったと思う。

その大きな理由として、ブッチャーが新日本では全く輝くことはできなかったことにある。私も対戦したが、自分のプロレスとブッチャーのスタイルは交わることがない部分があった。

さらに猪木さんは、馬場さんとブッチャーがライバルだったことから、彼のスタイルを受けないことで馬場さんとの違いを見せようとしたのかもしれない。全日本には一時的に興行的な部分でダメージを与えたかもしれないが、せっかく引き抜いたブッチャーが輝くことができなかったことは、ブッチャー自身、さらに新日本にとってもマイナスだったと私は思う。

その後、ブッチャーは再び馬場さんの下へ戻ったことを考えると、彼にとって新日本への移籍は、複雑な思いがあったのだろうと想像する。

婚約発表

1981年6月8日のMSGは、私達夫婦にとって忘れられない大会となった。

この日は、谷津嘉章と組んでザ・ムーンドックスが持つWWF世界タッグ王座に挑戦した。タイトル奪取はならなかったが、試合の後にリングアナウンサーが突然、「この会場に藤波のフィアンセがお見えになっています。みなさんにご紹介します」と2万2000の観衆へ発表したのだ。

エプロンに伽織が上がり私がそっと抱きしめると、会場からは割れんばかりの拍手が沸き起こった。感動で彼女は涙を流し、私も格別の喜びがあった。

このリング上での婚約発表は事前に私もかおりも何も聞かされていなかった。ニューヨークにはかおりと一緒に行ったが、会場のどこかで見ているだろうと思っていた。それが私がリングに上がると、リングサイドの関係者席になぜか彼女が座っていた。ゴングが鳴る前は「あれ？どうしたんだろう？」と思ったが、試合になればそんなことは頭から吹き飛んだ。

そして、試合後の発表だ。何が驚いたかと言えば、当時、WWFは、女性がリングに上がることを禁じていた。にもかかわらず、エプロンに彼女が立つことを許してくれたのは、まさに破格の出来事で、プロモーターのビンス・マクマホン・シニアの配慮に感激した。

このMSGでの婚約発表の全てをマクマホンに依頼し演出してくれたのが新間さんだった。私が伽織と交際を始めた時、「結婚まで3年待ってくれ」と止められたが、約束通り3年後に結婚を認めてくれ、しかも、最高の形で発表の場を作ってくれたことは、今も感謝に堪えない。

試合の翌日、2人でマンハッタンをショッピングしていたら、知らない人に次々と「結婚おめでとう」と祝福された。あのニューヨーカー達の温かさもいい思い出だ。

結婚式は12月14日、文京区の東京カテドラル聖マリア大聖堂で挙げ、披露宴は新宿の京王プラザホテルで開いた。猪木さんと倍賞美津子さんがこのホテルで挙げた「1億円披露宴」に出席してから、京王プラザでの披露宴はずっと私の夢だった。猪木さんと同じ28歳で結婚したいという思いもあった。正確には誕生日の2週間前だったので、27歳での挙式となったが、夢の実現は感無量だった

1981年12月14日、念願の結婚式を挙げた。（提供：筆者）

新居は、調布市内のマンションに決めた。ちょうど、結婚式の1年前に伽織が住宅情報誌を読んで気に入り、物件を見る前に契約した。実際に部屋を見ると、リビングから富士山が見えて、私にとってもすぐに心地いい住まいとなった。あれから40年以上経つが、今も同じところに住んでいる。その意味で調布は私にとって東京の故郷と言える。

結婚してからは、地方巡業でも翌日が休みなら、東京からだいたい100キロ圏内の宇都宮、水戸、高崎、静岡であれば現地に宿泊せず、家内に迎えに来てもらって自宅へ帰った。大分で過ごした少年時代に、両親が働きづめで家を空けることが多かったので、家庭に憧れというか飢えみたいなものが私にはある。外泊せず自宅に戻ったのは、少しでも家庭の安らぎを味わいたい思いがあった。結婚して今年で40年。そんな我儘な（笑）私に付いてきてくれた家内には、重ね重ね「ありがとう」と伝えたい。

8章

「名勝負数え唄」——好敵手・長州力

ヘビー級転向

結婚した1981年は、レスラーとして次のステップへ歩み出す年になった。

10月16日に故郷の大分県立総合体育館でスティーブ・トラビスを倒した28回目の防衛戦を最後にWWFジュニアヘビー級王座を返上し、ヘビー級転向を決断した。

転向は、いろんなことが重なって自然とその流れになった。まず、ブルース・リーみたいな筋骨隆々な体つきから、脂が乗って大きくなったこと。加えて、この年の4月23日に蔵前国技館で佐山サトルがマスクマンの「タイガーマスク」に変身してデビューしたことがある。ジュニアヘビー級にタイガーマスクという新たなスターが生まれ、いい形でスイッチできたことも、私のヘビー級への転向を後押しした。

佐山は何をやらせても破格で、そのファイトを見ても驚かされることばかりだった。ジュニアヘビーを開拓したのは確かに私だと思うが、発展させたのは明らかに佐山のタイガーマスクだった。

転向を決めると90キロ台前半だった体重を増やすために家内の協力を得て、食事の回数を増やし、増量に努めた。

私のヘビー級転向は、年が明けた1982年の元日決戦からスタートした。会社が転向に華を添える意味で「飛竜十番勝負」と銘打ち、ヘビー級の強豪外国人との試合を企画した。第1戦が元日の後楽園ホールでのWWFヘビー級王者ボブ・バックランドへの挑戦だった。試合には敗れたが、新たな階段を上った実感はあった。十番勝負は、ハルク・ホーガン、アブドーラ・ザ・ブッチャー、エル・カネック、ディック・マードック、再びバックランドと重ねた。世界の強敵との対戦を実行すると同時に、8月31日にはMSGでジノ・ブリッドを破り、転向後初のタイトルとなるWWFインターナショナルヘビー級王座も奪取した。

全て順風満帆に進んでいた時、私の前に長州力が立ちはだかった。

長州反逆

後楽園ホールは他の会場よりも緊張する場所だ。お客さんもプロレスを熟知している方々が多く、客席との距離感が近い。あのリングをじっと見つめてくる視線は、下手なことをすれば全て見透かされてしまうような感覚を覚える。昭和の時代は、シリーズの開幕戦で使うことが多い会場だったので、数週間リングから離れて久しぶりに上がることも緊張感が高まる要因だった。

あの日もそうだった。

1982年10月8日、「闘魂シリーズ」は後楽園ホールで開幕した。メインイベントで私は、猪木さんと長州力とのトリオでアブドーラ・ザ・ブッチャー、バッドニュース・アレン、SDジョーンズと対戦した。

この年、長州は4月からメキシコへ遠征し、7月23日にエル・カネックを破りUWA世界ヘビー級王座を獲得した。タイトルは、9月にカネックに奪還されたが、この後楽園ホールが凱旋帰国初戦だった。シリーズ前に長州が10月22日の広島県立体育館でWWFインターナショナル王座に挑戦することが発表されていた。2週間後に対戦する意識はあったが、正直、重要な試合になるとは考えていなかった。

リングに上がると異変が起きた。真っ先にコールされた長州がリングアナウンサーに抗議したのだ。ゴング直前に長州が私へ先陣を切れと指示をした。タッグマッチで先発する選手は、格下が務めることがほとんどで、チャンピオンの私は不愉快だった。一連の彼の反抗的な態度に私の中で何かがキレた。試合中にタッチを求められた時に、長州に張り手を浴びせた。そこからは、試合そっちのけで張り手の応酬を展開、完全に仲間割れした。私がジョーンズを破って試合が終わっても長州との乱闘は続き、マイクで彼は私への反逆を表明した。怒りが収まらない私は控室でも長州ともみあった。最後は猪木さんが「お前らいい加減にしろ！」と私と長州へ張り手をかまし、乱闘は終わった。

当時の私にとって長州は、全く視界に入っていない中堅レスラーだった。彼は、専大レスリング部時代に1972年のミュンヘン五輪に出場するなど、アマチュアでズバ抜けた実績を残し、73年12月に新日本へ入団した。テレビ中継はスタートしたが旗揚げ1年目の苦難が残り、選手数も少なかった頃だ。生え抜きの私は、新日本を家族のように思っていたから、アマチュアエリートの吉田光雄（長州の本名）の入団には家族が増えたようで嬉しかったことを思い出す。

長州は、格闘技経験もなく中卒でプロレス界に入った私とは比べるまでもなく、入団直後から将来を期待される幹部候補生だった。入門からわずか8か月後の1974年8月8日の日大講堂でのエル・グレコ戦でデビューし、すぐに米国へ海外武者修行に旅立った。帰国後の1977年4月には、リングネームを公募し「吉田光雄」から「長州力」へ変えた。テレビマッチに毎週のように抜擢され、坂口征二さんと組んで北米タッグ王座を奪取した。しかし、徐々に注目されなくなり光を失っていった。多分、長州はアマレスとプロレスのギャップに悩んでいたのだと思う。アマレスはフォール、ポイントを取って勝てば称えられるが、プロレスはそうじゃない。相手と自分がリング上で噛み合ってお客さんへ感動を与えなければならない。そこに長州は、自分の力を思うように出せなかった。そんな時に私がMSGでジュニアのベルトを奪取し、脚光を集めていったのだ。正直なところ、そこから団体内でもファンからも私と長州の見方は逆転したと思う。

思うように人気が上がらず、うだつの上がらない長州は、スポットライトを浴びる私へのジェラシーが溜まっていたのだろう。その憤慨があの日の後楽園で爆発したと思う。彼はそんな感情を持つ自身を「かませ犬」と雑誌で発言し、あの反逆は「かませ犬事件」と今も語られている。自分自身を闘犬が闘う前に力試しする弱い犬を意味する「かませ犬」と表現したところに長州の当時の心情がまざまざと表れていたと思うし、彼の表現力は「さすが」と感じる部分もある。

あの後楽園での反逆について、私は長州の行動を事前には全く知らなかった。長州がリングアナのコールに抗議した時も、何が気に入らないのか分からなかった。試合が進むうちに私への反逆心があることが分かり、私は先に手を出した。引くつもりはなかった。もし事前に長州の反逆を知っていたら、ずる賢く立ち回ってどこかで鉾を収めていたと思う。あそこまで感情むき出しになったのは、長州の反逆を私が真剣に受け止めたからだった。

私は、リングで起きたことを引きずってしまう性格で、あの日も調布の自宅に帰ってから、長州の反抗が納得できず、家内とほとんど話をしなかった。時間が経って1人で冷静に考えた時に、この反逆行為は「もしかしたら自分だけが知らなかったのか」と思った。恐らく猪木さんか新間さんが、長州が抱いていた不満に火を付けて行動を促したのだろう。あの2人は興行、視聴率で先を見据えていて、マンネリ化することへの危機感を常に持っていた。だから、長州を

1982年10月8日、後楽園ホールにて長州力が反旗を翻した。(提供:山内猛)

反逆させることで新しい刺激をファンに与えることを試みたと思う。

ただ、当時の私は、ヘビー級へ転向しベルトも奪取したばかり。自分なりに、いつかは猪木さんを超えたい青写真を描いていた。そんな心地いい世界に割って入ってきた長州は、邪魔でしかなかった。長州の反逆を仕組んだ人は、当時の私を見て、いわば胡坐をかいているように思ったのかもしれない。そこに長州の不満をぶつけて突き崩そうと考えたのだろう。しかも、私はリング上で起きたことに対して計算をして立ち回ることができない部分がある。そんな私の性格を見切って、長州を仕向ければ私が「マジ」で反応すると確信していたのではないか。リング外の人間関係をそのままリングに反映させようとしたのだ。現に私は、長州に対して「ガチ」の憎しみの感情が生まれて引くに引けない状況に追い込まれていった。

10・22広島

反逆されてから2週間後に広島県立体育館で私は長州と一騎打ちで闘った。

当初、この試合はタイトルマッチだったが、遺恨が発生したことでノンタイトルへ変更となった。

テレビで生中継された一戦は、めちゃくちゃな試合だったと思う。あの時は、プロレスの試合を成立させることは二の次で、私の立場を壊しに来た長州へ憎しみの感情をそのままぶつけていた。そこまで冷静さを失ったのは、デビュー11年目で初めてのことだった。

試合は、無効試合で終わった。決着が付かなかったことから、新日本は、「闘魂シリーズ」最終戦の11月4日、蔵前国技館でボブ・オートン・ジュニアと対戦する私のマッチメイクを変更し、WWFインター王座をかけた長州との再戦を決定した。

この変更はまさに新日本ならでは、猪木さんの流儀で、自然発生的に起きたハプニングをそのままリングで生かすやり方だった。試合では、私が長州に場外フェンスの外へ投げられ、反則で勝った。反逆される前も、長州とは何回かシングルで闘っていた。ただ、この2連戦を終えた時に過去の彼とは、全く別人となっていることを感じた。肌を合わせると、アマレスで全日本選手権を獲った実績を持つ長州の強さを実感した。それまでは、プロレスとアマレスの違いに悩み、どこかで本来の力を出し惜しみしていたのだろう。広島、蔵前で生まれ変わった長州の実力を感じ、余計に負けるわけにはいかないという闘争心が高まった。

長州の実力は、彼が入門した頃には分かっていた。寝技になれば何とか渡り合えたものの、道場でスパーリングをやった時に、彼のタックルに私は対応できなかった。オリンピックまで出場した人間の凄さを実感していた。

長州は、レスリングの強さがベースにあり、新日本に入ってプロレスの「型」を学んだ。私は逆だった。最初に日本プロレスで「型」を覚え、海外武者修行でカール・ゴッチさんの自宅での特訓で関節技を極める格闘技を学んだ。長州も最初の海外でゴッチさんの自宅へ行ったが、その教え方には抵抗があったらしい。最初は自宅へ行ったが、そのうちゴッチさんの下から離れていったことを人から聞いたことがある。アマレスで実績がある長州にとって、私が学んだような練習は必要ないと思ったのだろう。そんなものより早くプロレスを教えて欲しかったのだと思う。もっと言えば、人気が出るような方法を知りたかったのだと思う。

格闘技経験のない私にとってプロレスは格闘技でもあった。しかし長州にとっては、あくまでもプロレスはプロレスだった。そんな捉え方の違いが私達の間にはあったと思う。ただ、長州の実力を知っていた私には、広島から蔵前の2連戦は気を抜けばやられるという危機感と恐怖感があった。それを心に秘めながら闘っていたのだ。

猪木さんとタッグ

宿敵となった長州は、蔵前国技館での試合後に志を共にする小林邦昭と渡米し、マサ斎藤さんと合体、「革命軍」を結成した。

長州が不在となった82年の掉尾《ちょうび》を飾るシリーズは「第3回MSGタッグリーグ戦」で私は坂

口さんとのタッグで参加した。この大会は84年の「第5回」で猪木さんとのタッグで初優勝した思い出のリーグ戦でもある。

猪木さんとのタッグでは、いつも気持ちを張りつめていて顔が引きつるほどだった。リング上で猪木さんの横にいるだけで、常に観客をのんびりさせない緊張感を肌で感じた。私がリング上で闘っている時でも、この後どういう流れで渡せば猪木さんは出やすいだろうかとか、そのシチュエーションを常に意識していたから、神経を研ぎ澄ませて、自分自身のことを考える余裕はなかった。

ただ、それは当然のことで、例えば舞台で主役の俳優が光るためには、いかに脇役がいい仕事をするかで決まる。脇役が好き勝手なことをやると舞台そのものがめちゃくちゃになってしまう。あの頃は、エースの猪木さんが光って当たり前だから、私だけでなくみんな、猪木さんが光るように意識しリング上で集中していた。

タッグを組む時、猪木さんから事前に指示はなかった。試合後は、納得した場面での出番がないと、猪木さんは怒ることこそなかったが、態度を見れば、それが不満だったのが分かった。そんな時は針の筵に座っているようで、直接怒られた方がよっぽど楽だった。

そんな猪木さんとのタッグで忘れられないことがある。私がリングインした時に何かの拍子で相手とロープを交差する素早い展開になった。いつもは、我々下の選手に「常にリングから目を離すな」と指導する猪木さんが、その時、コーナーでシューズのひもを結び直していて、リングから目を離していた。そこへロープの反動を受けた私と激突した猪木さんがリング下に落っこちたことがあった。その時、内心は「とんでもないことをしてしまった。どこかに隠れたい」と心臓がバクバクした。でも、試合でそんなことは尾首にも出さず、リング下へ落ちた猪木さんのことは見て見ぬ振りをして試合を進めた（笑）。

猪木さんとのタッグと言えば、あの時の冷や汗を思い出すし、こうして振り返るだけで心臓がバクバク鳴ってくるね……。

敗北の4・3蔵前

1983年に入り、長州は「革命軍」と呼ぶ軍団のリーダーとなった。軍団はその後、「維新軍」と名付けられ、マサ斎藤さんを参謀に小林邦昭、キラー・カーン、さらにアニマル浜口さん、谷津嘉章らが加入し新日本のリングで一大勢力を築いていった。

年明けから私は、連日のように長州と激突した。とにかく全国どこへ行っても私と長州が絡むとお客さんが異常に沸いた。会場で私と長州のファンがケンカしていることもあった。そこまでファンを熱くしている試合を自分達はやっているのかと驚いた。一方で、各会場での長州への声援が自分への声援よりもだんだん大きくなっていくことにも気づいていた。全国どこへ行っても満員で、本当なら気分はいいはずだけど、そうもいかなかった。焦りが出て逆に長州へジェラシーを持つようになった。

試合以外で長州と顔を合わせることは、絶対に嫌だった。だから、試合前の練習も長州達がいなくなったところを見計らってリングに上がった。あの時は、客の入りがどうとか、良い試合をしようとか、団体の興行的な思惑やギャランテイーとかは、全部後回しだった。私の行く手を遮った長州への、ガチな憎しみをリングでぶつけることだけが目的だけだった。

長州と抗争を開始してから3度目の一騎打ちは4月3日、蔵前国技館で5か月ぶりの激突となった。WWFインター王座をかけた一戦で、私は長州のリキラリアットにピンフォールで敗れた。ついにあってはいけない逆転が起きてしまった。悔しさで茫然としていると、長州がセコンドのマサさんと抱き合っていた。その喜んでいる姿を見た時、私は「長州、輝いているな」と感じてしまった。あれだけ憎い相手にそんなことを思ってしまったのは私自身も不思議だと思う。眩しいぐらいのいい表情をしている長州をうらやましく思ってしまった。あの時、私は長州を初めて好敵手として認めたのだと思う。

同時に私は、それまでのジュニア時代の自分にはなかった部分を、長州との抗争で見出した。それは、絶対に長州より先に技を仕掛けようという思いから生まれた、止まることなく動くスタイルだった。それは長州も同じだった。互いが敵に余裕を与えず、一歩でも先に動こうとした。そんなプロレスは、今までになかったスタイルだった。長州は31歳で私は29歳。全く息が切れることなく、いつまでも動けると思うぐらいのスタミナがあったからこそ生まれた攻防だった。

レスリングで日本一の長州との、全速力でマラソンを走るような過酷な展開の中で、私が対抗できたのは、全てゴッチさんとの練習があったからだ。あの指導がなければ、太刀打ちできなかった。私はよく、相手の良さを引き出すなんて言われるけど、そんなことは一切考えていない。ただ、相手の技から逃げるのが嫌なだけだ。それが結果として、そう言われるのかもしれない。だから、長州の技も全力で真っ向から受け止めた。長州も遠慮なく叩き込んできた。

私が敗れた４・３蔵前も最後のラリアットは、凄まじい勢いで首に打ち込んできた。フォールの時は、私の髪の毛ひっつかんでねじり伏せて押さえ込んだ。あの気迫が長州の本当の姿で、やっとプロレスの面白さが分かった時だったのだと思う。恐らく長州は、ここでダメなら辞めてもいいという覚悟でリングに上がったと思う。その背水の陣を敷いた気迫が実り、入門からずっとくすぶっていた時代が終わって、長州はようやく開花したのだった。

この試合は、１９８３年の東京スポーツ制定「プロレス大賞」で年間最高試合賞を獲得した。最高の一戦から18日後の４月21日、同じ蔵前で今度は挑戦者として私が長州へ挑んだ。

1983年4月3日、蔵前国技館。長州力とのシングルに敗れる。(提供:東京スポーツ新聞社)

この試合はメインイベントで組まれた。蔵前のメインでシングルマッチを務めることは旗揚げ以来、欠場した場合を除いて猪木さんの他はあり得なかった。この日、猪木さんはマサさんとセミファイナルを務め、私と長州がメインで闘ったのだ。抗争スタートからわずか6か月で猪木さんを差し置いてのメインは、我々の試合がいかにファンを惹きつけていたかの表れだった。

ところが私は大きなハンデを背負っていた。4・3でジャーマンスープレックスを放った時に右ひざの半月板を負傷し、患部にサポーターを巻いてリングに上がったのだ。試合を組まれた以上は、やらなくてはいけないけど本音はやりたくなかった。無様な姿でリングに上がることは避けたかった。メインイベントだったからなおさらそう思ったのかもしれない。試合前日まで、急遽アクシデントが起きて大会が中止にならないかなと頭によぎったほどだった。試合をしなくていい口実がないかなとも思ったが、興行は開催され、メインで長州と対峙した。

試合は、リングアウトで私は2連敗した。長州の勢いに完全に飲まれ、現実を見せつけられた。当時は視聴率も20パーセントを越え、街中でも我々の試合が話題になっていた。その中での2連敗は、町も歩くのが恥ずかしいほどだった。MSGでベルトを奪取し凱旋帰国から華やかな道を歩いてきた私にとって初めての挫折だった。

1983年4月21日、蔵前国技館。長州に2連敗を喫する。（提供：山内猛）

海外逃避行

新日本の旗揚げから団体を自分の家族のように思っていた私だったが、唯一、離れようかなと考えたことがある。それが、長州に2連敗した直後だった。新聞さんから「少し環境を変えて海外へ出てみろ」と通告されたのだ。長州と完全に立場が逆転したと沈んでいた私は、その言葉に、「お役目御免、ご苦労さん」と肩を叩かれたように感じたのだった。今なら、あの時の新聞さんは、連敗した私に対するファンの印象をフレッシュにするために、海外遠征を提案したと理解できる。ただ、思いつめていた当時は「あぁ〜、俺のポジションはなくなったのだ」と思い込み、通告通り海外へ出た。

行く先は、何度も試合をやってきたニューヨークで、家内も同行した。WWFは私の試合をマッチメイクしてくれ、ニューヨークから離れた町のリングにも上がった。興行が終わるとプロモーターからしわくちゃになったドル札でファイトマネーをもらい、修行時代を思い出したものだ。

アメリカで試合を続けるうちに、長州との確執や会社への不信感など、日本にいた時に煩わされていた悩みや問題も忘れていった。徐々に明るさを取り戻した私は、ある時、ニューヨークのセントラルパークのベンチに家内と座り「このまま、会社を辞めてアメリカにいようか」

と話をした。アメリカで試合をすれば、2人で食べていけるだけの生活はできる。修行時代のように車のハンドルを握って各地を転戦する暮らしも悪くないと思った。家内は反対をしなかった。長州との抗争が始まってから、目に見えて言葉が少なくなり、常に重苦しい空気を身にまとっていた私より、アメリカで生き生きとプロレスを楽しんでいる私の方が、家内も一緒にいて気持ちが楽だと思ったかもしれない。

新日本とは距離を置いて、アメリカを拠点にして試合を続けようと考え始めた頃、日本では予想外の事態が起きていた。

私が全戦欠場した「第1回IWGP」の優勝戦(6月2日、蔵前国技館)でハルク・ホーガンと対戦した猪木さんがエプロンでアックスボンバーを食らって失神KOで惨敗し、そのまま病院送りになったのだ。

私はアメリカで猪木さんの入院を聞いた。この試合中の事故は、NHKが報じるなど、プロレス界を越えて世間にも伝わる「事件」となった。幸い大事には至らず退院したが、次期シリーズ「サマーファイトシリーズ」は欠場が決定した。大看板を失った会社は、ニューヨークにいた私へ帰国を命じた。しばらくは帰るつもりはなかった私だが、猪木さんの一大事とあっては、拒否できなかった。

猪木さんのKO負けについては、会社の中では、体調を心配に思う人、猪木さん自身が絵作りをしたのかと疑心暗鬼になっている人に分かれていた。

疑心暗鬼になった人の気持ちはよく分かる。猪木さんは、突如として周りを意識しないで自分作りをする時がある。ホーガンにＫＯされたことも何の前触れもなくやったのだろう。常に何かが起きたら起きたことに対して対処するのが猪木さんの流儀。こんなことをやったら周りがどう思うかなどは関係ない。あの人はまず事を起こして、それに対する周囲の反応を見て、そこからどうするかを決めていくから、あの時も後先考えずに直感で「失神ＫＯ」負けを喫したのかもしれない。

私は、猪木さんがホーガンに負けた原因は、あの頃精神的に疲れていたことが大きかったと思う。当時猪木さんは、ブラジルでバイオ事業「アントンハイセル」を経営していたが、多額の借金を抱えていた。会場での姿が、とてもプロレスどころじゃないような場面があった。年齢も40歳になり、新日本を旗揚げし馬場さんを超えようとプロレスに専念していた当時とは、別人のように精神的に疲れていた。しかも、重度の糖尿病も抱えていた。そんな心身両面での疲れが失神ＫＯにつながったのだろう。私はそう考えている。

掟破りの逆サソリ

アメリカから帰国した私は、7月1日に後楽園ホールで開幕した「サマーファイトシリーズ」に参戦した。

7月7日、大阪府立体育会館で2か月半ぶりに長州とのシングルマッチが組まれた。この試合で私は、長州の必殺技「サソリ固め」を繰り出した。放送席で古舘伊知郎アナウンサーが「掟破りの逆サソリ」と実況するなど、周囲は予想外の技と捉えた。

相手の得意技を盗むのはタブーの領域で、確かに「掟破り」なのだが、お客さんが歓声を上げるならば、長州の技であろうが何でもやってやると思って繰り出した。試合は、長州がロープブレイクをしても、私がサソリ固めを解かなかったため反則で敗れた。しかし、ファンの反応も良かったため、掟を破って正解だったと思っている。

そして、シリーズ最終戦の8月4日、蔵前国技館で長州をリングアウトで破り、4か月ぶりにWWFインターナショナルのベルトを奪還した。ただ、ピンフォールを奪えなかったことに納得できず、リング上でマイクを持ってベルトを返上することを宣言した。長州は私をフォールして王座を奪ったが、私はそれが叶わなかったことが胸糞悪かったのだ。結局返上はしなかったが、私の個人的な感情が爆発した発言だった。

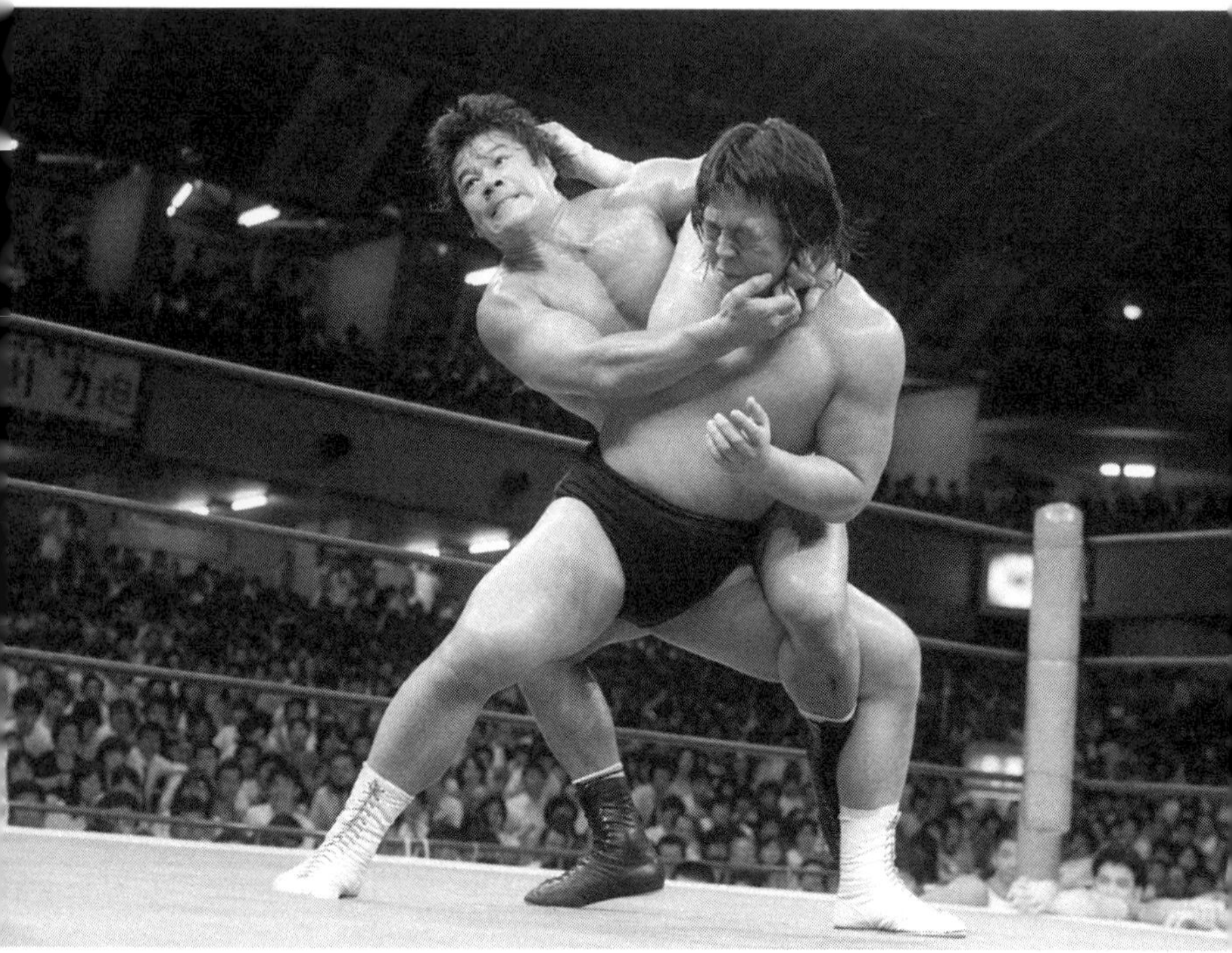

1983年8月4日、蔵前国技館。長州を破る。(提供:山内猛)

この1983年は、その後、9月2日に福岡スポーツセンター、9月21日に大阪府立体育会館で長州とシングルで闘い、結果はいずれも両者リングアウトだった。

長州の反逆から広島での一騎打ち後、1年間で8試合もシングルで対戦した。私と長州の試合はドル箱カードで、それは興行的にどれだけ求められていたかの表れでもあった。しかし、正直なところ、闘いを重ねていくうちに、反逆された当初のガチで憎い感情や闘争心が薄れつつあった。

最初は、築いた地位を長州に奪われまいと必死になったが、あれだけ試合が組まれると、どこか営業として「やらされている」感が出てしまって、気持ちの面でテンションの高め方が難しかった。

クーデター

新日本が旗揚げ11年目を迎えた1983年は、会社の中で激震が起きた年だった。

8月25日に緊急役員会が開かれ、猪木さんが社長を辞任、坂口さんも副社長から取締役へ降格、さらに新間さんへ謹慎処分を下されたのだ。代わって、山本小鉄さんとテレビ朝日から出向してきた望月和治さん、大塚博美さんの3人が代表に就任するトロイカ体制になった。

団体を創設した猪木さん、副社長として支えた坂口さん、様々な企画で会社を盛り上げてきた新間さんの3人が揃って辞任に追い込まれた。原因は、不透明な経理だった。レスラーがリング上で血と汗を流して稼いだ利益が、猪木さんの個人企業である「アントンハイセル」へ流れていたという疑惑を、山本さんと営業部長の大塚直樹さんらが中心となって問題にし、会社のトップ3人が引責する事態となった。

私も山本さんの考えに賛同し、他の数多くの選手、社員も心を一つにした。振り返るとあの頃は、猪木さん、坂口さん、新間さんの経営サイドが、将来新日本をどういう方向に持っていこうとしているかというビジョンが下りてこなかった。猪木さんは、プロレスだけでなく、個人的な野望として実業家としても成功し、社会的にも高い地位を確立する未来像を描いていたと思う。それは、不動産業などで実業家として輝いた力道山先生の姿を間近に見て影響された部分だったのだろう。ただ、それはうまくいかなかった。会社全体の利益よりも個人の夢に走るそんな姿を見て、我々レスラーは余計に心が離れてしまったのかもしれない。

一方、山本さんはマッチメイクなど現場を管理しており、選手に近い立場にあった。そうなると、選手は現場の声を尊重する山本さんの考えを支持し、猪木さんに退陣を迫る血判状まで作ったほどだった。私は、日プロ時代から山本さんに公私ともにお世話になっており、信頼を寄せていた。その山本さんが疑いを抱くような、会社の金銭が別のところで使われていることが事実なら、その矛盾を消したい。旗揚げ当初のファンに素晴らしいプロレスを見せようと一致団結していた新日本に戻したかった。

体制が変わり、会社が激しく揺れたことで慌てたのがテレビ朝日だった。当時は視聴率20パーセント時代。万が一、新日本が分裂すれば、局としてはゴールデンタイムの看板番組を失うことになってしまう。結果、テレ朝の幹部が事態の収拾に乗り出し、11月11日に臨時株主総会で猪木さんは社長へ、坂口さんは副社長へ復帰し、山本さんは取締役へ降格する人事が決まった。私は、一時は山本さんを支持したが、猪木さんの復帰は、それが新日本のあるべき姿だと思っていた。だから、何の不満もなかった。元の形の新日本に戻って、再出発しようと気持ちを新たにしていた。

一連の動きは、後に「クーデター事件」と呼ばれ、会社の内部事情が広く知られることになったが、私は「クーデター」ではなく、みんな誰もが会社を改善しようと動いた結果だったと思う。山本さんは2010年8月28日に68歳で亡くなった。レスラーとしても人間としても育てていただいた山本さんには、感謝しても感謝しきれないが、猪木さんを降格させたあの時だけは、山本さんが橋渡し役となって猪木さん、坂口さん、新間さんを選手、社員の前に呼んで話し合いの場を作って欲しかったという気持ちはある。話し合いさえすれば、同じレスラーなのだから心を通じ合わせられる部分はあったと思う。そうすれば、事態は違う方向になったのではないかと思う。その1点だけが悔やまれる。

この激震の渦中で新日本は大きな財産も失った。絶大な人気を獲得していた佐山サトルのタイガーマスクが突如、引退してしまったのだ。カリスマ的な存在だったタイガーマスクの引退は、リング上から大きな宝がなくなってしまったようなものだった。リング外では、猪木さんと坂口さんが復帰したもののフロントトップだった新間さんが退社してしまった。猪木さんの右腕として新日本を隆盛に導き、私にとってもジュニアヘビー級という道を切り開いてくれた新間さんの退社は無念だった。騒動を収める部分で誰かが犠牲にならないといけなかったかもしれないが、新間さんの退社は、その後の新日本、さらにはプロレス界にとって大きな出来事だった。

2・3雪の札幌

リング内外で激震に見舞われた1983年が過ぎ、年が明けた84年は、いきなり想像だにしない「事件」に巻き込まれた。

それは2月3日、札幌中島体育センターで長州との一騎打ちで起こった。テレビ生中継の一戦で、長州が入場すると藤原喜明が凶器で襲撃し試合が不成立になったのだ。

全く予期していない事態に私はリングへ駆け上がり、大流血した長州を攻め、アニマル浜口さんから「お前がやらせたのか！」とマイクで迫られ、止めに入るミスター高橋レフェリーをボディスラムで叩きつけた。私と長州の試合は、ファンが最も期待するドル箱カードで、札幌では初の対決だった。その看板試合をこんな暴挙で妨害され、怒りが爆発した。雪が降る中をタイツ一枚で会場を出て、記者に「こんな会社辞めてやる！」と吐き捨て、タクシーに乗り、ホテルへ戻った。

後に「雪の札幌事件」「藤原喜明テロリスト事件」などと表現された前代未聞の襲撃は、長州の反逆の時と同じように、私は事前に全く聞いていなかった。

藤原は、道場の「セメント」では随一の実力を持ちながら、試合では、前座や中堅を温める存在だった。自分にはスポットライトが当たらない中で私と長州の試合が高い注目を集めたことに不満があったのだと思う。その感情に誰かが火を付け、あんな大胆な行動をけしかけたのだろう。それは猪木さんなのかも分からないが、「こんな会社辞めてやる！」と言ったのは、藤原をけしかけた人間への怒りだった。同時に長州が出現した時もそうだったが、私自身がリング上で順調に進むと横やりを入れ、行く手を遮るやり方にも我慢の限界だった。

私の考えとは裏腹に藤原は、一夜にして「テロリスト」として脚光を浴び、メインイベンターとなった。あの襲撃事件は、新日本全体で見れば藤原という新しいスターを作ることに成功したのだ。

　また、仮に藤原へ行動を促したのが猪木さんであるとするなら、全国どこの会場でも私と長州の試合がヒートアップすることに猪木さんは面白くない感情を抱いたのかもしれない。そこで、藤原を絡ませることでファンの目線を変えようと狙った可能性はある。常に最高の注目を集めたいメインイベンターなら、そう思うのは当然だ。あの札幌の夜、私は激怒したが、冷静に振り返ると様々な思惑が見えて来る。

　ところで、会場を怒りに任せてタイツ一枚で飛び出た私がホテルに戻ると、札幌雪祭りの開催期間中でロビーは観光客で混みあっていた。その中を長州の返り血を上半身に浴びた黒のパンツ一枚の私が入っていったから、みんな驚いていた。とにかく札幌から出たかった私は、部屋でシャワー浴び、着替えてチェックアウトしタクシーで千歳空港へ向かった。

　到着すると、もう既に最終便は飛び立った後で、空港は閑散としていた。仕方なく再び同じホテルへ戻り、再びチェックインしたのだが、何ともバツが悪い恥ずかしさでいっぱいだった。雪の札幌は、怒りと恥ずかしさが交錯した夜だった。

ノーテレビ長州戦

雪の札幌で新たに藤原が脚光を浴びると、私と長州の抗争は、トーンダウンしていった。長州は、ターゲットを猪木さんに絞り、私よりも猪木さんの好敵手となっていった。そんな変化を象徴していたのが、試合不成立になった札幌の次の一騎打ちにテレビ中継がなかったことだ。「第2回ＩＷＧＰ」のリーグ戦として6月10日に静岡産業館で闘い、私はリングアウトで敗れた。

次に7月5日に大阪府立体育会館で闘ったが、この時、私はエル・カネックとシングルで対戦、長州もタッグで出場した後の1日2試合という異例の形でメインを務め、私が反則で長州を破った。

蔵前のメインを飾った2人の闘いも完全に色褪せ、この2試合の記憶はほとんどない。大阪での1日2試合は、私がアピールして実現したのだが、どんな思いで提案したのかも覚えていない。私自身がそんな感じだから、ファンの方にも印象は薄かったのではないかと思う。

さらに、試合不成立になった札幌中島体育センターで7月20日、ＷＷＦインター選手権で長州と対戦し、バックドロップで長州からピンフォールを奪った。この試合を最後に私と長州の闘いは途切れた。

そして、2か月後の9月21日に長州は維新軍のメンバーと共に新日本を離脱した。抗争がスタートした82年10月から1年9か月で、試合不成立の札幌を含めると12試合をシングルで闘った。長州と連日やり合っていた時は、途方もなく長い気がしたが、実際は凄く短かった。しかし、濃厚な時間だった。

今、長州との抗争を振り返ると、古舘アナウンサーに「名勝負数え唄」と表現されるなど、一時代を築いた自負がある。長州と出会う前は、ジュニア王者の地位に安住し自信満々で天狗になっていたと思う。そこに突如彼が立ちはだかり、憎しみをぶつけられたことで、私は覚醒しプロレスのさらなる奥深さを味わった。

言えることは、長州との「名勝負数え唄」がなければ、今の藤波辰爾はいない。あの抗争がレスラーとして私のポジションを大きく成長させてくれたことは間違いない。

9章「UWF」との対峙

大量離脱

長州は、1984年9月の「ブラディファイトシリーズ」最終戦を終えた翌日の21日にアニマル浜口さん、小林邦昭ら維新軍のメンバーと記者会見し新日本からの離脱を発表した。

彼と行動を共にしたのは総勢13人。大量の選手が新日本を去った。長州達は新たにジャパンプロレスを設立し、翌1986年1月から全日本に参戦した。

これほどの選手が一気に離れたのは、旗揚げ以来初めてだった。さらにこの年の4月に旗揚げしたUWFへ前田日明、藤原喜明、髙田延彦（当時は、伸彦）、そして旗揚げメンバーだった木戸修さんも移籍しており、次々とファンに支持された選手がいなくなった新日本は存亡の危機に陥った。

たった6人で旗揚げし、スタートした新日本だが、プロレス界では、団体の所帯が大きくなると必ずこういう問題が起きる。日本プロレスも豊登さんが辞めたり、吉原功さんが退社し国際プロレスを設立したり、猪木さんが追放されたりなど、様々な問題が表面化し、離合集散が繰り返されてきた。

私が思うのは、レスラーが動く時は金銭的な理由だけではない。自分の発言権、プライドが満たされなくなった時に動くものだ。大切なことは、コミュニケーション。そのために団体のトップと個々のレスラーを媒介する参謀の存在が不可欠だ。その意味で新日本は新間さんが辞めたことが大きかった。あの人はレスラーの気持ちを熟知し、なおかつ会社を繁栄させる気持ちが人一倍強かった。

あの昭和の時代で猪木さんの考えも理解し、配下のレスラーにも気を配ることができた貴重な存在だった。その参謀が消えたことも大量離脱につながった要因だっただろう。

長州が辞めた理由は、彼自身が新日本にいては、レスラーとして限界が来ると思ったのだと私は推測している。それは、離脱する1か月前の8月にパキスタンへ遠征した時だった。8月12日にクエッタのアエブスタジアムで抗争中の私と長州がタッグを組んだのだ。試合を中継するテレビ朝日と猪木さんの思惑で敵対する2人のタッグが実現したのだが、あまりにも突然の出来事で、私も「なぜ長州とタッグを組まなくてはならないのか」と疑問に思った。

長州もあのタッグは不本意だったはずだ。あの時、感性が鋭い長州は、このまま新日本にいては、一生猪木さんの言いなりで上には行けないと確信し、離れることを決意したのではないだろうか。あのパキスタンでのタッグが長州が離脱を決めた背景だったと考えている。そういう意味で私にとってパキスタンは長州と別れた場所でもある。

ジャパンプロレスを設立したのは、新日本を退社した営業部長だった大塚直樹さんだった。私もジャパンの関係者から遠回しに誘われたが、新日本に残ることを決断した。多くの選手が動いたから、「自分はそうは簡単に行くか」という意地があった。何より、旗揚げメンバーの私にとって、あの苦労がずっと残っているから新日本を出ることなど考えられなかった。存亡の危機で会社の経営が傾いた時は、自宅のマンションを売って、その資金を会社に提供するつもりだった。

リング上で宿命のライバル、長州と決別した私には新しい闘いが待っていた。

マシン軍団

長州達が離脱し、代わって新日本マットに出現したのがマシン軍団だった。

国際プロレスのレスラーだった若松市政さんがマネージャーを務めたマシン軍団は、一時は1号から4号までメンバーが増え、同じ覆面、コスチュームをまとっていたため、タッグマッチだと誰が入ったか分からなくなるところが特徴でもあった。

初めて登場したのは、長州の最後のシリーズとなった「ブラディファイトシリーズ」開幕戦（1984年8月24日、後楽園ホール）だった。最初は漫画の「キン肉マン」となって登場する計画だったが直前に肖像権などの問題が発生し、覆面の上に目出し帽をかぶった姿で乱入してきた。

長州達が抜けた直後の「闘魂シリーズ」から本格的に猪木さんの宿敵となったが、正直に振り返ると、マシン軍団のアイデアは興行的に話題を作るための苦肉の策だった。長州の維新軍が離脱し、ハルク・ホーガンやアンドレ・ザ・ジャイアントといった外国人の看板レスラーにも目新しさがなくなっていた。話題を提供するネタ切れ状態の中、生まれたのがマシン軍団だった。

マシン1号の正体は、平田淳嗣だった。平田は、性格的にも自分から率先して注目を集めたいタイプではなく当初、マスクをかぶることにも抵抗していた。ただ、最終的には自らの存在感を出すために、マシンの覆面をかぶったのだと思う。結果、レスラーになってから初めて光を浴びることになったが、それを彼がどう思っていたのか……本心は分からない。

マネージャーの若松さんは、真面目を絵に描いたような人で、全国どこの会場へ行ってもトレードマークの拡声器を持って必死で猪木さんに噛みついていた。コスチュームがユニークで失笑を買うリスクもあったが、あの真面目さで悪党に徹したことからファンの憎しみを買った。中途半端だったら受け入れられなかっただろう。若松さんのプロ魂がマシン軍団を作ったと言っても過言ではない。

マシン軍団で思い出すのは、出現から翌年となる1985年9月シリーズ「チャレンジスピリット」でアンドレが覆面をかぶり「ジャイアント・マシン」に変身したことだった。奇想天外なアイデアだったと思うが、テレビ視聴率を何とか繋ぎとめるため、苦肉の策だった。現場も視聴率を最優先に考え、それまでのアンドレの実績を考えずに突っ走ったと思う。ジャイアントマシンは、まさに迷走していた当時の象徴だった。

初めての両国

1984年9月に蔵前国技館が閉館となり新しい両国国技館で初めての試合が1985年4月18日だった。

メインイベントは、3月に全日本から引き抜いたブルーザー・ブロディと猪木さんの一騎打ちで、私はセミファイナルでストロング・マシン1号と対戦した。

新国技館は、蔵前とは雰囲気が違い、観客席からの声援が遠く聞こえるような感覚があった。あれから何度も両国のリングに立ったが、やはり私は、客席の緊張感をダイレクトで感じられた蔵前が好きだった。

最後の決め技には、ドラゴンスープレックスを使った。ジュニア時代の必殺技を繰り出したのは、初めての両国という意味もあって「ここで一発出すぞ」という意識があったからだった。レスラーは常にここぞという試合では、目を惹く何かをやろうと考えている。ドラゴンスープレックスで初の両国国技館でのインパクトを残したかった。

ただ、この頃から体調の悪化が始まった。痛みはないが腰にズーンと重いような違和感を覚えていた。朝もスムーズに起きられないことが多くあった。それなのに病院で検査を受けることもなく、試合前の準備運動で若い選手にほぐしてもらうとか、気になったら整体へ行くぐらいの処置しかなかった。

この時の判断が後年、大きなツケになって返って来ることになる……。

お前平田だろ

マシン軍団との抗争で、思い出すのも恥ずかしくなるマイクパフォーマンスをしでかしたのは、1985年5月17日、熊本市内の熊本県立総合体育館だった。

テレビ生中継で私がマイク・シャープを破った試合後、マシン1号がリングに上がり挑発してきた。この時、マイクを持った私は、マシンへ向かって「お前、平田だろ！」と正体をバラしてしまったのだ。控室に戻るとテレビ朝日のスタッフが入ってきて「藤波さん。あれはマズイですよ」と注意されてしまった。

マスクマンの正体を暴露するのはタブーで、そんなことは私も百も承知だ。なぜあの時、「平田だろ！」と言い放ってしまったのか。マイクパフォーマンスが苦手な私は、マイクを持ったあの時、「何か言わなきゃ」と焦ってしまったのだ。その一瞬の動揺が「マシン」と言わなければいけないところを、マスクの中の正体が頭に浮かんでしまい、「平田」と口走ってしまったのだ。

気恥ずかしい限りの熊本でのマイクだったが、あの時はテレ朝のスタッフからの苦言に「そんなの知ったこっちゃない。言ってしまったものは仕方ない」と腹を括っていた。ましてやテレビ生中継で取り消せるわけもなく、「後はなるようになれ」と思っていた。

あの頃は、長州達がいなくなり、思うような試合ができなかったイライラ感が募っていた時期だった。リング上を盛り上げているマシン軍団の雰囲気を壊すつもりはなかったが、「平田だろ！」と口走ってしまった根底にはそんな心の奥底にあった鬱憤もあったかもしれない。

9・19東京体育館

興行的に苦戦した1985年は、各シリーズの最終戦で組む目玉カードがなくなっていた。猪木さんは、ほとんど毎回移籍したブロディと対戦し、ブロディが来日しないシリーズは、カード編成に苦戦した。

アンドレがジャイアント・マシンへ変身したシリーズ「チャレンジスピリット」は、苦境を象徴するシリーズだった。最終戦の9月19日、東京都体育館のメインイベントは、ついに組むカードがなくなり、私と猪木さんの「師弟対決」をやらざるを得なくなった。興行的にもテレビ視聴率的にもファンをつなぐには、2人が闘う以外に策はなく、ある意味、注目を集めるための最後の究極とも言えるマッチメイクだった。

試合前の心境は、1978年5月に初めて猪木さんと対戦した秋田の時とは全然違った。沈もうとしている新日本を何とかしたかった。ファンの期待に応えるには、「マシン軍団」ではなく、ストロングスタイルをしっかり見せることだと確信していた。そんな自分の思いを猪木さん相手に表現しようと誓ってリングへ上がった。

先に入場した私は、猪木さんがリングインする時にロープを開けてリングへ招き入れた。あの行動は、師弟である私と猪木さんだけの世界をファンに見せたいという思いからだ。それまでの猪木さんとの対決では、そんなことをする余裕はなかった。

私は、大きな試合が決まると、控室、移動時、自宅でも1人になった時に試合についていろんなシチュエーションを想像する。対戦相手、闘うまでの経緯を思い浮かべ、ファンは、試合でどういう光景を期待するのか、そのためにはどう動けばいいのか、どんな技を出すのか、対戦相手はどう動いてくるかなどを組み立てるのだ。

その時は、自分を客席に座らせてみる。そこからリングに立つ自身を想像して頭の中で絵を描くのだ。そうすると、試合では、シミュレーションした通りの動きができ、お客さんは思った通りの反応を示してくれる。

ただ、相手がいるわけで、全てがうまくいくはずはない。これは面白いもので、想定外のことが起きた方が体が反応する。自分でも予想が付かない動きになった時、ファンは、さらに高い反応を表してくれる。ここがプロレスの奥深いところで、最高の醍醐味だ。

この猪木戦も試合直前までシミュレーションを繰り返した。その中で他のレスラーでは絶対にできない私と猪木さんだからこそ生まれる「師弟対決」の色を鮮明にするために、師匠に敬意を表し、リングへ招き入れる行動を表現したのだ。

試合では、私の足4の字固めに猪木さんが耐える長い攻防があった。この時、猪木さんは私に向かって「折れ！」と何度も絶叫した。この挑発こそ猪木流の試合だった。足4の字など固め技になると、リング上の攻防が止まってしまう。ともすれば、レスラーが息を整えているように見られてしまう。その時、会場全体に、どこか一休みする空気が生まれる。極端な話、トイレでも行こうかと席を立つファンがいてもおかしくないムードになる。

猪木さんは、絶対にそんなふうにはさせなかった。動きが止まる攻防でも観客や視聴者に安心感、一服をさせない。「折れ！」と叫ぶことで、動かない展開の中でも会場に緊張感を与えたのだ。

猪木さんは常々、「リングに上がったら手の指先から頭のてっぺんまで神経を研ぎ澄ませ、気を抜いたらダメだ」と指導していた。その姿勢が猪木さんの基本で、あの足4の字の中でも細部にわたり、観客を惹きつけるべくシビアな姿勢を貫いた。

私は、4の字をかけながら、「折れ！」と叫ぶ猪木さんのそんな姿を目の当たりにして素直に「凄い」と脱帽した。しかも絶叫する猪木さんはいい顔をしていた。それは、しばらく忘れていた純粋なプロレスラー、アントニオ猪木に戻った表情だった。

試合は、猪木さんの卍固めでレフェリーのルー・テーズさんが試合をストップし私は敗れた。長州達が出ていく中で自分は、新日本に残った。その中で猪木さんを倒せば、トップに立てる意識はあった。ただ、団体を背負う猪木さんの辛さも理解できた。私の中で、どこかで猪木さんという存在に傷をつけず残さなければならないという意識もあった。そこが私の優しさというか非情になり切れない弱さかもしれない。

敗因もまさにその部分だった。それでも猪木さんと納得する試合ができた東京都体育館で、長州を失いリング上で消えかけていた私の闘志に再び火が灯った。

テーマソング

東京都体育館での猪木さんとの試合当時は、ピンク色のジャンパーで入場していた。

あれは、PERSON'Sを手掛けたデザイナーの池田ノブオさんがデザインしてくれたものだったが、レスラーの入場時のガウンでピンク色は、当時はご法度。初めて着た時は、凄く勇気がいった。

それでも敢えて着ようと思ったのは、ピンク色はそれまでの私自身のプロレス人生、プロレス感にはなかったものを象徴しているようで、ステップアップして新しい一歩を踏み出すために決断した。

ガウンだけでなくテーマソングも、ジュニア時代から慣れ親しんだ「ドラゴンスープレックス」から「マッチョドラゴン」へ変えた。

テーマソングでインパクトが強いのは、猪木さんの「炎のファイター」、長州の「パワーホール」だろう。長州と闘う時に「パワーホール」を聞くと、彼のイメージにピッタリで「いいテーマだな」と惹かれたほどだった。それに比べると、私の「ドラゴンスープレックス」は、少し軽く感じていた。そんな時に知人から変更を勧められ決断した。

ただ、「マッチョドラゴン」で困ったのは、曲に詞をつけて私が歌うレコードとして発売するのが決まっていたことだ。これは、宣伝担当の社員が全日本のジャンボ鶴田さんがレコードを出したのを見て「藤波さんもレコードを出しましょう」とプッシュしたことで実現した。

歌はカラオケぐらいは行っていたが、人前で歌った経験などなく、抵抗はあったが、会社の宣伝のためならと思って、勧められるがままにレコーディングした。

同じ時期に「ドラゴン体操」という子供用の歌も収録した。これは、プロモーションビデオも撮影し、真夏にどこかの遊園地で子供達と撮影したが、子供達がバテてしまい大変なロケだった。

どちらも、自分自身の中で1度きりの思い出として残すのもいいだろうと考えて、割り切ってやったが、今ではいろんなお笑いタレントにネタにされて、正直気分が悪い時もある(笑)。

選手にとって気分を高める入場テーマは重要だが、私は新しくすることに、それほど抵抗はない。ここ最近は原点回帰の意味を込めて「ドラゴンスープレックス」を使っていたが、50周年を機に再び上昇したいという意味を込めて秋から「RISING」を使っている。

いつか、「ドラゴンスープレックス」、「マッチョドラゴン」、「RISING」、「超飛龍」の4つを全部つなげて入場するのもいいかなと思っている。

猪木さんに初めてのフォール勝ち

仙台は猪木さんに初めてフォール勝ちした思い出の地だ。

1985年12月12日、仙台市の宮城県スポーツセンターで行なわれた「IWGPタッグリーグ戦」決勝戦で木村健吾と組んだ私は、猪木さん、坂口征二さんの「黄金タッグ」と対戦し、猪木さんをドラゴンスープレックスで破ったのだ。タッグマッチとは言え、デビュー14年目で初めて「猪木越え」を果たし、リング上の勝利インタビューでは「やったー！」と絶叫した。

喜びを爆発させた私だったが、今思うとあの勝利は、猪木さんの感性が導いた結果だったと思う。その理由は、この試合の直前に起きた想定外の事態にある。

この日、ジミー・スヌーカをパートナーにリーグ戦に参加していたブルーザー・ブロディが新日本の待遇に不満を爆発させ、試合をボイコットしたのだ。ブロディの真意は定かではないが、私は一つの要因として、全日本との興行戦争で外国人の引き抜き合戦を繰り返した結果、外国人レスラーが団体の足元を見たことにあると思う。つまり、新日本が嫌になれば全日本へ移ればいい、という態度で団体側と接し、それを武器に金銭を含めた交渉を優位に進める思惑があったと考えている。人気外国人と団体の力関係が逆転したところに、ブロディに試合ボイコットという契約違反へ走らせたのだろう。

1985年12月12日、宮城県スポーツセンター。猪木さんをドラゴンスープレックスで破る。(提供：山内猛)

そして、猪木さんは、現実に起きたハプニングをプラスに転換しようとするレスラーだ。つまり、自らが私に負けることで、ブロディがボイコットしたマイナスを上回るインパクトを残そうと考えたのではないか。あのドラゴンスープレックスは、本来の猪木さんなら意地でも返したはずだ。ところが、あの時のブロディボイコット直後の雰囲気を見て、敢えて返さなかったのだと思う。

私がそう確信するのは、試合後にこの試合のビデオを見た時だった。リング上では勝利の喜びがいっぱいで、気が付かなかったが、私に敗れた瞬間、画面に映った猪木さんがニヤッと笑っていたのだ。長年猪木さんに付いてきた私には、あの笑顔は無意識ではなく、わざと作った笑みだと分かった。表現は悪いが負けたことへの確信犯的な微笑みを見た時に、猪木さんの思惑を私は理解した。

では、私がそんな猪木さんに不信感を持ったかと言えば、全く逆で「やっぱり、猪木さんは凄い」と思った。なぜなら、自らの体を張って団体のマイナスイメージを帳消しにしたのだ。これぞ「アントニオ猪木」で、私はまだまだその領域には到達していないと思わされた。そんな仙台での猪木さんへの初勝利だった。

UWF参戦

1986年、UWFが新日本に参戦した。UWFは、「クーデター事件」で退社に追い込まれた新間寿さんが1984年4月に旗揚げした新団体だった。正式名称は「ユニバーサル・レスリング・フェデレーション」で団体設立には、猪木さんも関わっていたことが後に明らかになっているが、私自身、当時UWFが誕生した経緯の詳細は知らなかった。

旗揚げ前には、前田日明、ラッシャー木村さん、剛竜馬が新日本を離れ、UWFへ移籍した。その後、藤原喜明、髙田延彦、木戸修さん、そしてカール・ゴッチさんも最高顧問として参加した。さらにタイガーマスクを引退した佐山サトルも参戦し、従来のプロレスとは一線を画す競技のようなルールを制定、スタイルもキックと関節技を軸にする、道場のスパーリングの延長のような試合を実践していた。

ただ、経営的には行き詰まり、85年9月を最後に興行は停止となった。その後、佐山がUWFを去り、そこへ長州達が抜けて話題が少なくなった新日本が目を付け、人気回復を狙い提携する形で86年1月から参戦することになった。

前田や藤原、木戸さんにとっては古巣への復帰でもあったが、私にとってUWFは脅威の存在だった。その理由は、彼らのスタイルが我々のプロレスを壊そうとする危険なものだったからだ。

ＵＷＦのスタイルは、前述した通り、新日本の道場でやっていたスパーリングが基本だが、それをそのまま試合で続ければ選手はケガをする危険が高くなるし、体がもたない。プロレスは互いの技を全力で受けることが基本で、それがなければ、ファンを納得させる試合は見せられない。リング上で互いが自分だけが目立つことを考え、攻める一方では試合は成り立たないのだ。

格闘技経験のない私は、試合の中で相手の技を真っ向から受けることが沁みついている。それが結果的に相手を光らせることにつながっているが、もう少し詳しく書くと私が常に描いている理想的なプロレスの試合展開は、「町のケンカ」だ。

例えば、町の中で知らない人同士が出会ってからケンカにまで至ることを想像して欲しい。すれ違いざまに、いきなり殴り合いが始まることは、まず考えられないだろう。最初は、何かのきっかけでお互いに会話が生まれ、そこから口論になり、果ては、手が出て、激しいケンカになることが普通の流れだろう。

プロレスの試合もこの流れが理想だ。ゴングが鳴って、いきなり激しい張り手合戦とか蹴り合いからスタートするのは理にかなっていない。まずは、出会って町の中での会話のように互いがロックアップして、グラウンドの攻防で出方を探る。そこから、動きが徐々に激しくなり、最後はケンカのようにヒートアップしていく展開が説得力のある試合と言える。どちらかが一方的に攻撃するのは、ケンカではなく、表現は悪いがリンチのようなものだ。

だが、UWF、その中でも特に前田は、こうした私が考えるプロレスの伝統的な試合の流れを否定して相手を倒し、自分だけが攻めることを主眼にしていた。それは、これまでのプロレスの破壊で、私は警戒を強めていた。

後にメガネチェーン大手の「メガネスーパー」が巨大資本を引っ提げ、様々な選手を引き抜き1990年に「SWS」を設立した時に「マット界の黒船」などと恐れられたが、私は、これまでのプロレスとスタイルが変わらない「SWS」には全く脅威を感じなかった。

UWFは違った。

根底からプロレスの概念を覆そうとする彼らの思想を見て、歴史を変える存在とすら考えていた。

私の不安が現実になったのが、前田と初めて対戦した1986年3月1日、後楽園ホールでの6人タッグマッチだった。

私は、木村健吾、越中詩郎と組み、前田は、藤原、髙田とのトリオで互いに闘った。この試合で私は前田の左ハイキックを顔面に受け、意識が飛んでしまったのだ。キックを食らった瞬間、痛さよりもフワァ〜と生暖かいような感覚を覚えて、そのまま前のめりに倒れてしまった。

この後は、何とか立ち上がり、試合は私がジャーマンスープレックスで高田を破り勝利したが、私を完全にKOした蹴りは正直、これまでの対戦相手には感じなかったプロレスを壊そうとする脅威を覚えた。

一方でこの時、別の思いを抱いていた。あの時、私は完全にKOされていた。前田はカバーすれば、3カウントどころか、4まで数えても私は返すことはできなかっただろう。だけど、前田はフォールすることはなかった。その行動に前田が我々のスタイルを尊重している意思も感じたのだ。

様々な感情が交錯した前田の左ハイキックだったが、この時もしかすると、前田の蹴りは「やっちゃいけない」と考えるレスラーもいたかもしれない。だけど、格闘技経験がなくプロレスが全ての私にとって、プロレスにおいて明らかな反則や急所攻撃以外で「やっちゃいけない」ことなどないと思っている。例えば私がMSGで初めて公開したドラゴンスープレックスも、あの時のニューヨークでは「やっちゃいけない」危険な技で周囲のレスラーから白い目で見られたように、私自身、従来のプロレスにおける価値観を破壊した過去がある。

そういう意味で今、あの試合を振り返り思うことはUWFスタイルへの脅威と私自身への憤慨だった。あの蹴りを浴びて、KOされた自分自身がとにかく恥ずかしかった。これまで私が経験したプロレスでは、あんなハイキックを受けたことがなかった。それを現実に浴びた時、予想通りUWFの怖さを思い知らされ、「こんな技があるのか」と学んだ。

だから、顔面に容赦ない蹴りを放った前田に対して不愉快な思いは全くなかった。そして、前田があの蹴りに象徴されるように我々のプロレスを壊そうとするなら、これに対抗しなくてはいけないと覚悟した。

私がKOされた前田との試合を見て新日本の選手の中には、UWFのスタイルをさらに毛嫌いする者もいた。会社もUWFを何とか取り込もうと、3月26日の東京都体育館では新日本とUWFの5対5イリミネーションマッチを組んだ。あの時は、本来なら私か猪木さんが前田とシングルで闘わなければいけなかった。そのマッチメイクができないところに、折り合うことのないスタイルの違いが表れていた。

UWFの参戦で私は、長州との抗争とは別の意味で新たな課題を突き付けられていた。

前田日明

ここで前田について書いてみたい。

まず、初対面が強烈なインパクトだった。あれは、1978年2月、私がMSGでチャンピオンとなり凱旋帰国した時だった。凱旋シリーズの開幕戦を控え、野毛の道場へ行った時、食堂でみんな集まって、先輩も後輩も隔てなく無礼講で酒を飲んでいた。

その時、見たことのない練習生が酔っ払って包丁を持って選手を追いかけていた。このまま放っておくと、本当に殺傷沙汰になりそうな雰囲気で、他の選手と一緒に私も酔っ払った男を取り押さえ、両手を背中に縛り付けて部屋へ放り込んだ。

その練習生が前田だった。これが私と彼の初対面だった。

前田は、身長190センチと体格も大きく将来を期待された若手だった。デビューから3年半でイギリスへ武者修行へ発ち、ヨーロッパヘビー級王座を奪取。1983年4月にはヨーロッパ代表として「第1回IWGP」に出場した。私とは、同じ年の暮れに「MSGタッグリーグ戦」に出場するなど、タッグをよく組んだが、その当時の彼の印象は薄く、正直言ってあまり記憶にない。

その後、UWFへ移り、新日本へ戻った時は、私の敵として対峙することになった。前田の試合で覚えているのは、アンドレ・ザ・ジャイアントとの一騎打ち（1986年4月29日、三重県津市体育館）だ。

試合は、アンドレが前田の攻めを全く受け止めず不穏な展開となり、無効試合となった。あんな試合は、2人にとって不本意だったと思う。恐らくアンドレにとってもあの試合は望んでいた内容ではなかったはずだ。

にもかかわらず不穏な試合になってしまったのは、UWFというよりも頑なに自分のスタイルを貫く前田に嫌悪感を持っていた新日本内部の雰囲気が外国人にも浸透したことが原因だったと考えている。

あの時、私は何とか試合を成立させようと、もがいていた前田を思い出す。その姿を見た時に前田も実は、UWFスタイルを貫くことに、そこまで意固地ではなく新日本のスタイルにも順応しようとしていたと感じた。むしろ、彼を頑なにさせたのは新日本の中でUWFを毛嫌いするムードが充満していたため、その空気への反抗が理由だったのではないかと思った。

UWFが参戦する直前の新日本は、マシン軍団がリング上の主役でもあった。前田の中には、そういうものに頼るのではなく、試合そのものを自分達が道場で磨いた技術をベースにしたかつての新日本のスタイルへ戻したい思いがあったのではないか、と考えている。

なぜ、そう思うかと言えば、彼も私も新日本の道場でプロレスラーとして切磋琢磨しゴッチさんから教えを受けたように同じ道を辿って成長してきたからだ。そんな思いから極秘で彼を激励したことがある。

あれは、前田が1986年10月9日にキックボクサーのドン・中矢・ニールセンと初の異種格闘技戦が決定する直前だった。この試合が正式に決定する過程で前田は、ニールセンとのマッチメイクを拒否した。アンドレとの試合での苦い経験から彼は、この試合の背景に新日本が自らを潰そうと仕掛けている思惑を感じていたようだった。これは、彼から直接聞いたわけではない。ただ、そんな話を漏れ伝えて聞いた私は、初めての異種格闘技戦が前田にとって大きな飛躍になると信じて試合を受けるよう、当時用賀にあったＵＷＦの道場で前田を説得しに行ったのだ。

私は前田に新日本は潰そうとかそんなことは考えていないことを訴え、前田は素直に耳を傾けてくれた。私の説得が通じたのかどうかは分からないが後日、彼は新日本へニールセン戦を受諾する返事をした。試合は素晴らしい内容で勝利し「格闘王」と呼ばれるきっかけとなった。

その時もそして今も思っていることは、前田と私が共通しているのは猪木さんから指導された「プロレスとは闘いだ」という哲学だ。新日本とＵＷＦで違うスタイルを追求したが、私と前田のプロレスへの姿勢、考えの根っこは同じだと確信している。

前田戦

当初は、脅威でもあった前田のプロレスへの思いを感じ始めた私は、彼とシングルで闘うことを決意した。

まず、５月１日の両国国技館大会でＵＷＦとの柔道勝ち抜き戦で対戦した。新日本の大将でリングに上がった私だったが、UWFの副将を務めた藤原との対戦で勝ったものの、大流血に追い込まれた状態で前田と初めてシングルで闘った。結果はTKOで敗れた。この勝ち抜き戦は私にとってその日2試合目でいわばハンディキャップを背負っての試合だった。

互いにまっさらな状態で対峙したのが、6月12日の大阪城ホールだった。この試合は、リーグ戦でチャンピオンを決める「IWGPチャンピオンシリーズ」で行なわれた。83年から毎年、総当たりリーグ戦で争ったIWGPだったが、シリーズ前のマッチメイク会議は紛糾した。誰もが猪木さんを前田へ当てることに抵抗していた。会社に信用されていなかった前田が猪木さんへ不穏な行動に出れば、会社としては興行的に大ダメージを負う。それは、まるで馬場さんへ挑戦状を送り続けながら、対戦が叶わなかった猪木さん自身の過去を見ているようだった。

ただ、新日本の中で前田を無視するわけにはいかない。そう思った私は、猪木さんに代わって前田と対戦することに手を挙げた。もし、私まで拒否すれば、ファンに新日本が前田から逃げたと勘違いされてしまう。それは団体の看板を傷つけることにもなる。「ストロングスタイル」のイメージを守るための決断だった。同時に前田と試合を重ねるごとに、プロレスへの意識も共通のものがあると感じ始め、彼となら新しいスタイルの試合ができるかもしれない、という望みもあった。

こうしてこの年の「IWGP」は参加全選手の総当たりではなく猪木さんと前田の試合を回

避するために、選手をA、Bの2ブロックに分け、各ブロックの最高得点者が決勝を争う形式に変わった。

試合当日、前田は容赦ない蹴りを立て続けに浴びせてきた。私は、後楽園の6人タッグマッチでKOされて以来、蹴りへの対応は覚え、蹴り足を捕まえてのサソリ固めなどで反撃した。

そして、アクシデントが起こった。コーナーに追い込まれた私へ前田が大車輪キックを浴びせたのだ。蹴りを食らった瞬間の痛みはなかった。何かがコツンと頭に当たったようだった。次に生ぬるいものが顔から上半身を伝った。気が付くと。右のこめかみから夥しい血が流れていた。かつて、チャボ・ゲレロ戦でドラゴンロケットをすかされ、大流血した時と匹敵するほどの夥しい鮮血に体が染まった。

最後は、前田のニールキックに私がジャンプしてのキックが同士討ちになり両者KOで終わった。決着は付かなかったが、ファンは、大きな歓声と拍手を送ってくれた。私自身、新日本の「ストロングスタイル」と「UWF」が最高の形で溶け合った最高の試合だったと自負している。この年の東京スポーツ新聞社制定の「プロレス大賞」でベストバウトも受賞した。周囲の評価は嬉しかったし、思っていた通り前田のプロレスへの熱意を肌で感じた一戦でもあった。

ただ、試合後の控室では、私に大けがを負わせた前田にいきり立っている選手もいた。憤慨している選手には「そんな大した問題じゃない」となだめたが、前田への不信感を強めた選手

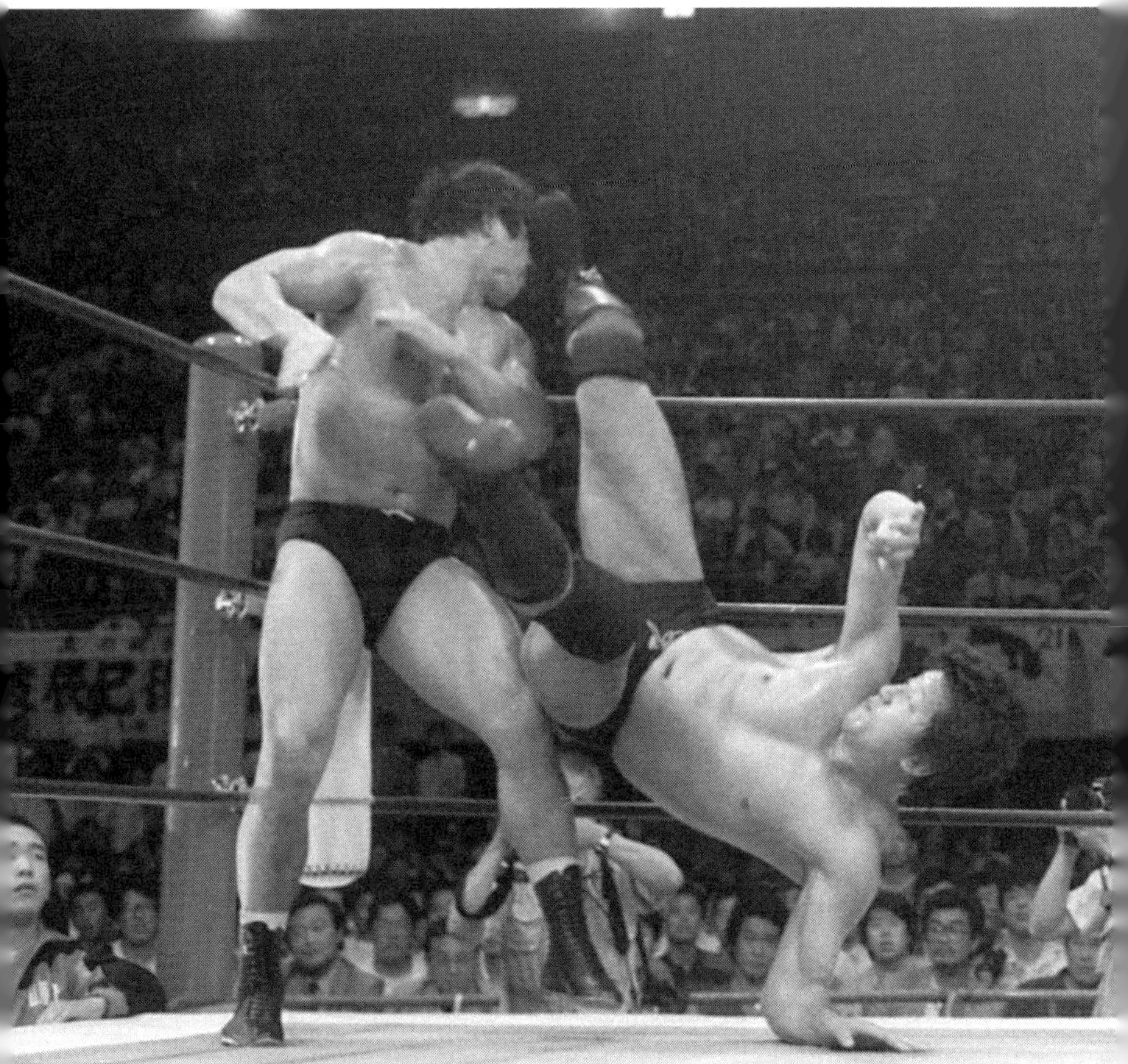

1986年6月12日、大阪城ホール。前田に大車輪キックを見舞われる。（提供：山内猛）

がいたことも事実だった。

試合後に傷の処置で病院へ行くと、医師からは「あと数ミリずれていたら、失明の危険がありました」と言われた。今後の試合に影響が出るから、チャボ戦でも傷口を縫うことはしなかったが、さすがにこの時は5針ほど縫った。傷跡は今も残っているし、右目の視力は左に比べ落ちている。車の運転も夜は危ないから控えている。

あれだけの試合ができたのは、前田の蹴りを徹底的に受けたことがあるかもしれない。ただ、これまで何度か書いているように私の受けは、相手を光らせることより、避ければ逃げていると思われるのが嫌で意地でも受けている部分がある。そして、レスラーは、必ず自分がリング上で引き立つことを考えているもので、私は、前田の蹴りを逃げずに受けることこそが自分自身が光ることにつながると意識していた。攻めよりも守り、受けの凄み、プロレスラーの肉体の強靭さを観客に訴えたのだ。結果としてそれが高い評価につながったと思う。

長州との抗争でも私は彼の技を受け続けた。長州はアマレスの基本がある選手で、空手出身の前田とはタイプが違う。「アマレス」「空手」といわば出身地が違うこの2人を「プロレス」へ引き込むのが私の作る世界観だった。それができたのは、何度も繰り返すが、私には格闘技のベースが何もなかったからだ。プロレスしか知らなかったからこそ、相手の技を受けるプロレスならではの基本で対抗できたのだ。

そして、あの大流血も前田戦ではプラスに働いた。リングで計算外の事態が起きた時、それが調味料になってプラスアルファとなる。完全なアクシデントとなった流血だったが、あの出来事があったからこそファンの中で今も鮮明にあの試合の記憶が刻まれていると思う。

これぞまさにプロレスの醍醐味でレスラーでなければ踏み入ることができない領域なのだ。

「金曜8時」の終焉

前田とシングルで闘った1986年は、9月いっぱいでテレビ朝日が「ワールドプロレスリング」の毎週金曜夜8時の時間帯での放送を打ち切った。

最後の金曜8時の生中継は9月19日、福岡国際センターからの試合で、私はブルーザー・ブロディとシングルで闘った。放送時間は、金曜日から毎週月曜日夜8時へ変更され、ゴールデンタイムでの放送は維持されたものの、力道山時代の1958年から「三菱ダイヤモンドアワー」の番組名で日本テレビ系で中継されてきた伝統のプロレス時間だった「金曜8時」からの撤退は、物凄く屈辱的だった。

80年代前半は、テレビ朝日へ行くと、社内に「ワールドプロレスリング　視聴率20パーセント」などの張り紙があって胸を張って局の中を歩いたものだった。ピークが過ぎてもプロレスに理解のあるテレ朝幹部の方々が「金曜8時」を守ってくれたが、視聴率の低下に歯止めが止まらずテコ入れをされてしまった。

その後、火曜夜8時に「ギブUPまで待てない!!ワールドプロレスリング」とバラエティのような番組になった時も複雑な気持ちだった。もう地上波テレビで「金曜8時」からプロレスが消えて35年以上が経つ。今は特番でもいいから、もう1度、「金曜8時」で地上波でのプロレス中継が復活してくれないかと祈っている。

武藤、凱旋

伝統の「金曜8時」を撤退し、月曜夜8時の時間帯へ変更になった1986年10月。「闘魂シリーズ」で武藤敬司が海外武者修行から帰国した。

柔道で全日本強化指定選手になった実績を持つ武藤は、1984年10月にプロレスデビューしている。この年は、長州、前田らが大量離脱した苦しい年だったが、新弟子には恵まれていた。武藤、蝶野正洋、橋本真也。後に「闘魂三銃士」と呼ばれる3人を筆頭に個性あふれる若手が前座戦線をにぎわしていた。

その中でも武藤は、早くから頭角を表し、デビュー2年目でアメリカへ海外武者修行に抜擢され、1年間本場でも活躍し、この「闘魂シリーズ」が凱旋シリーズだった。

私は、一気にメインイベンターの仲間入りを果たした武藤の帰国初戦で対戦した。試合は月曜夜8時となった初回中継の10月13日、後楽園ホールでの武藤登場が目玉だった。

新日本は、若手選手をじっくり育てる傾向が強かったため、武藤の抜擢には当時のファンは、首をかしげる部分があったかもしれない。この時期は、前田達のUWFが参戦しても人気は上がらず、時間をかけて選手に注目を集めるなどと、悠長なことを言っていられない事情があった。私もそれを受け止めざるを得なかったが、その分、試合では武藤へ厳しい攻めを浴びせたことを覚えている。

武藤とは、翌週の生中継となる10月20日の神奈川・大和車体工業体育館でもシングルで対戦した。2試合とも私が勝ったが、柔道出身にも関わらず柔道に染まっていない武藤のプロレスへの感性と勘の良さに将来性を感じたことは事実だった。

この月曜8時となった「闘魂シリーズ」では、武藤との2連戦以上に忘れられない試合がある。

10月27日、奈良県立橿原体育館での生中継でコンガ・ザ・バーバリアンと対戦した私は、ジャーマンスープレックスホールドで勝利した。しかし、ブリッジを失敗して顔面に激突したバーバリアンの背中に私の2本の前歯が突き刺さったのだ。

先述したように、体が硬い私にとってドラゴン、ジャーマンとブリッジで固めるスープレックスは自殺行為だった。しかも、バーバリアンは、身長190センチほど、体重も130キロの巨体。ジャーマンで投げる時に腰に手が回るか回らないかの状態で投げたところ、手が外れ、顔面に背中が直撃したのだ。

何とかブリッジは崩れず、ジャーマンで勝ったが、気が付いたら2本の前歯がリングに転がっていた。若手選手に歯を拾ってもらって、大阪・堺の実家にいた家内に電話をかけ、知り合いの歯科医を手配してもらった。

無理を言って夜中に病院へ駆けつけ、拾った前歯をくっつける手術を行った。その歯は、しばらくして使えなくなり、今はインプラントを入れている。

自分の歯がリングに転がっている光景は、ゾッとしたもので、あれからジャーマンが余計に怖くなった（苦笑）。

ワンマッチ興行

1987年1月14日、私は、後楽園ホールで木村健吾と日本マット史上初のワンマッチ興行で対戦した。

健吾は、ＩＷＧＰタッグ王座のパートナーだったが、前年の暮れに私へ挑戦を表明し、12月10日の大阪城ホール大会、年明けの1月2、3日の後楽園ホール2連戦での闘いを経て異例のワンマッチ興行で決着を付けることになった。

この健吾との抗争は、ハッキリ言って苦し紛れの企画だった。ＵＷＦとの対決も今一つ注目されず、人気外国人も招聘できない時期で何かないか？　と頭を悩ました挙句の果てのマッチメイクで、外国人を呼べば費用がかかるため、いわば経費削減の苦肉の策として健吾との試合が組まれた。

まるで成り行きのように闘ったワンマッチ興行は、果たしてファンが集まるのか心配だったが、全て当日売りの入場券は、徹夜でチケットを求めるファンが続出し、結果、超満員札止めとなり興行的には成功した。

試合は、私が逆片エビ固めで勝ったが、私としては、成り行きの中で組まれたワンマッチに、観客を満足させようという思いはなかった。前代未聞の興行で、どんな試合になるのか見当も付かなかったし、自分の面子を守るため、いつもの試合をやるしかないと腹を括ってリングに上がった。そんな、ある部分で自暴自棄のような心境のリングだったが、ファンは、熱心に温かく試合を見てくれた。新日本をずっと支えてくれたファンに救われた一戦だった。

私にとって、自分の面子を守るための試合だったが、闘った健吾は、必死だったと思う。健吾は、1973年に坂口さんと一緒に日プロから新日本へ移籍してきた。若手時代は、背が私より高く体格も猪木さんに似ていて、私なんかより将来は期待されていた。ジュニア時代も対戦したが、性格的におとなしくマイペースで、私以上に自己主張が苦手だったから、なかなかファンの注目を集められなかった。

そんな健吾が、私に牙をむいた行動は、一世一代の大勝負だったと思う。しかも、後からこの世界に入った長州や藤原に追い抜かれ、イライラも溜まっていたはずで、私への挑発は、健吾の本音が出たと思う。タッグ王者同士の対決は本来はタブーだが、健吾の中では何かの糸が切れたように突っ走ったのだろう。その衝動がワンマッチ興行という形になった。いまだに新日本での有料のワンマッチ大会は、あの時の私と健吾以外に実現しておらず、その意味で健吾は歴史を刻んだし、賭けのような興行ができたのは、新日本にパワーが残っていた証明でもあった。

旅館破壊事件

健吾とのワンマッチ興行は、1987年の年頭シリーズ「ニューイヤーダッシュ」中に急遽、日程を組み入れて行なわれた。

このシリーズには、今も語り継がれている事件が起きた。1月23日、熊本県水俣市体育館での試合後の旅館で新日本の選手とUWF勢が乱闘した「旅館破壊事件」だ。

発端は、坂口さんがギクシャクしている新日本とUWFの関係を修復させようと、水俣大会の試合後、水俣市内の旅館で懇親会を開いたことだった。大広間には、猪木さんを筆頭に坂口さん、私、そして新日本の若手選手、スタッフが参加し、UWFからは前田、藤原、髙田と全選手が出席した。

宴席は和気あいあいのムードで、私は自分の食事を済ませると、部屋へ戻った。ところが、何か外が騒がしいので宴会場へ戻ると、壁に穴が開き、便所は便器に水が詰まって溢れ出ていた。大広間に残って飲んでいる選手に聞くと、前田と武藤が殴り合って騒ぎになったという。

私は2人が殴り合った時大広間にいなかったので、実際のところは何が起きたのかは分からない。ただ、次の日、顔が腫れあがった武藤を見てビックリしたのは覚えている。

後から知った話では、武藤が前田へUWFのスタイルへの不満をぶつけたことから殴り合いにまで発展したと聞いた。前田も新日本へ戻ってきたが、思ったように人気が上がらずイライラしていたと思う。会社としては、当初、UWFと新日本の抗争で興行を盛り上げたかったはずだった。しかし、あまりにスタイルが違うため、ビジネス的なアイデアが出ないし、途中からは作ろうともしなかった。だから、私と前田の試合も大阪城であれほど評価されたのに、二度とマッチメイクされることはなかった。長州の時は、立て続けに一騎打ちを繰り返すことで、花が開いたが、前田とはそうならなかった。

前田も長州の維新軍のように行動すれば、会社の方針も変わったと思うが、そこは長州と前田のプロレスへの考え方の違いで、そうしなかったところに前田の価値がある。

「旅館破壊事件」を引き起こした根底にあったのは、前田が貫いたＵＷＦスタイルへのこだわりだったと私は思っている。

10章「飛竜革命」

長州復帰

UWFとの抗争は、結局、軌道に乗らなかった。こうした流れの中、1987年春、長州が新日本へ復帰した。

1984年秋に維新軍のメンバーと共にジャパンプロレスを設立し全日本へ参戦した長州の試合は、時間が合えばテレビで見ていた。全日本には、長州達の参戦に加え大相撲の元横綱だった輪島大士さんが入団し、この当時は、明らかに新日本を上回る活況を呈していた。さらにテレビ中継も1985年10月からは毎週土曜夜7時の放送と、ゴールデンタイムへ復活しマット界の中心に、全日本が座っていた。

大いに盛り上がった全日本マットだったが、私には全日本で闘う長州の印象をどこか1人だけ浮いているように映った。表面上は暴れているように見えたが、あれだけ何度も対戦した私の目には、どこか足踏みをして、力をセーブしているように見えた。顔は、ストレスが溜まっているようで、その姿を見た時に遅かれ早かれ長州は、新日本へ戻って来ると直感した。

レスラーは、金銭も大切だが、やはり、リング上で自分が納得できるファイトをできるかどうかが一番だ。ましてや長州は、一直線で嘘の付けない性格で、自分がストレスを抱えた状態で試合を続けることにはいずれ限界が来ると確信していた。だから、復帰が決まった時、「やっぱり、そうなったか」と思い、さほど驚きはなかった。

長州は、ＵＷＦと違って、新日本にとって唯一であり最大のライバルである全日本へ参戦した。これは、ハッキリ言って完全な裏切り行為だった。普通、そんな選手を再び団体へ戻すことは考えられない。それでも興行のために、全てを白紙に戻し復帰させてしまうところが、新日本というか猪木さんの凄さだろう。復帰を予想していた私だったが、正直、内心は複雑だった。もろ手を挙げて歓迎したわけではなかったが、旗揚げから新日本にいた私は、団体が発展することが第一で当時の台所事情も分かっていたから、個人的な感情は全て抜きにして、受け入れた。

長州はこの年の4月27日の両国国技館大会に出現し、そのまま参戦するはずだったが、日本テレビとの契約問題ですぐにはリングに上がれなかった。さらに長州の試合をテレビ朝日がこの年の10月まで放送できないという状況にも追い込まれた。復帰する時には、ジャパンプロレスが分裂するなど人間関係にも悩んだだろう。長州自身、新日本へのＵターンは当初、辛い日々が続いたと思う。

世代闘争

テレビ局との契約問題で思うようにリングで存在感を示せなかった長州だったが、新たな流れを作ろうと動いた。

6月12日、両国国技館でのＩＷＧＰ優勝戦で猪木さんがマサ斎藤さんを破った試合後にリングへ乱入し、「世代闘争」をアピールしたのだ。

私は、このシリーズ中にケガで欠場し、放送席でゲスト解説をしていた。長州からは試合後にリング上でアピールすることは、一切知らされなかった。マイクを持って「藤波！」と名指しされた私は、リングへ上がらなければならない状況になった。そして、長州から「お前ら噛みつかないのか！」とアドリブで迫られた。

あのセリフを言えるところが長州の感性だが、そこまで言われると、よもや「噛みつかない」と言うわけにもいかない。同時に、長州だけにいいところを奪われ、先を越されてたまるかという思いが生まれ「やるぞ！」と同意せざるをなくなった。前田、木村健吾らもこの輪に加わり、我々と猪木さん、坂口さん、マサさんら旧世代との「世代闘争」が火ぶたを切った。

新世代と旧世代の本格的な激突は、8月19、20日の初の両国国技館2連戦「サマーナイトフィーバーイン国技館」で行なわれた。初日のメインは5対5イリミネーションマッチで、新世代は、私、長州、前田、健吾、スーパー・ストロング・マシン、旧世代は猪木さん、坂口さん、マサさん、星野勘太郎さん、藤原だった。２日目に私と長州が組んで、猪木さん、マサさんと対戦する予定だった。

ところが大会直前にマサさんが急遽、欠場になってしまう。代わって入ったのが、当時24歳の武藤だった。我々世代よりも下の武藤が猪木さんと同じ世代に入ることは、もはや「世代闘争」の体をなしていなかった。完全に苦し紛れの人数合わせだったが、武藤を入れたのは、我々には前田が加わっていたからだった。これは、猪木さん自身なのか周りの判断なのかは分からない。いずれにしても、何をするか分からない前田から猪木さんを守る人間を入れる必要があったのだ。

試合は２日間とも、我々新世代が勝利したが、武藤が入ったことで、期待していたファンはガッカリしたと思う。出だしでつまづいた世代闘争は、いつの間にか立ち消えになってしまった。10月５日の後楽園大会は長州の新日本復帰後初のテレビマッチで、私が長州と対戦した。84年７月以来、３年ぶりの一騎打ちだったが、世代闘争はとん挫し、我々が闘うテーマがなくテンションは高まらなかった。

長州の魅力は、見切り発車的にフライングした時こそ輝く。この試合では、フライングのしようもなく、再延長戦までいったが決着はつかなかった。その後、完全に世代闘争はどこかへ飛んでしまった。

世代闘争を振り返ると猪木さんは、下の者に対して意地を張っていたい部分があった。興行的にも自分が看板という自負は当然強かったし、そんな猪木さんの意地が、我々世代への壁となって立ちはだかり、世代闘争は消滅した。

巌流島

世代闘争に抵抗するように猪木さんが意地を見せたのが巌流島だった。

10月4日、猪木さんは山口県の巌流島でマサ斎藤さんと闘った。江戸時代に宮本武蔵と佐々木小次郎が決闘した無人島で、観客を入れず、レフェリーもセコンドも不在で試合を行った。結果は2時間5分14秒というマラソンマッチで、猪木さんがTKOでマサさんを破った。

実は、巌流島で試合をやるのは、私のアイデアだった。長州が復帰した時、私と対戦するのはどんなシチュエーションがいいのか、様々なシミュレーションをした。

ちょうど、巡業で山口県へバスで向かっていた時、山口県出身の営業部員だった上井文彦君に「関門海峡を渡る時に巌流島が見えますよ」と言われたことがあった。巌流島と聞いた瞬間に、武蔵と小次郎を思い出し「あそこで俺と長州がやったらどうなるのか」とひらめいた。

上井君にアイデアを伝え、具体的に巌流島で集客が可能か調査を依頼した。そんなことがあってからしばらく経つと、猪木さんがマサさんと巌流島で闘うことが決定した。その時、「えっ！　猪木さんがやるの！」と驚き、上井君に「巌流島って俺が言った奴だよな」と言うと彼は苦笑いしていた。

結果、テレビ朝日が巌流島の対決を特番で放送し、今でも語り継がれる試合になった。猪木さんは常に主役でなければ許せない性分で、馬場さんのようにメインイベンターから下りて休憩前に試合をするようなことはできない。猪木さんにとってメインを外れることは、引退を意味する。世代闘争に抵抗するように巌流島を実行した時、改めて猪木さんの高いプライドを痛感させられた。

前田解雇

世代闘争が完全に消えた11月19日、後楽園ホールでの6人タッグマッチで前田が長州の顔面を「蹴撃」する事件が起きた。

サソリ固めに入ろうとした背後から前田に顔面を蹴られた長州は、右目を大きく腫らし眼窩底骨折する重傷を負った。この一件を重く見た新日本は、前田へ無期限出場停止処分を下し、翌

88年3月1日に解雇した。

前田の蹴りは、私は故意ではないと思う。ただ、前田への不信感を募らせていた会社が、長州をケガさせたことで我慢の限界にきたのだろう。前田は、新日本が彼を潰そうと仕掛けたドン・中矢・ニールセンとの異種格闘技戦（86年10月9日、両国国技館）に快勝し「格闘王」と呼ばれ、突出した存在になった。藤原や髙田など他のUWFの選手は新日本へ溶け込んでいたが、この頃はたった1人でUWFスタイルを守っていた。

その一途さが彼を孤立させ、結果的に解雇にまで至ってしまったのだと思う。ただ、ファンは信念を曲げない前田を支持した。新日本を追われた前田が88年5月12日に後楽園ホールで再興した新生UWFは、爆発的なブームを作った。逆に新日本は大きなダメージを負うことになる。

暴動

長州の顔面を蹴った前田を無期限出場停止処分にした翌月の12月27日、両国国技館での試合は、今でも思い出すのが嫌になる悪夢のような一戦だった。

当初、私は木村健吾と組んでマサさん、そして、この大会で日本初登場となるビッグバン・

ベイダーと対戦する予定だった。メインイベントは、猪木さんと長州の3年半ぶりの一騎打ちだった。

ベイダーは、ラジオ番組でプロレス軍団の結成を表明したタレントのビートたけしさんが結成した「たけしプロレス軍団」（TPG）が猪木さんへの刺客として送り込んだ形で参戦した。

私が健吾とリングへ上がると、マサさん、ベイダー、そして、たけし軍団と共にたけしさん本人がリングに上がった。ここでマイクを握ったガダルカナル・タカさんがベイダーと猪木さんの一騎打ちを要求した。これに猪木さんが応じ、リング上でカード変更が決まってしまった。ベイダーが猪木さんと闘い、長州がマサさんと組んで私と健吾と対戦することになったのだ。

これにはファンが強烈なブーイングで拒否反応を示した。それはそうだろう。この大会は猪木さんと長州さんのシングルが目玉で、ファンは待ちに待った一騎打ちを楽しみにチケットを買っているのだ。

会場は暴動寸前となり、私の試合ではリング上にものが投げ込まれ、「辞めろ！」コールが鳴りやまなかった。ほんの数年前は、私と長州の試合は「名勝負数え唄」と呼ばれ、ファンから支持されていた。私にとっても大切な長州との試合がこんな形で汚されるのはみじめそのもので、「何でこんな試合をやっているのだろうか」と穴があったら入りたい心境だった。当時、デビュー16年目だったが、あれほどの屈辱の中で試合をやったことはなかった。それは、その後も同じで50年のレスラー生活の中で最悪の試合がこの一戦だった。

ファンの怒りを受けて、長州は猪木さんと対戦することになり、引くに引けなくなった猪木さんはベイダーとも闘い、敗れてしまった。試合後は、ファンが暴動を起こし国技館の備品を破壊し、新日本は国技館での興行ができなくなった。

あのマッチメイクは、ファンの心理を見誤ったところにあったと思う。突然、ベイダーと猪木さんの試合に変更すれば、ファンが喜ぶと思ったのだろう。ハプニングをプラスに変える猪木さん独特のやり方だったが、ファンは望んでいなかった。

さらに前田に無期限停止処分が下されながら、その代わりが「たけしプロレス軍団」だったことが、ファンの怒りを増幅させた。この頃の新日本のファンは、猪木さんが掲げた「ストロングスタイル」「プロレスこそ最強」の理想に心酔しており、猪木さんを教祖のように崇めていた。その信じていた猪木さんが前田ではなくたけし軍団を選んだところに失望が大きく、もう教祖として認めないという反発がファンの中にあったのかもしれない。

それにしてもなぜ、あそこでたけしさんだったのか？　いまだに私の中では謎だ。私には想像もつかない、団体外の力関係があったのかもしれない。

それまでも、暴動は蔵前国技館、大阪城ホールと繰り返し起きていた。ファンの期待を裏切ると、まるで一揆のように実力行使で抗議を受けた。それだけ昭和時代は、ファンの熱が高かったことの証明でもあったが、猪木さんのカリスマ性に影が差してきたことも事実だった。

飛竜革命

世代闘争のとん挫、前田の長州蹴撃、暴動……。１９８７年は、新日本にとって負の連鎖が止まらない1年だった。

明らかにファンの熱は冷め、心が離れていくのを感じていた。さらに追い打ちをかけるように、年が明けた88年3月いっぱいでテレビ朝日が「ワールドプロレスリング」をゴールデンタイムから撤退することを決めた。

4月からは土曜日の夕方4時（関東地区）からの放送に格下げとなった。旗揚げ2年目の１９７３年4月から放送曜日は変わりながらも、15年もの間守ってきたゴールデンタイムを失い、放映権料は削られ、経営的にも大きなダメージとなった。それでも、リング上の主役は不動で、いつも猪木さんだった。この時猪木さんは45歳。明らかに体力的にピークは過ぎていた。にもかかわらず変わらないリング上の展開に、私はイライラが募っていた。

１９８８年4月22日、沖縄県那覇市の奥武山公園体育館は、そんな精神状態で迎えた試合だった。

猪木さんと組んで、ベイダー、マサ斎藤さんと対戦、試合は反則勝ちだったが、ベイダーに一方的に攻められる猪木さんを見て私の中で何かがキレた。

この「スーパーファイトシリーズ」は、終盤戦の4月27日、大阪府立体育会館と最終戦の5月8日、有明コロシアムで猪木さんとベイダーの2連戦が組まれていた。日本で成功しようと自分をアピールする32歳のベイダーを、猪木さんが迎え撃つ構図は、どう見ても無理があった。そして、試合後の控室で私は猪木さんへメインの座から降りるよう迫った。

猪木さんから「やれんのか!」と張り手を浴びたが、逆に私も張り返した。逆上した私は、突如ハサミで自分の髪の毛を切り、涙を浮かべ反抗した。日本プロレスへ入門し付け人を務め、新日本プロレスの旗揚げから一貫して猪木さんに付いてきた私にとって初めての、師匠へ公然と反旗を翻した出来事だった。最後は、猪木さんが「やってみろ」と私の勢いに押されたのか、大阪と有明のベイダーとの2連戦を私に変更することを認めた。

沖縄での私の行動は、後に「飛竜革命」と呼ばれた。今言えることは、あの時は後先考えず、自分の中に積もり積もったイライラを猪木さんにぶつけていたということだ。控室にテレビカメラが入り、記者もいたため「演出だろう」と思った人もいただろう。でも私にとって、テレビカメラなんかどうでも良かった。そもそもカメラも記者も目に入っていなかった。誰も見ていなくても、私はあの時、猪木さんに思いをぶつけただろう。

何を口走ったのかは、ほとんど覚えていない。「ベイダーとやらせてください」と頼み、猪木さんに「やれんのか」と返され、私が「新日本プロレスの流れじゃないですか」と言ったのは、覚えているが、後は何を言ったのかは分からない。

猪木さんへのビンタも後からＶＴＲで見ると「こんなにいい平手を入れたのか」と思うほど、猪木さんの体がぐらつくほど強烈なビンタだったが、それは後でビデオを見て分かったことで、あの時は瞬間的、発作的に行動していた。

髪の毛を切ったことについては、何であんなことをやったのか、自分でも説明できない。床を見ると救急箱があって、その中にハサミが見え、気づいた時には手に取って髪を切っていた。今、あの行動を自分なりに分析すると多分、おもちゃを買って欲しい子供が母親に駄々をこねるように、髪の毛を切ることで猪木さんに自分の思いを知って欲しいと訴えたのだろう。持って行き場のない怒りの矛先を髪の毛を切ることにぶつけたのかもしれない。私は、結婚してからは、散髪を家内に頼んでいる。だから沖縄から自宅へ帰って来た時、あまりに前髪が不格好だったのを家内が見かね「もう少し考えて切れば良かったのに」と呆れられた（笑）。

猪木さんへの反旗で、会社を辞めさせられることも覚悟した。あの行動は私の我儘かつ、個人的なイライラをぶつけた行為で、猪木さんもいい迷惑だったと思う。不満の原因は、主役を譲らない猪木さんだけではなかった。ライバルの長州が戻って来たのに、それを生かせないこと、猪木さんに代わって新日本の看板を背負うことのできない自分への不甲斐なさもあった。さらに、テレビ中継がゴールデンタイムから降格になるなど、会社全体が危機のはずなのに、社員の間に緊張感を感じなかったことも、イライラの中には含まれていた。

会社の中には相変わらず、「猪木さんに任されていれば何とかなるよ」という生ぬるい空気があった。そんな、ダラけた雰囲気を変えたい思いもあった。今まで通り猪木さんを看板に据えれば、全国どこへ行ってもファンには絶対的な信用はあるし、宣伝も営業も楽だし、プロモーターも安心かもしれない。「でもじゃあ、この会社は、いつまで猪木さんに頼るんだ」という思いが爆発してしまい、それを猪木さん本人にぶつけてしまったのだ。

沖縄の決起で大阪、有明でベイダーと2連戦を任された。一方の猪木さんは、左足の小指を骨折し欠場に追い込まれ、IWGPヘビー級王座を返上した。猪木さんが不在となり、私にはより責任感が沸いてきた。レスラーは大きな試合を任されると、テンションが上がる。ビッグマッチへ向けて自分作りをするものだ。この時の私には猪木さんの代役というプレッシャーはほとんどなかった。それよりも、ベイダーを倒すために気持ちを上げて、自分なりの絵作りをした。結果、大阪ではリングアウトで勝ち、猪木さんが返上したIWGPヘビー級王座決定戦となった有明では反則でベイダーを破り、初めてIWGPヘビーのベルトを奪取した。

レスラーは、きっかけがないと成長しない。例えば、長州は私への反逆でレスラー人生が劇的に変わった。この時の私も猪木さんへの反旗を糧に一回り大きくなったと思う。「飛竜革命」の沖縄県那覇市は、ジュニアのベルトを奪取したニューヨークに匹敵する私にとって重要な場所となった。ここから私は、猪木さんのいない新日マットを描いていった。

ベイダー戦

ＩＷＧＰヘビー級王者になった私は、5月27日、宮城県スポーツセンターで長州と初防衛戦を行なったが、結果は無効試合だった。

納得がいかない私は王座をコミッショナーへ預け、1か月後の6月27日、大阪府立体育会館で再び長州との王座決定戦に臨み、首固めでピンフォールを奪った。

猪木さんへ反旗を翻した沖縄から、私の「猪木越え」という目標は、さらに明確になった。ＩＷＧＰも猪木さんに勝つまでは巻かないことを公言し、長州を破っても腰にベルトを巻くことはなかった。

2日後の6月26日、名古屋レインボーホールで初防衛戦が待っていた。挑戦者はベイダーだった。結果は、逆さ押さえ込みで、ベイダーから初めてフォール勝ちした。この試合後の光景が今でも忘れられない。

負けたベイダーが場外フェンスを壊し、リングと客席の境目がなくなった。その時、リングで歓喜の雄たけびを上げた私は、ファンの1人と目が合うと、なぜか、手招きしてリングへ呼び寄せてしまったのだ。これを合図にファンが雪崩のようにリングサイドへ押し寄せてきた。セコンドが止めても歯止めがきかなかった。ファンがリングの四方を囲み、私はファンと握手した。ベイダーという難敵を突破したことと、ファンが心から私の勝利を喜ぶ姿が嬉しくて「猪木さんに勝つまでは巻かない」と誓ったはずのIWGPベルトを腰に巻いてしまった。あの時は、沖縄で決起したものの、心のどこかに「ファンは猪木さんの試合を見たがっているんじゃないか」と不安があった。それが、会場が爆発するような大歓声を浴び、初めてメインイベンターとして認められた気がして公約が吹き飛んだ。

どうしてファンを手招きしたのかは、私自身説明できない。ただ、結果的にあの時、リング上から見たファンの姿は、50年のレスラー人生の中でも記憶に残るシーンだった。

長州、ベイダーに2連勝したのは、私にとって心地いい流れだった。特にベイダーとは、4月の大阪、5月の有明に続き3か月間で3試合とハイペースで闘った。自分で言うのも何だが新日本参戦1年目だったベイダーの相手が私で良かったと思う。猪木さんだったら、どこかで遠慮が出て彼の良さである破壊力は発揮できなかったはずだ。私だったから、思う存分激しい攻めを叩き込めることができたし、ファンにもその凄さが浸透していったと思う。

ベイダーをフォールした名古屋の会場は、プロレス界で初めての名古屋レインボーホールでの興行だった。名古屋は、イベント会社「共同企画」代表の富野徹三さんという熱心なプロモーターがいらっしゃって、愛知県体育館での興行は、新日本は常にビッグマッチを組んだ。富野さんには、私もニューヨークから凱旋してからずっとお世話になり、ベイダーに勝ったこの時は、会場で「ありがとうございました」と頭を下げた。

ここからは余談だが名古屋と言えば、必ず食べに行くのが「山本屋本店」の味噌煮込み。あの八丁味噌が好きで、あれを食べてから普通の味噌では物足りなくなり、我が家では今でも八丁味噌を取り寄せて味噌汁には八丁味噌を使っている（笑）。

8・8猪木戦

1988年8月8日、横浜文化体育館。猪木さんと闘った60分フルタイムは、私のレスラー人生で最高の宝物だ。

振り返ると、不思議な空間だった。体が独りでに動き、猪木さんの動きが全て分かった。何を考えているのか、何をやりたいのか、鮮明に猪木さんが見えた。

ここでパンチが来る、次は延髄斬りだ……猪木さんの出方に応じて体が反応した。普通、プロレスの試合で60分間絶え間なく絡み合うことはあり得ない。どこかで間延びするか、スタミナが切れるものだ。しかしこの時は、60分間、1秒たりとも緊張が緩むことはなかった。これは、日プロ時代から付け人として、常に猪木さんの目を見て望んでいることを察知して動いてきた弟子の私だから見えた世界で、私と猪木さんの師弟関係の集大成だった。

驚いたのは、猪木さんの素晴らしいコンディションだった。この時、45歳。私は34歳。ベイダーとの試合を見て正直、猪木さんはピークを過ぎたと思っていた。ところが横浜では、時間が経つにつれてペースが上がって来た。真夏のリング上は、テレビライトに照らされ40度以上あったと思う。その中であのスタミナは、さすがと脱帽するしかない。我々が知らないところで練習をしていた猪木さんのプロ魂には、敬服するしかなかった。

闘っている時の心境は「時間よ、止まれ」だった。ずっと猪木さんと闘っていたかった。憧れ続けた猪木さんをリングで独り占めしている贅沢。プロレスファンからレスラーになった者としてこれ以上の幸せはなかった。勝敗など、どうでも良くなった。私と猪木さんだけの世界を心行くまで味わいたい、それしかなかった。

この試合は、テレビ朝日がゴールデンタイムに特番を組み生中継された。この年の3月限りでゴールデンから降格していたので会社にとっては願ってもないことだった。実況には古舘伊知郎さんが特別に復活した。特番に相応しいマッチメイクとして、猪木さんと私の試合が組まれたのだが、対戦が決まるまでは紆余曲折があった。

この試合に至るまでには、私が持つIWGPヘビー級王座の挑戦者決定リーグ戦が行なわれ、優勝者が8・8で闘う展開だった。リーグ戦には猪木さんを含め、長州、ベイダー、マサ斎藤さん、木村健吾の5人がエントリーしたが、私は、猪木さんは絶対に上がってこないと思っていた。弟子である私に挑戦することなど、猪木さんのプライドが許さない。坂口さんにも、そんなことを話した覚えがある。ところが猪木さんは、リーグ戦を制し、挑戦権を獲得した。それでも私は半信半疑で、試合は決まったが土壇場でキャンセルするだろうと思っていた。しかし、猪木さんは私へ挑戦してきた。45歳の猪木さんにとって、これが自分が納得する動きができる最後だ、と思ったのかもしれない。事実、60分フルタイムで研ぎ澄まされた技を次から次へ繰り出した。リング外の事業欲など、全てを捨て、プロレスラーとしての本来の猪木さんに戻っていた。レスラーとしての集大成を賭けた試合だったのかもしれない。その相手に私を選んでくれたのなら光栄の極みだ。

私も猪木さんとの試合が決まってからは、真夏のリングに備えコンディション整えた。家内と相談し食事を制限し、レモン、はちみつ、梅肉エキスを加えた特製ジュースで疲労を残さないように心がけた。そのおかげで、60分フルタイムを闘い抜けたが、試合後は脱水症状のようになり、2日間は小便が出なかった。体力を消耗し体に異変をきたすほどの試合だった。

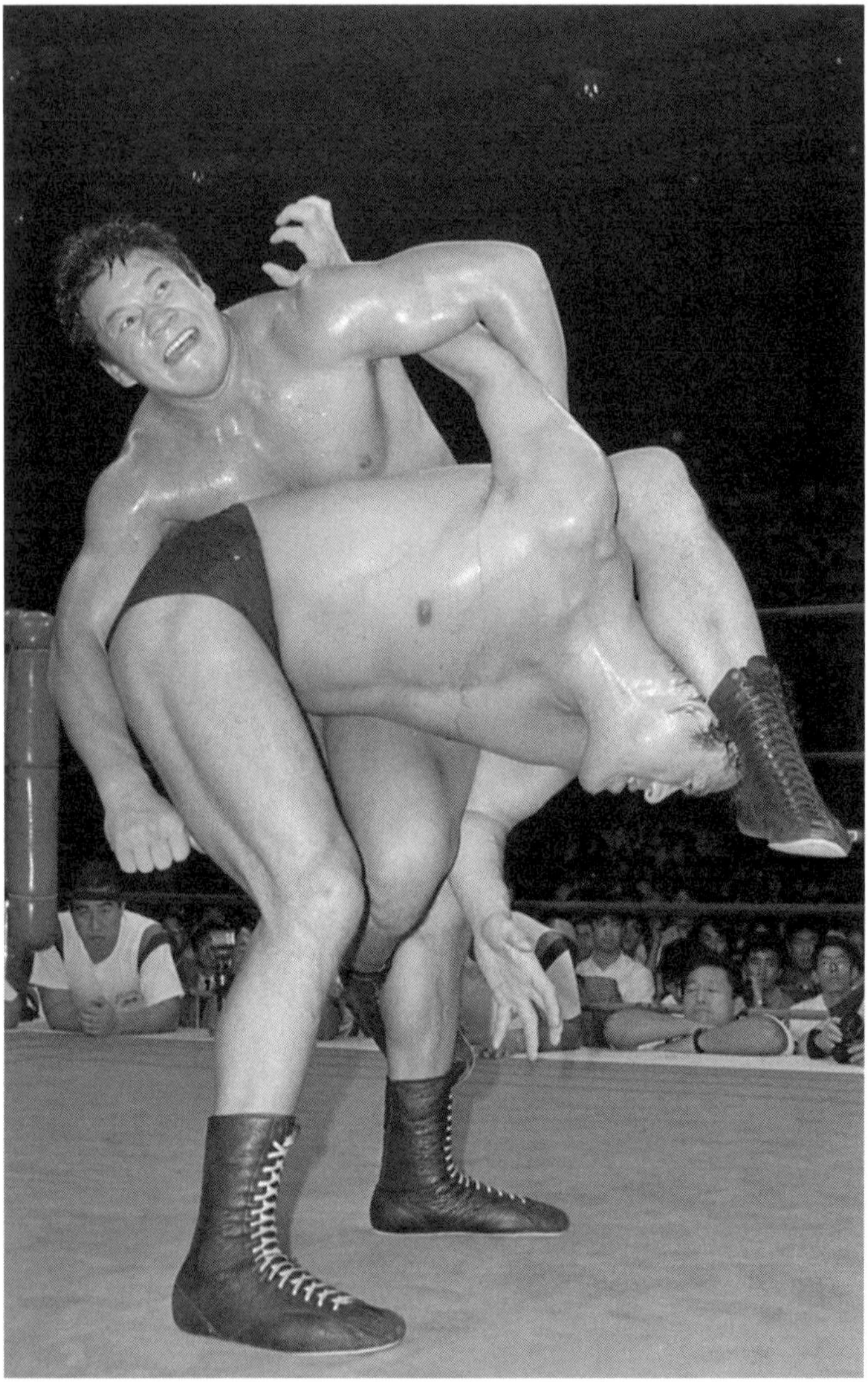
1988年8月8日、猪木さんとの60分フルタイムを闘い抜いた。(提供:山内猛)

60分フルタイムを告げるゴングが鳴った時、猪木さんが私をカバーして試合は終わった。リング上では、精魂尽き果て頭が真っ白で分からなかったが、後にＶＴＲを見た時に引き分けでも自分が上になるというあの動きこそ、「アントニオ猪木」そのものだと思った。絶対に主役は譲らない。あの最後にカバーした動きこそ猪木さんの本領発揮だった。

試合後は、猪木さんが私の腰へＩＷＧＰのベルトを巻いてくれた。私にとって予想外の行動で、その時は「えぇ！」と驚いた。ただ、時間が経って冷静に考えると、猪木さんがベルトを巻いてくれたのは、私を認めたというより、猪木さん自身がレスラーとして一つの区切りを付けたという意味で、ホッとしたんじゃないかなと思う。一つのけじめとしてベルトを私へ継承してくれた。私から言えば、あれが事実上の猪木さんの引退式だった。一番いい猪木さんをファンに見せることができたと思う。

ベルトを巻いた後は、長州がリングへ入って猪木さんを肩車し、私は越中詩郎に担いでもらった。あの時の長州は、自分もこの輪に入りたいという思いがあったのではないだろうか。存在感を示すためにじっとしてられなかったと思う。予期せぬことだったが、長州の心も揺さぶったフルタイムだった。

結果的に私は、猪木さんをシングルでフォールすることはできなかった。猪木さんは、長州と天龍選手にはフォールで負けただけに、自分は勝てなかったことに悔しさはある。ただ、猪

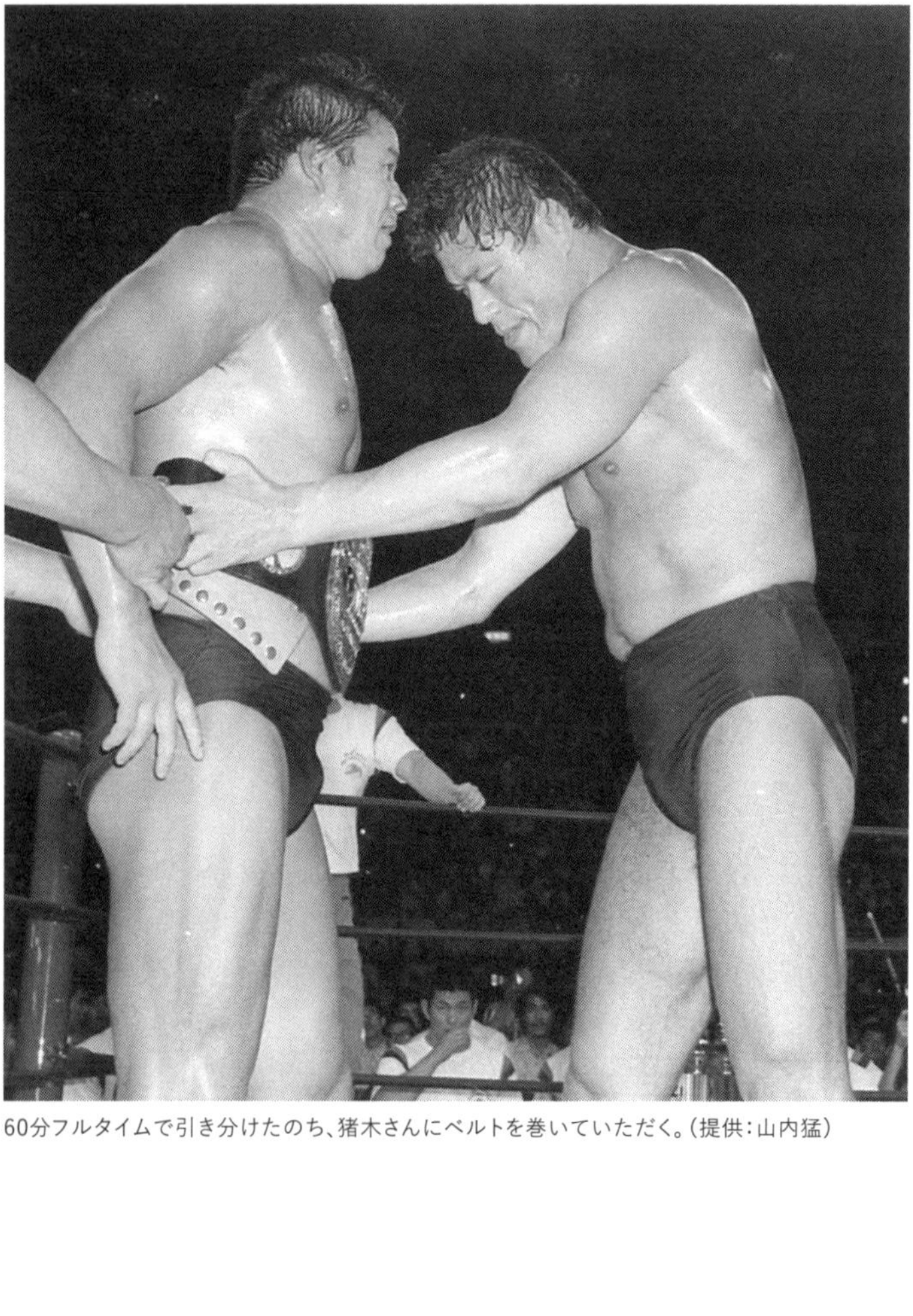
60分フルタイムで引き分けたのち、猪木さんにベルトを巻いていただく。（提供：山内猛）

木さんには、付け人を務め、公私ともに一番傍で見てきた私に対して、特別に弱さを見せたくないという意地があったとも思う。確かに、あの8・8までは、リング内外、様々な局面で猪木さんに対して「どうして?」と思ったことはある。ただ、恨みを抱くことはなかった。今は、あの試合を切り取って額に入れて飾りたい思いだ。

そして、令和の時代で今のレスラー、ファンが私と猪木さんの試合を見て、どんな感想を持つのか。興味はある。

ドーム

時代が昭和から平成へ移った1989年4月24日、新日本は初めて東京ドーム大会を開催した。

前年の88年3月に日本初のドーム球場としてこけら落としされた東京ドームでの興行を決断したのは猪木さんだった。

当時は、1万人の両国国技館さえも満員にすることに苦戦していたため、社内では、副社長の坂口さんを筆頭にほとんどが開催に反対していた。私もレスラーとしては猪木さんに心酔していたが、1人の社員としては坂口派だった。冒険はしたいが、失敗したらどうするのか? と坂口さんと同じように現実を見ていた。

猪木さんは、そんな反対を押し切ってドーム初進出を決断した。興行の目玉を、プロレス界初のソ連（現ロシア）出身レスラーのデビュー戦にすることを目論んだ。政治的にも社会的にも世界規模のニュースになると考えた猪木さんは、それに相応しい器として「東京ドーム」以外の会場はないと思い立ち、開催へ突き進んだ。

「'89格闘衛星★闘強導夢」と銘打った大会は、結果、見事にプロレスの枠を超える話題を呼んだ。会場には5万3800人（主催者発表）の観衆が集まり、興行としても大成功した。私や坂口さんでは及ばない猪木さんの優れた感性をまたも思い知った。

私自身、初のドームでIWGPヘビーの新王者を決めるトーナメントが企画されたため、王座を返上した。猪木さんに反旗を翻して、やっとの思いで奪取し、猪木さんと60分フルタイムで防衛した、思い入れのあるベルトだったが、ドームはレスラーも社員も一丸となって成功させなければいけない大会だったから、返上には不満はなかった。

初めてのドームで私は、新王者決定トーナメントに出場し1回戦はソ連のウラジミール・ベルコビッチと対戦した。アマレスの強豪で未知の選手だったが、ゴッチさんから教わった技術で対応し勝つことができた。続く準決勝でベイダーに敗れ、ベルトを再び巻くことはできなかったが、ドームという巨大な会場で試合をすることでテンションも上がり、実りのある試合だった。

　この1989年4月24日の初めてのドームから、新日本では毎年のドーム興行が恒例となった。ドームが決まると、そこへ向けて体を作るし、精神的にもテンションが上がった。自分にプレッシャーをかけ、リフレッシュできるドームでの試合は、私だけでなくレスラーにとって最高の舞台だった。

　そして今も新日本がドーム興行を続けていることを思うと、猪木さんの先見の明には脱帽するしかない。

11章 欠場、そして闇の中に見た光

長期欠場

デビュー18年目の1989年は、50年のプロレス人生で最大の危機に立たされた年だった。腰椎の椎間板ヘルニアで1年3か月もの長期欠場に追い込まれたのだ。この失意と葛藤の日々を支えてくれたのが妻の伽織だった。彼女の存在がなければ、私は自暴自棄になってリングを去っていたかもしれない。復帰に際し、夫婦2人で改名している。私は「辰巳」から「辰爾」、妻は「かおり」から「伽織」へ改め、人生の分岐点になった。長期欠場から復帰までを振り返る本章は、私だけでなく伽織と2人の対談形式で真実を明かしていきたい。

藤波 腰に立っていられないほどの激痛を覚えたのは6月22日、長野県佐久市総合体育館でのベイダー戦でね。彼の頭の上にくの字になって持ち上げられて、そこから落とされる強烈なバックドロップで叩きつけられてね。その時、電気が走るようなビーンって凄まじい痛みが全身を貫いた。それまでケガはあったけど、神経に異常をきたすような今まで経験したことのない嫌な痛みだった。

ただ、試合では、それから無意識で4、5分、動いているんだよね。それがレスラーの凄いところなんだけど……(苦笑)。試合中は腰に感覚はあったけど、控室に戻った途端に寝そべって若手選手に腰を冷やしてもらって、そのうち、だんだん感覚がなくなって、立てないし腰に力が入らなくなってしまってね。若手の肩を借りて、シャワーで汗だけ流してリング屋さんに僕の車を運転してもらって東京に帰った

電話で家内に連絡して、すぐに検査をしたいから、救急の病院を予約してもらって、夜中にレントゲンを撮ったんだけど、その時はヘルニアという診断は出なくてね。湿布と座薬だけもらって、帰宅したんだ。

だけど、体は痛くて思うように動かない。その夜から寝るのも普通に仰向けで足を伸ばして寝られなくなった。仰向けになると腰が反るから、それだけでも痛くてね。寝ていても腰に負荷がかかっていることを、その時初めて知ったね。だから痛みを和らげるために、膝を立てて、腰の下に座布団を敷いて寝たよね。膝を立てると、少しだけでも腰の反りがなくなってね。ただ、寝返りを打つと痛いし、横に寝ると痛いし、その日が地獄の始まりだったよね。

伽織　いつも試合が終わったら電話で「今終わった。ケガはないよ。今から帰る」って連絡が入るんです。ところが、あの佐久の夜は、全然かかってこない。これは何かあったなって思ってドキドキしていました。夜の10時半頃にやっと電話がかかってきたんですが「腰をやった。運転できないから、リング屋さんに運転してもらって帰るから医者の手配をしてくれ」と指示さ

れ、病院を手配しました。それから、お世話になっている整体の吉原先生に治療をしてもらおうと、連絡をして翌朝、一番に治療をしてもらいました。

吉原先生は、結婚して子供が授からない時に、「あの先生の治療を受ければ、妊娠するよ」と、周囲に勧められて、不妊の友達を誘って私も治療を受けたんです。そうしたら、2人とも妊娠して私は結婚5年目で娘を授かったこともあって、物凄く信頼をしていました。

藤波　吉原先生に治療をしてもらった翌日から北海道と東北の巡業へ出てね。本当なら休まなきゃいけないんだけど、この時は、猪木さんが参院選出馬でシリーズ全て欠場して、興行もプロモーターが興行権を買う売り興行がほとんどだったから、私まで休めば、約束違反でプロモーターに違約金が発生することになるから、休むに休めない状況でね。会社からは「リングに立っているだけでいいから出てくれ」って頼まれて……（苦笑）。しかも、ベイダー戦の前に会社の体制が変わって、猪木さんから坂口さんへ社長が交代し、自分も取締役になって責任が増している時だったから、余計に休むわけにはいかない気持ちが強かった。

試合では腰にテーピングしたり、コルゴムのチューブみたいなのを巻いて10試合ぐらい闘ったけど、痛みが増すだけでついに限界が来た。それで、7月4日の青森県の五所川原大会を最後に欠場した。

伽織　主人は、知り合った直後から「腰が痛い」と話していたので、ニューヨークから凱旋帰国した1978年からずっと悪かったんです。ですから、腰が痛くなかったのは、デビューから海外武者修行までだったと思います。「痛いんだったら病院で診てもらったら」と何回も言ったんですが「俺達はそういうところで治さない。リングの上で治すんだ」って言われて……。そんな理屈は通らないと思いましたが、何を言っても頑固で言うことは聞いてもらえなくて……(苦笑)。それ以上は立ち入れないので、黙って見守るしかありませんでした。

私が、これは、ただごとじゃないと感じたのが、1986年11月14日に長女が生まれた直後でした。父親なら娘がかわいい、ましてや、ようやく授かった初めての子供ですから、家にいればずっと抱っこしてあやしたいはずじゃないですか。だけど、抱っこができないんです。抱えると、すぐに「腰が痛いから無理」とあやせなくて、その姿を見た時に、このケガは深刻なんじゃないか、と嫌な予感が走りました。

藤波　確かにずっと、腰の痛みは感じていたけど、リングに上がれば、アドレナリンが出るから飛んでた。初めて両国国技館で試合をやった85年4月ぐらいから激しい痛みを感じ始めて、娘が生まれた頃は、自分でもひどい状態なのは分かっていた。当時は、車の乗り降りも大変で、運転する時は、腰にタオルをあててハンドルを握っていた。

それなのに、試合後もマッサージ、針、整体へも行かず、ケアすることもしなかった。痛くなったら整体で診てもらうっていう程度だった。

病院で診てもらわなかったのは、自分の体を過信していたんでしょう。それとももし、重傷だと診断されれば欠場しないといけないから、リングから離れるのが怖くて、そもそも治そうという意識がなかった。

それが、佐久のベイダー戦で爆発して、長期欠場という最悪の事態を招いてしまった。

地獄の日々

藤波　五所川原大会を最後に欠場し、都内の病院で診察を受け、椎間板ヘルニアと診断された。ヘルニアは、椎間板の中にある髄核が飛び出して神経を圧迫するんだけど、レントゲンとMRIの画像を見たら、自分でもハッキリ分かるほど、腰椎の4番目か5番目の髄核が半端なく飛び出ていた。医師からは「手術するしかない」って言われて、手術だけはしたくなかったから、友人で大相撲の元大関で当時は現役だった小錦（現・KONISHIKI）に別の病院を紹介してもらって、診断を受けたけど、そこでは「手術しても日常生活に戻れるかは、分からない。

プロレスなんて、もってのほか。第2の人生を考えた方がいい」とさらに最悪の引退勧告までされてしまった。

まさかそんなことを言われるとは思わなかったから、信じられないぐらいショックで、また別の病院、また別……と10か所ぐらい回ったね。どこも同じような診断で、手術が必要と言われて……。自分としては何とか手術は避けたかったから、どうすればいいのか分からない、前が見えないまるで霧の中にいるような日々だった。

ちょうどこの頃、猪木さんの選挙応援で大阪へ行ってね。腰が痛いのに選挙カーに乗って、顔を引きつらせながらマイクで「猪木さんに一票を」とお願いしてね。もう痛くて脂汗が出て、痛み止めの座薬を入れて何とかしのいだんだけど、あれはキツかったなぁ（苦笑）。

伽織　いろんな病院を回ったんですが、その中にはプロゴルファーの岡本綾子さんが注射でヘルニアを治したことを聞いて、同じ病院へ行ったこともありました。そこでは、お医者様から「藤波さんには、この治療は向いていない」と言われて、打つことができませんでした。それでやったのが、脊椎へのブロック注射でした。ただ、それは治療じゃなくて、痛みを抑えるだけの対処療法でした。

藤波 ブロック注射は、週に1回、脊髄に長い針を打つんだけど、その注射を打つための予備麻酔を3本も打ってね。これがとにかく痛くて恐怖でね。しかも針が太くて、打つと腰に穴が残ってね。2日間ぐらい風呂に入れなかった。

打ってもらうと楽にはなるんだけど、それも気休め程度。肝心の局部の痛みは緩和されなかった。でも、それをやらないと激痛で日々の生活が耐えられなかったよね。

伽織 病院を回っている時に、お世話になっている方や友達、知人が腰の治療について、いろんな情報をくれました。針がいい、愛知、奈良、九州……にいい治療をしてくれる人がいるとか、教えられたものは、ほぼ、各地へ行って試しました。

藤波 この頃は、背中に水が溜まっているような状態になって、座ることも辛くなってね。それでも、全国各地のいろんな整体、針、スポーツマッサージ……を回ったよね。思い出すのは、名古屋の針治療。針が焼き鳥の櫛ぐらいにデカくてね(笑)。プロ野球の中日ドラゴンズのエースだった小松辰雄さんがケガした時にこれで治ったって聞いていったんだけど、一本打たれると怖くて動けない。それを何本も打たれるから、まるで張り付け状態だったよね(笑)。しかも、その針を打たれた後は、1か月ぐらい穴が開いてた。傷口を消毒すると、また、これが沁みて痛くてね。続ければ効果があったかもしれないけど、これは続けられないって思って、止めたよね。

他には、体質改善に効果があるっていうマッサージも行ったけど、それは、ベッドの上に体をベルトで締め付けられて、引っ張った腰にネジみたいなものを回されてね。あまりの痛さに「ギャー」って叫ぶと「声を出すな」って頭を叩かれて、これも1回で止めたよね（笑）。

気功もやったね。中国人の先生に自宅へ来てもらって、何か感じたのは分かったけど、効果があったのかどうか……。とにかく、この頃が一番の地獄。何しろ寝られない。もう膝を立てて寝ることも痛みの限界で横になれなくなって、座った方が多少楽だから、リビングのソファに腰を下ろして、数カ月間、眠った。ただ熟睡ができないから、昼間は意識朦朧状態だった。

伽織　自力で歩くのも厳しくなって、トイレも私が連れていき、お風呂も私が介助しました。治療へ行く時は、マンションの玄関から駐車場まで歩くのも私が支えていました。

藤波　足がブロックされたみたいに動かなくてね。そんな姿をマンションの人に見られるのが嫌でね。後で近所の人が、あの時の姿を見て「藤波さんは終わった」って思ったって言ってたね。

そう思われるのも無理はなくて、自分が一番「終わった」って思ってたよね。普通の生活ができないんだから、リングに戻るなんて、考えられない。とにかく、痛みが延々と続く。普通ケガしても、痛さには波があって、痛い時もあれば、楽な時もある。ところが、あの時は、ずっと痛い。ホッとする間がない。ある日自暴自棄になって、家内へ「君にこの痛みが分かるのか」って言ってしまった。

伽織 そう言われて、何で私の気持ちが分からないんだろうって……。主人の前で泣くのは悔しいから別の部屋で泣きました。正直言うと、結婚して唯一、あの時は離婚が頭をよぎりました。

逆に言うと何もしてあげられない自分が情けないと思いました。それが悔しくて、悔しくて……しかも、怒られるし……。

やっと子供ができて、3歳になろうとしている時期だったから、かわいい盛りで本当なら最高に幸せな時なのに、娘が主人に構ってもらおうと行くと「うるさい。どっか連れていけ」って言われて、夜中でも娘を抱いて外に出るしかない時もありました。

あんな殺伐とした雰囲気の中で娘が生活したら、この子にも影響が出ると思って、子供だけは、守らないといけないと、必死でカバーしていました。まさに地獄の日々でした……。

分岐点の後楽園

藤波　腰の痛みが一向に回復せず、家内との仲も険悪になってしまった秋、会社から「会場に来て1度、姿を見せて欲しい」と依頼された。

欠場から3か月以上が経っても回復のめどが全く立っていなかったから「無理です。今は歩ける状態じゃありません」って何回も断った。だけど、「とにかくリング上からあいさつだけしてください。元気なんだっていう姿を見せてください」って頼まれてね。新聞、雑誌には予想以上に欠場が長引いているから「藤波は終わり」って書かれたこともあって「それを払拭したい」とも言われて、仕方なく割り切って会場へ行くことを承諾した。それが1989年11月3日の後楽園ホール大会だった。

伽織　会場であいさつして欲しいと言われましたが、満足に歩けないのに、リングへ上がる階段なんか登れるわけがないと思いました。私としては、あんなみじめな姿をファンには見せたくなくて、鬼のような会社だと思いました（苦笑）

藤波　自分もみじめな姿はファンに見せたくなかったよね。リングには上がりたくないけど、一方で半分、会社の言うことも分かるんだよね。こっちも、3か月以上も欠場していると、ファンの声援に飢えている部分も正直あったんだ。これはレスラーの性みたいなもので嘘でも、ファンには「俺は回復しているよ」っていう素振りをしたいっていうのもあったよね。

その日は、昼間に欠場前から約束していた上智大学の文化祭で講演会に出たんだけど、この時も座っているだけで大変だったね。何とか、それを終えて後楽園へ向かった。

痛み止めの座薬を入れて万全の態勢で出番を待っていると、名前が呼ばれて、花道を歩いた。神経が麻痺して足が痙攣していたけど、ファンの声援の凄さをあの時ほど感じた時はなかったね。あの声を聞いて、「俺はリングに帰ってきた」と込み上げるものがあってね。本来なら、階段も登れないのに、奇跡的にリングに自力で上がれた。あれは、自分じゃなくファンが押し上げてくれたと思っている。

伽織　あの後楽園が私達にとっての分岐点です。私も会場の片隅で見ていたんですが、あのファンのみなさんの喚声、拍手、「待っているぞ!」の温かい声……(涙)。そして、忘れられないのは、リングであいさつした後に花道で1人のファンが、主人の前に跪いて「帰ってきてください」とすがってくれたんです。あのみなさんの声援を聞いて、そして、あの跪いた方を見た時に、絶対に主人をリングに戻そうと私は誓いました。

1989年11月3日、後楽園ホール。「帰ってきてください」とすがるファンへの感謝は忘れられない。
（提供：ベースボール・マガジン社）

欠場直後は、必ず復帰させたいと思っていました。でも正直、あの頃は、一向に回復せず、主人には言えませんでしたけど、もう無理かなとあきらめていました。日常生活が戻ればいいんじゃないかなと思っていました。

生活も、私もモデルの仕事を辞めてから7、8年ぐらいだから戻れたし、東京を引き払って、主人と娘と堺の実家に帰って私が働けば何とかなると実家の親とも相談していました。

もうダメかなと思った時にあの後楽園であの喚声を聞いて、花道ですがってくれた方を見て……今でも思い出すと泣けるんですが、あの日、頑なに私達2人が突っ張って「行きません」って言っていたら、今の藤波はありません。あの跪いてくれた人に主人は助けられました。できることなら、今、あの人にお会いしてお礼を伝えたいと思っています。

それほど、あの後楽園は分岐点になりました。ファンのみなさんのおかげです。今も「待っているぞ」「焦るな」っていう温かい声は、私の耳の奥に残っています。

そうなると気持ちが変わってきました。とにかくやれることは何でもやろうって決意しました。

藤波　後楽園のリングに上がった時の喚声は、家内と同じように今も忘れられない。リングに上がった時に足が震えた。この頃は、爪楊枝をいつも手放せなくて、それで手足を刺して「まだ神経が通っている」と確認するほどの状態で、復帰は見えなかったんだけど、花道で跪いてくれたファンを見た時に私も必ず戻って来ると誓った。

愛犬の死、そして回復

伽織　後楽園でファンの喚声を聞いて、復帰だけを信じて主人も私も治療に全てをかけました。ベースは、信頼できる針の先生の治療で、他にもいろんな先生に診てもらいました。回復傾向に変わったのは年が明けた1990年、2月の節分開けでした。

そのきっかけは、信じられないような話ですが、後楽園の後にお世話になっている名古屋のプロモーターの富野徹三さんの紹介で超能力の先生に主人のケガがどうすれば治るのかを診てもらったことがあったんです。

ケガが回復することなら、何でもすがりたいという時だったので、富野さんからの紹介で素直な気持ちでお会いしました。すると、その方から「藤波さんは治る。でも代償に飼っている犬が身代わりに連れていかれる」と言われたんです。「連れていかれる」ってつまり死ぬことで、私は「その代償は嫌です。犬も助けたいし主人も助けたい」と言うと、「それは無理だ。藤波さんは良くなるけど犬は連れていかれる。それはしょうがない」と繰り返され、「そんな馬鹿な」

って怒って帰って来たんです。

飼っていた愛犬は雄のマルチーズで名前はウイリーでした。猪木さんと対戦した極真空手のウイリー・ウイリアムスにちなんで名付けたペットでこの時は4歳10か月でした。

ところが、それから年が明けると、元気でピンピンしていた犬の調子が悪くなってきたんです。病院へ行ったら、肝細胞癌って診断され、後2か月って言われました。

みるみるうちに腹水が溜まって、夜はリビングで主人と一緒に寝ていました。この頃は、寝る時はソファで座るところから脱して、布団で眠れるようになっていました。ただ、寝室だと、トイレから離れているから夜中に起きた時に歩くのが大変なので、リビングに布団を敷いてウイリーと並んで寝ていたんです。

腹水が溜まって、動物病院の先生が往診に来て、水を抜いたり、点滴をしたりして治療したんですが、結局、亡くなってしまいました。そして、その1週間後から予言通り急に主人の体が劇的に回復し始めたんです。それは本当に信じられない話ですが、ウイリーが身代わりになって全部背負っていってくれたんだなと信じています。

藤波　超能力者から犬の話を聞いたけど、そういうのは疎い方で半信半疑だった。でも、本当に予言通りに現実、ウイリーが弱っていく姿を見ると、自分としては辛かった。自分のケガのせいで、ウイリーの命まで持っていかれてしまうようで、複雑だった。亡くなった時は、たまらない気持ちだった。

そして、確かにウイリーが亡くなってから、腰の痛みが急激に和らいでいった。目に見えないパワーを感じて、予言を信じざるを得なくなった。続けてきた針治療の効果が出始めて、欠場してから、初めて熟睡できるようになった。医者も回復に驚いて、4月に道場で練習ができるまでに戻ったよね。

伽織　主人が休んでいる時に、何かのパーティーで長州さんとお会いしたことがあったんです。その時まで長州さんとはお話したこともなかったんですが、私のところにいらっしゃって、「今、僕があるのは藤波さんのおかげです。だから、今はゆっくり休んでください。それまで僕は待っています。戻って来るまでリングを守っています」とおっしゃってくれたんです。長州さんは本音しか言わない方で、お芝居なんかで言える人じゃありませんから、主人への思いが伝わってきて、その言葉が温かすぎて、今も、あの時の長州さんの言葉には感謝しています。

道場復帰

藤波　愛犬の死と引き換えに劇的に腰が回復し、4月から道場で練習を再開した。痛みがなくなってきたと言っても万全じゃないわけで、自分でもリングの上でどれだけの動きができるか分からない。もし、無様な動きしかできなかったら、他の選手にそんな姿を見せたくないから、久しぶりに道場へ行く時は勇気がいったよ。

でも、道場へ行き、リングに上がると、ホッとした。「あぁ、ここに戻って来たんだな」と故郷に帰って来たようで、やっぱり、自分が生きる場所は、リングなんだと実感した。

最初はリングを触ることから始めた。マットの上で寝そべったりして、体に感触を染み込ませてから、ストレッチを始めた。受け身をやったのは、もっと後になってからで、まずは体をリングに馴染ませることに専念した。

伽織　道場へ行けるようになったのは、まず、自力で歩けるようになったからなんです。自宅のマンションの周りを歩くことから始めて、これなら大丈夫だろうという頃合いを見計らって道場へ行きました。

藤波　道場で練習を始めてから、さらにみるみるうちに回復してね。リングから力をもらったんだね。いつの間にか痛みも消えていったね。

伽織　結局、手術をしないで回復しました。主人も私も、手術はどうしてもやりたくなかったんです。今のスポーツ医学なら、ヘルニアも手術で回復すると思いますが、あの当時は医学も発達していなくて、1度メスを入れると、もう2度と戻らないように思っていたんです。
最終的に効果があったのは、針治療でした。地道に粘り強く続けたことで痛みが消えていきました。

藤波　欠場中は会社からは、試合の状況なんかは電話で報告は受けていたけど、テレビ、新聞でプロレスを目にしないようにしていたよ。
会社は、坂口さんが社長になって、自分も取締役になり長州がマッチメイクを取り仕切る現場監督になって新しい体制になってたんだけど、見ると気持ちが焦るから意識して目に触れないようにしていたよね。
休んでいる間の2月10日、2度目の東京ドームでの興行があって、そこにジャンボ鶴田さん、天龍源一郎選手ら全日本から選手が参戦したんだけど、もし、自分がいたら、鶴田さんと闘っていたような気がする。それは複雑な思いだったね。

伽織　自宅では主人がプロレスを目にしないように気を遣いました。見れば、「本当なら、俺はあそこにいるはずなのに……」とか思ってしまうようで、それが切なかったですからね。

藤波　道場で受け身も何とかとれるようになってきて、会社から復帰戦の話が出てきた。事務所に何回か足を運んだ時に、長州と会って「大丈夫か？　腰どう」って聞かれたね。ただ、自分では、答えを保留して、まずファンの前で公開練習という形で姿を見せようとしたんだ。

それが8月7日、後楽園ホール大会で痛み止めの座薬を入れて、ファンの前で縄跳びやでんぐり返しをして動いた時に、何となくだけど、行けるんじゃないかという感触を得た。それで9月30日、横浜アリーナでのエキシビションマッチが決まった。

復帰戦

藤波　1990年9月30日の横浜アリーナは、不安しかなかったよね。腰椎の椎間板ヘルニアを発症して約1年3か月ぶりのお客さんを前にしたリングだったけど、道場での練習もそれほ

1990年9月30日、横浜アリーナ。腰をかばいながらではあったが、復帰を果たした。（提供：山内猛）

ど激しく追い込んでいなかったから、どこまでできるか自分でも半信半疑だった。いい練習はできてなかった。

試合はスーパー・エキシビションマッチと銘打って、越中詩郎と5分間対戦した。頭の中では今まで通りに動こうとしているけど、自然とケガをした腰をかばっていた。イメージした動きよりも、ワンテンポ遅かったり、イライラ感はあったよね。

ただ、ファンがありがたかった。自分にとってこの時が初めての横浜アリーナだったけど、凄まじい歓声で迎えられて、ファンの後押しで5分間、闘うことができた。


伽織　あの時は万が一にも何かあっちゃいけないと、控室に針の先生に来てもらっていました。私は、主人がリングに上がった姿を見た時は、ただただ涙でした。お医者様から、日常生活も戻れないって言われて、それでリングに戻ったわけですから、動いているのが奇跡のようでした。

レスラーにとってケガはつきものだから、主人と知り合ってからは覚悟をしておかないといけないと思ってましたが、想像以上のこんな地獄の日々が来るとはさすがに思いませんでしたから……。

いろんなことを思い出して、自然と涙があふれてきて、エキシビションが終わり、主人が控室に戻ってきた時は、抱き合いました。

藤波　横浜アリーナは、猪木さんのデビュー30周年記念大会で、エキシビションだったけど、何とか猪木さんの記念興行に華を添えられて、そこは嬉しかったよね。

横浜アリーナを終えて、正式な復帰戦が1か月後の10月25日、前橋グリーンドームで決まってね。478日ぶりの復帰戦の対戦相手は、長州が名乗り出てくれた。自分は越中と組んで、長州はアニマル浜口さんと組んでのタッグマッチだったね。

こっちから長州へ、復帰戦はこんな試合がいいとか要望は出してなくて、完全なノーアイデアで長州に任せた。自分にとっては、誰と闘うかというよりも、リングに上がれるっていうホッとした思いが強かったよね。

ただ、長州は容赦しなかった。腰にダメージを与える投げ技を敢えてやってきた。練習でもボディスラムを受けたことがなかったから、キツくてね。何とか起き上がれたけど、あれは、長州が自分を試したんだと思うよ。復帰したからにはファンの前では情け容赦はしない、と。下手に気を遣えば、ファンに「まだ藤波はダメなのかな」と思わせてしまうから、敢えて厳しい攻めをすることで自分を試した部分もあったし、第一線に戻ってこれることを見せてくれたと思う。試合には負けたけど、長州の厳しい攻めに耐えられて、また一つ前進したと思えたよね。

伽織　復帰する時に大きなケガをしたので、名前の字画を鑑定してもらったんです。そうしたら「今の名前は悪い。このままいくと次ケガした後に命を落とすよ」と言われて、それで夫婦2人で名前を変えることを決めました。「ふじなみ・たつみ」という音は変えられないので、字だけは変えようと、「辰巳」を「辰爾」に改名して、私も「かおり」を「伽織」にしたんです。そこからは、厄介なケガはなくなりました。

藤波　ウチには、あの欠場中の写真もなければ、ビデオもないんだよね。よく著名人が、闘病生活を撮影して退院した後に披露することがあるけど、あの時の我が家にはそんな余裕はなかった。ケガが治った時にドキュメンタリーを作ろうなんて考えも浮かばない。だって、治ることは考えられなかった。家の中にあったのは悲壮感だけだった。

そんな暗闇を振り返ると、支えになったのは、やっぱりファンだった。特に、欠場して初めて後楽園へ行った時に跪いてくれたファンに心を動かされた。それまでは、「俺は終わった」っていう毎日だったから、会場でファンの歓声を聞いて、あそこまで待ってくれている人に出会った時に絶対に戻ると誓ったよね。

伽織　私もあの後楽園で戻さないといけないと感じました。あれから主人も「リングへ戻りたい」って口にするようになったんです。そこで夫婦の気持ちががっちりあったから私も頑張れました。ですから、あの11月3日の後楽園ほど大きな日はありません。新日本には、よくぞチャンスを作っていただいたと感謝しないといけませんね。

ですから、繰り返しになりますが、主人に復帰を懇願した方に会いたいんです。名乗り出てくれませんかね。お会いしたら、あなたのおかげで主人の50周年はあるんですよ、ってありがとうございましたとお伝えしたいです。

12章
「ドラゴンボンバーズ」

ＩＷＧＰ奪還

復帰戦から2か月後の12月26日に静岡県浜松アリーナで長州のＩＷＧＰヘビー級王座に挑戦した。

わずか2か月のベルト挑戦は、私にとってバクチだったが、現場監督の長州には、ライバルとして何度も闘ってきた私が長期欠場でくすぶっていたことが耐えられなかったのかもしれない。

復帰したからには、1日も早く表舞台へ引っ張り出そうと思い、挑戦者に指名したのだろう。しかも、この試合は、ゴールデンタイムの特番で生中継された。興行的にも視聴率的にも「藤波対長州」という看板が広く大衆へ通じることも頭にはあったと思う。

試合では、ブリッジで相手を丸めるジャパニーズレッグロールクラッチで長州を破った。初めての東京ドーム大会を前にしてベルトを返上してから、1年9か月ぶりの奪還だった。

ブリッジで決めたのには、痛めている腰が回復したことをアピールする、私なりの狙いがあった。試合後は、4歳になった娘をリング上で抱っこした。腰が痛かった時は、自宅でも抱っこすることがままならなかった娘をファンの前で抱いたことは、感無量だった。

復帰しても痛みが消えたぐらいでヘルニアが完治したわけではない。定期的な針治療は欠かさなかったし、試合前には痛み止めの座薬が必需品になった。

いつ痛みの発作が出て来るか分からないから、復帰後は、出かける時は座薬だけは忘れなかった。自宅だけでなく、妻の実家、事務所の冷蔵庫にも座薬は保管していた。それは、復帰してから20年以上、欠かさなかったから、使った量は、物凄いことになっていたと思う（笑）。

フレアー

ＩＷＧＰを奪還した翌１９９１年３月21日、東京ドームでＮＷＡ世界ヘビー級王者のリック・フレアーと対戦した。

長州から奪還したベルトは1月にベイダーに奪われたが3月に広島で再び取り戻し、ドームのメインでフレアーとＩＷＧＰとＮＷＡ世界ヘビー級のダブルタイトル戦という最高の舞台が整った。

この試合は、長州から「辰っつぁん行けるか？」と打診されて実現した。この頃は、橋本真也、武藤敬司、蝶野正洋の闘魂三銃士が台頭してきたが、長州の中では、ドームで最もインパクトがあるのは「藤波対フレアー」と決まっていたようだ。私としては、彼が決断してくれたからこそ、ドームという最大の舞台でフレアーという最高の相手と闘えたわけで、長州のマッチメイクの感性には敬服するしかない。

復帰後最大の刺激ある試合で、試合当日はかなりの緊張感があった。私にとって初めてのドームのメインイベントで、リングへ上がって会場全体を見渡した時に、「帰って来た」という実感が沸いた。しかも、フレアーは米国修行中に出会い、当時は、彼がメインイベンターで私は前座レスラーと、立場が全く違っていた。それから20年あまりを経て、彼と並び立ったことに深い感慨があった。

試合では、フレアーがもろ手を上げて迎え入れてくれた。私の攻めを真っ向から受け止め、試合が進むごとに、気持ちが乗ってきた。腰のケガなどなかったかのようにフレアーと私だけの世界に没頭できた。

試合は、グラウンドコブラツイストで私がフレアーをフォールし2冠を奪取した。メインイベントでドームの観衆から受ける歓声は格別で、この時、私は完全に復帰できたと思った。

その後、試合中に私がNWAルールで反則のオーバー・ザ・トップロープを侵したことで、王座移動は無効という裁定が下された。あの当時は、抗議して不服さを露わにしたが、内心はドームと言う最高の舞台でフレアーと闘った満足感が強く、特に嫌な気持ちにはなっていなかった。それよりも、この一戦がきっかけになって、5月19日、米国のフロリダ州セントピーターズバーグでのビッグショーでフレアーと再戦できたことが嬉しかった。

1991年3月21日、東京ドーム。フレアーを破り、2冠奪取と思われたが……。（提供：山内猛）

オーバー・ザ・トップロープの裁定が下った一幕。（提供：山内猛）

ＮＷＡ王座決定戦となったこの試合で、ベルトを取り戻すことはできなかったが、修行時代に憧れたフレアーと彼の本拠であるアメリカで闘えたことに特別な思いがあった。

ドラゴンボンバーズ

長期欠場からの復帰に際し、私は新日本の活性化を願って新しい構想を描いていた。それが「ドラゴンボンバーズ」だった。

欠場中に練習を再開した頃、今の新日本の状況、リングの中の勢力図をイメージするようになった。その中で一番気になったのは、所帯が大きくなりすぎていることだった。リング上では誰もがスポットライトを浴びるわけではないが、選手数が膨れ上がれば、よりその機会は減ってしまう。だけどレスラーは、誰しも注目されたいものだ。力があるのに抜擢されない選手を見ていた時に、浮かんだ構想があった。それが大相撲の部屋制度だった。

相撲は部屋別対抗戦で、年6場所の本場所を開催している。私が懇意にしている友人の元大関の小錦さん（現在タレントのＫＯＮＩＳＨＩＫＩ）などから相撲界の話を聞き、このシステムを新日本でできないものだろうかと考え始めた。

つまり、藤波部屋、長州部屋……などユニットを作り、それぞれが独立した興行を行ない利益は会社へ還元する。これが実現すればスポットライトを浴びていない選手も、メインイベントへ抜擢される可能性が高くなる。そして、新日本のシリーズでは、各部屋が対抗戦を行なえば、かつての「新日本正規軍」対「維新軍」のようにマットが活性化するのではないか。そんなことを思い描いた。

加えて私自身、復帰が実現した後に、再び以前のように本隊へ戻るよりも、別の動きができないかと模索していたこともある。この構想を社長の坂口さんと現場監督の長州に相談した。長州は何も言わなかったが、坂口さんからは、本隊は今ちゃんと動いているから、興行として輪を乱すようなことはして欲しくないと言われた。さらに、各部屋が別動隊として興行を行なえば、経費が嵩むことを懸念され、難色を示された。

私には、新日本へ弓を引くとか、そんな気持ちは一切なかった。むしろ、野球でいう一軍をグレードアップさせるために、選手を育成する二軍的な位置づけでもいいと考えていた。

さらに当時は、長州も自身の個人事務所「リキプロ」を設立しており、私も自分の個人事務所「シーホースコーポレーション」で運営しており、「ドラゴンボンバーズ」の独立興行を実施する時は私の事務所が独立採算で運営し、新日本には迷惑をかけないことを伝えたが、坂口さんからは色よい返事はもらえなかった。

それでも私は、復帰に向けて新日本の改革へ動きたいという思いが溢れ出し、横浜アリーナでのエキジビションマッチでの復帰前に会見を行ない、自らの構想を披露した。そこで新ユニット「ドラゴンボンバーズ」の結成を発表した。結成に際して、越中、獣神サンダー・ライガーへ私から声をかけ、彼らも賛同してくれた。飯塚孝之（後の高史）、ブラック・キャットも名前を連ねてくれた。さらに新人として大相撲を引退したサモア出身の元幕内・南海龍とハワイ出身で元幕下の高見州が加入した。

しかし、ドラゴンボンバーズは、自然に消滅してしまった。振り返れば、もっともっと新日本の中でコミュニケーションを取れば良かったと思うし、もっと自分の意地を貫けば良かったとも思う。私も新日本の役員になっていたから、自分の思いだけで動くわけにもいかず、会社全体の利益を考えると、自分と会社の間でどっちつかずになってしまったと思う。思い切って辞めていれば違った形になったかもしれないが、私にはそれはできなかった。

SWS、FMWへの思い

私が長期欠場中、元号が平成に変わった頃は、新日本の内外で様々な動きがあった。

まずは、猪木さんが参院選へ出馬し当選したことだ。猪木さんの立候補は、横浜文体で対戦した前後に聞いていた。猪木さんは常にプロレスの枠を超えた世間を意識していたから、ある意味、当然のことだろうと思って捉えていた。

立候補については、猪木さんの世界で我々が何かを言う問題ではない。当選するか半信半疑だったが、無事に当選してプロレスラー初の国会議員になったのは、猪木さんにとっても新日本にとっても良かったことだった。

大相撲の元横綱・双羽黒の北尾光司のプロレス転向も注目を集めた。90年2月10日の東京ドームでクラッシャー・バンバン・ビガロ戦でデビューしたが、半年後の夏に現場監督の長州と対立し新日本を解雇されてしまった。

正直、彼は道場にも来なかったし、練習も一緒にやっていなかったので、レスラーとしてどんな選手だったのか、思い出してもイメージが湧いてこない。お客さんが見るリング上では、彼なりに一生懸命やろうとはしていたと思うし、身長2メートルとあれだけの体格があったから試合らしきものはできていた。ただ、いかんせん、他のレスラーの見様見真似なので、あれでは観客を満足させる本当の試合はできない。

あの体格で真剣にプロレスを学べば、もっともっと力は発揮できたと思うし、例えば私には長州がいたように、対峙する好敵手がいれば、彼の体を生かした試合を見せることができただろうし、もっと光ったと思う。

新日本の外に目を向けると、平成になった頃に、様々な団体が乱立するようになっていた。その先駆けが大仁田厚選手のＦＭＷだったと思う。デスマッチで注目を集めたが、大仁田選手には申し訳ないが、私は、デスマッチはプロレスではないと考えている。

リング上では、許されるものと許されないものがある。過去に新日本でも猪木さんが上田馬之助さんと釘板デスマッチをやったが、私はその世界には当時も今も足を踏み入れたくない。プロレスは、過酷な練習に耐えたうえで、試合では体一つで表現するものだ。だが、デスマッチになると、プロレスが全く違うものと捉えられてしまう。これは、誰が何と言おうが譲れない私のプロレスラーとしての哲学だ。

他には、90年9月に旗揚げしメガネスーパーが親会社になったＳＷＳが大きな話題を集めた。豊富な資金で新日本、全日本から選手を引き抜き、天龍源一郎選手らが参加した。

欠場中の私にも声がかかったが、旗揚げから新日本に携わっている私としては、新日本が沈む時が自分も沈む時と当時は腹を括っていたから、踏ん切りはつかなかった。

結局ＳＷＳは、92年6月に活動停止となった。

ＳＷＳが崩壊する直前に、新日本から移籍したドン荒川の仲介で田中八郎社長とお会いした。東京駅のホテルで2回ぐらい話をして、団体を立て直したいから来て欲しいと再び誘われたが、断った。ただ、田中社長は、プロレスへの理解と情熱があった印象だった。企業がオーナーになって団体を運営することが主流になった今を先取りしていた方だった。

ムタ

ＩＷＧＰヘビーのベルトを守った１９９１年は、これまでの新日本にはいなかった新しいキャラクターと対戦した。

それが9月23日に横浜アリーナで闘ったグレート・ムタだった。ムタは、武藤敬司がＷＣＷに参戦した時に誕生した化身だが、ペイントして反則ファイトをやりたい放題するレスラーは、少なくとも猪木さんが全盛期の新日本ではあり得なかった存在だ。

事実、猪木さんはムタを毛嫌いしていたが、最終的には対戦（１９９４年5月1日、福岡ドーム）するまでに至った。これは、猪木さんにムタを認めさせたからできたことで、ムタを続けた彼の粘り勝ちだった。

レスラーは、どれだけ派手なことやっても派手に見えない選手がいる。逆に地味なことをやっても派手に見える選手がいる。武藤はまさにそんな選手だ。何をやっても、華がある。あの天性には目を見張るものがある。レスラーになるために生まれてきたような男だろう。余談だが、「華がある」という意味では、武藤とタイプは違うが、越中もそうだ。ただ、越中は武藤のような天性ではなく、自分で地道に作り上げた華だろう。

普通、１人のレスラーが別のキャラクターになれば、わざとらしくてぎこちなくなるものだ。

だがムタは、「武藤敬司」の影を感じさせず、あくまでもファンは「グレート・ムタ」という全く別のレスラーとして見ている。あれほどの使い分けは、世界広しと言えども、彼だけが成し遂げた芸当だった。

私も「武藤」と「ムタ」のそれぞれと対戦する時は、全く違うレスラーだと言い聞かせて試合をしている。彼自身が切り替えているのに、ムタとやる時に武藤と対戦するイメージで行ったら、とんでもない無様な目に合わされることになる。私もムタと何度か対戦し、どこかで「武藤敬司」が頭によぎっても良さそうだが、全く出てこない。あの器用さには脱帽する。

ムタと言えば初対決（1991年9月23日、横浜アリーナ）の時は、2代目引田天功さんのイリュージョンでリングインしていた。あれは、大変だった……。ただ、それ以上は言えない。全ては、イリュージョンだから（笑）。

13章 葛藤、そして無我へ

92年の欠場

長州と初めて東京ドームのメインイベントで対決したのは1992年1月4日だった。試合は、私が持つIWGPヘビー級王座と長州のグレーテスト18クラブ王座のダブルタイトルマッチだったが長州のリキラリアット3連発に私が敗れ、IWGP王座から陥落した。

「名勝負数え唄」と呼ばれた私と長州の闘いがドームのメインイベントを務めたが、この時は、興行や会社の経営など、お互いがいろんなものを背負い知り尽くし、しんどさを知っての対戦だった。あの80年代前半にお互いが憎しみ合い、ムキになっていた時に、ドームでガンガン闘いたかったのが本音だった。

この一騎打ちを終え、次のシリーズに出場した後、欠場させてもらった。これは当時の自分自身、新日本の中で心ここにあらずという気持ちになっていたからだ。完全な我儘で休ませてもらった。

ちょうどそんな時に、私の個人事務所にテレビ朝日から企画が持ち込まれた。番組は、この年の4月スタートの『平成ふしぎ探検隊』で、俳優の西田敏行さんがMCを務めるゴールデンタイムのドキュメンタリーだった。

企画は、欠場から復活へ向けてアメリカの地下プロレスを体験するというもので、日本を離れて海外へ出るのもいいだろうと考えて、承諾した。

当時は39歳で、40歳を前に自分がこれからどういう方向性で行けばいいのか迷いの中にいた。構想した「ドラゴンボンバーズ」が軌道に乗らなかったことも大きかった。私は、部屋別対抗戦の導入で各部屋が独自のスポンサーを獲得し、会社へ還元するシステムも考えていた。しかし、コミュニケーション不足で会社へ真意を伝えきれなかった。一方でいろんな部分で新日本に対して不信感を抱いてしまい、会社の中に自分の居場所がないように感じていた。

恐らく新日本は私の居場所を奪うとか、そこまで考えていなかったと思う。ただ、私自身が身の置ける場所がないと思い込み、自分1人で迷っている状況だった。この頃は、橋本、武藤、蝶野の闘魂三銃士が中心になってきたが、世代交代への抵抗はなく完全な自分自身の我儘で欠場した。

現場を仕切る長州は困ったと思う。ただ、彼の大変さにも思いを馳せることもなく、ドキュメンタリー番組の撮影でアメリカへ渡り5か月間、欠場することになった。

異種格闘技戦

復帰戦は、7月8日、横浜文化体育館で初めての異種格闘技戦に挑んだ。対戦相手は、リチャード・バーンというテコンドーの王者という触れ込みの男だった。
興行は「DRAGON　THE　RIVIVAL」と銘打たれ、私の復帰が大会の目玉となった。我々の業界では、団体の看板を背負う選手が長期欠場から復帰する時は、普通の試合を組んでも、ファンへのインパクトは弱いとされる。この時の私もそうだった。復帰という興行的なプラス要素に一層の注目度を集めようと、初の異種格闘技戦を会社から提案され、私も納得した。会場は猪木さんと60分フルタイムを闘った横浜文体で、私にとっては、これ以上ない舞台も揃った。

初の異種格闘技戦へ向け、ボクシングを学ぼうとスタッフの提案でガッツ石松さんをトレーナーに付け、当時、四谷にあったプロボクシングの「帝拳ジム」で練習することになった。試合の1か月ぐらい前からスタートしたボクシングの練習は、試合と同じ3分動いて1分休む方法で心肺機能を高めるかなりハードなトレーニングだった。

スパーリングはやらせてもらえなかったが、ミット打ちがハードで、へばるとトレーナーに頭を叩かれてね。それでも、ミットにパンチを打ち込むと、こっちが気持ちよくなるようない音を出して受けてくれて、その気にさせてくれた。

帝拳ジムには、長野ハルさんという女性マネージャーがいらっしゃって、この長野さんが厳しくてね（苦笑）。1分間の休みの時に座ろうとすると「しゃがんじゃダメよ」と注意され、息

1992年7月8日、横浜文化体育館。初の異種格闘技戦。（提供：山内猛）

が上がると「レスラーがこれぐらいで、へばって、どうするの」なんて叱られたものだった。おかげで、107キロぐらいあった体重がみるみるうちに97キロと10キロも絞れて、短期間で最高のコンディションができあがった。腰を痛める前にこのトレーニングをやっていたら、もっとコンディションが上がったのに、と思ったほどだった。

3分10ラウンドで行なった試合は、5ラウンドにヒザ十字固めを極め勝利した。初めての異種格闘技戦について試合前は、自分がどんな試合をするのかを見てみたいところもあったが、実際にやってみると試合の組み立てが難しかった。

私の中には、異種格闘技戦と言えば、猪木さんとモンスターマンのイメージが強烈に残っている。あの試合と同じ展開を思い描いたが、対戦したバーンにモンスターマンほどの実力はなく、ハッキリ言って、テコンドーというか形だけのキックボクサーだった。そうなると、私が試合を引っ張っていかなくてはならない。しかも通常の試合じゃないから、余計に組み立て方が難しかった。

こうして5か月ぶりの復帰戦で初めての異種格闘技戦を経験し、再び私は新日本本隊へ戻ることになった。

WAR対抗戦

復帰すると、この年の下半期から新日本は、天龍源一郎選手が設立した新団体「WAR」との対抗戦へ打ってでた。

WARは、この年の6月に崩壊したSWSの中で天龍選手が率いた「レボリューション」に所属するメンバーを中心に旗揚げした団体だった。長州と天龍選手の関係から生まれた対抗戦だったが、私の中では、スッキリしなかった。それは、部屋別対抗戦を提唱した「ドラゴンボンバーズ」が無視され、なぜ、同じような図式となるWARとの対抗戦を採用するのかが納得できなかったからだ。そういう外部に頼らなくてもいいような体制を私は作りたかった。なのに、外に対立軸を求めることに忸怩たる思いがあった。そういう意味で、WARと対抗戦を行なっていた期間は私にとって嫌な時期だった。

天龍選手とは、タッグマッチで何度か対戦し、1993年9月26日の大阪城ホールで初めてシングルで闘った。この時は私が勝利したが、再戦となったWARの12月15日の両国国技館大会では、私が敗れた。

天龍選手とは、最初はお互いが手探り状態で肌を合わせた。全日本プロレスで育ったため、私とはタイプが違いどっしりした骨太のスタイルで、どうしても向かい合う場面が多くなった。

私は、長州のように直線的に向かって来る選手の方がやりやすい。ぶつかってくれば、そこに自分の身を預けて乗っかっていけるので、技をかけるのも切り返すのも試合が組み立てやすいのだ。しかし、天龍選手とは、テンポに微妙なズレがあった。そこが、新日本と全日本で育った選手との違いなのかもしれない。

最後の一騎打ちは96年4月29日の東京ドームで、この時、私のドラゴンロケットに対してグーパンチを顔面に叩き込んだ。夥しい鼻血が出て、鼻骨が折れるアクシデントが起きた。試合も私が負けたが、あのグーパンチには、天龍選手の意地を見た気がして、鼻は折られたけど、いい思い出になっている。

G1優勝

新日本には歴代の看板シリーズとして、総当たりリーグ戦で最強を決める大会があった。昭和の時代は、それがMSGシリーズでありIWGPだった。平成に入り新たな最強決定戦として誕生したのがG1クライマックスだ。

1991年8月に第1回がスタートし、蝶野正洋が優勝した。2回目も蝶野が制覇し、私と長州の世代から蝶野、橋本、武藤の闘魂三銃士へ、新日本の主役が交代する流れを生んだ大会でもあった。

プロレス団体が一番危惧するのはマンネリ化だ。いつまでも主役が同じではファンが離れていく。私も沖縄の「飛竜革命」で猪木さんへ世代交代を訴えたように、若い選手が成長し新しい波が起きることは、十分、分かっている。そうでなければ、団体は活性化しない。

しかし、一方で1人のレスラーとして「そうはいくか」という気持ちは常に持っている。どの時代に生きようが、主役は渡さないというプライドは持っている。それは、私に反旗を翻された時の猪木さんも同じ心境だったのではないか。三銃士は、それぞれが個性的で実力もありファンからも支持されていた。ただ、彼らに抵抗したい自分がいた。3回目のG1となった93年の大会は、そんな意地だけで挑んだ連戦だった。

この年は、16選手によるトーナメントで優勝を争い、私は1回戦で藤原喜明、2回戦で木戸修さん、準決勝で武藤敬司を破り、決勝戦へコマを進めた。優勝を争う相手は、三銃士と同じ世代の馳浩だった。

腰に違和感はあったが、序盤にジャーマンで馳を投げ捨てた。ケガをも恐れずジャーマンを出せたのは世代交代を許さんという強い信念があったからだった。この大会は同世代の長州が右足のアキレス腱断裂で欠場した。長州がいないからこそ、私が1人で三銃士と馳の壁となり、踏ん張って締めなきゃいかんという気持ちが強かった。フィニッシュを、長州の必殺技、サソリ固めで決めたのは、私達の世代が健在であることを訴える意味があった。

G1は、令和の今も続いている新日本の看板シリーズとなった。毎年、その時期が来るたびに、優勝した夏の熱さを思い出す。

イスラエル

40歳を迎えた1994年は、私の人生において節目となる旅があった。

レスラーになってから旧約聖書の出エジプト記を映画化した『十戒』を見て、チャールトン・ヘストン演じるモーゼの壮絶な生きざま、舞台となったエジプトのシナイ半島の風景に魅了され、私の中にキリスト教への興味が沸いていた。

それまで、武者修行時代を含め様々な国へ足を運んだ私だったが、『十戒』を見てからは、一度でいいから、モーゼが生きたシナイ半島を訪れることが夢になった。そんな秘めた思いを抱いていた時、フジテレビのドキュメンタリー番組『感動エクスプレス』から出演オファーがあった。この番組は、様々な著名人が海外を訪れ、現地の人々との触れ合いを伝える内容だった。

オファーをくれた番組スタッフに対し、長年の夢であるシナイ半島を訪れ、そこからキリスト教の聖地であるイスラエルのエルサレムまで旅をしたい希望を伝えると、思いも寄らぬことだったがスタッフは私の希望を受け入れてくれたのだった。旅は、この年の4月から5月にかけて、およそ1か月間にわたった。リング上では、4月4日の広島グリーンアリーナで橋本真也を破り、2年3か月ぶり、5度目のIWGP王座の奪還を果たしたが、会社には無理を言って、4月15日の愛知県岡崎市体育館大会を最後に欠場し、エジプトへ向かった。

シナイ半島からジープでエルサレムを目指す旅は、私の想像以上の光景が広がっていた。見渡す限り真っ白な砂漠、息をするのも苦しくなるほどの砂嵐、現地の羊飼いとの交流、死海に体を浮かべた時は、全身に地球からパワーをもらった気持ちになった。

かつてモーゼもこの景色の中を歩いたのか、そんなことを想像すると何度も自然に涙がこぼれてきた。そして、エルサレムでは、嘆きの壁へ祈りを捧げる数多くの敬虔な信者を目の当たりにし、現地の家庭へお邪魔し夕食を共にした時は、信仰の深さに感動を覚えた。

ロケだから、カメラマンと現地スタッフはいたが、旅は私の思うままの行動だった。もちろんカメラは回っていたものの、私の中から撮られている意識は消えて、プロレスラーという肩書も取り払われた。完全に「藤波辰爾」という1人の人間になって、聖地への道を歩いた。

それまでの私は、ケガから復帰して、IWGPも奪還、G1も優勝したが、周りの選手の動きが異常に気になり、新日本の中に自分の居場所がないような感覚に囚われていた。しかし、シナイ半島の大自然に身を放った時、抱えていたこだわりや悩み、不安……全てがちっぽけなものに感じた。

旅の途中の5月1日には、福岡ドームで橋本の挑戦を受けるために一度帰国した。試合には敗れたが、再びエジプトへ戻って1人になった私は、自然とプロレスについてもじっくり考えた。その時、決意したことは周囲にどう思われようと自分のプロレスを貫くしかないという覚悟だった。その思いが「無我」へつながっていった。あの旅がなければ、既にプロレス人生を終えていたと思う。ちょうど年齢は40歳。私は「不惑」の心をシナイ半島で誓った。

この旅をきっかけに、家内とキリストの教えを学ぶことになった。結婚式は文京区の「東京カテドラル聖マリア大聖堂」で挙げたが、まだ信者ではなかった私達は、教会の方針で1週間、神父様から教えを受けた。その時に読んだ聖書の言葉に夫婦2人で感銘を受けたこともあった。

こうして2010年に調布カトリック教会で、私達夫婦は洗礼を受けた。

カトリック信者となってからは、より心も落ち着き、教会で手を合わせることが気持ちの切り替えにもなっている。

クリスチャン・ネームは私が「ボスコ」で家内は「アンジェリーナ」。洗礼名は自分で選ぶことができるが、私は、19世紀にイタリアで貧しい青少年のために尽力したヨハネ・ボスコから名前を授かった。ボスコのようにプロレスラーとして、子供達へ夢を与える存在でありたいという思いを込めた。

それは、これからのプロレス人生へ向けた私の決意でもあった。

無我

シナイ半島からエルサレムへの旅で迷いを断ち切った私は、翌1995年に「無我」を立ち上げた。

新日本を辞めることは考えておらず、あくまでも団体を活性化させるための自主興行の位置づけだった。ただ、会社から見れば、弓を引くような不穏な動きと受け止められても致し方ないと思っていた。クビも覚悟をしたが、社長の坂口さんと話し合い、私の考えを伝え理解をしていただいた。口には出さなかったが内心は、そんなことやらないで、みんなと一緒にやってくれよと思っていたかもしれないが、恩情のような形で認めてもらった。

現場監督だった長州には事前に相談はしなかった。誤解して欲しくないが、相談しなかったからと言って「無我」の設立は、彼のマッチメイクに対する不信感ではない。彼は「辰つぁん、余計なことをしてくれるな」と思ったかもしれないが、正直、当時の私にとって、新日本本隊でやっていくよりも行き着くところは「無我」しかなかった。

レスラーは、常に自らの存在感を意識するが、俯瞰して自分の立ち位置を見た時、当時の本隊で自分の居場所はなかった。それはシナイ半島からイスラエルへの旅の前から感じていたことだが、あの旅を経て、自分のやりたいことをやろうと改めて決意したのだ。そして、まずはとん挫した「ドラゴンボンバーズ」の構想を今度こそ形にすることが、自らの信念だった。

新日本の中に相撲部屋のようなユニットを作り、それぞれが新日本の管理下で興行をやり、最低限の利益を上納する。当時の新日本は、私が所属していた期間の中では選手、社員が最も多い時期だったが、興行は厳しかった。WAR、さらにこの95年には10月9日の東京ドームでUWFインターナショナルと全面対抗戦を行なったが、こうした他団体に頼るのではなく部屋別制度を導入し、新日本内部の対抗戦を行なえば、経営的にも会社の負担は減り、リング上は活性化すると考えていた。

加えて、リング上の試合も私が理想とするプロレスからは離れていた。やはり、カール・ゴッチさんから教えられたレスリングを追求し、残さなければならないという使命感があった。親しい人からは「そんな無理しないで、和気あいあいとみんなと一緒にやればいいじゃないか」と言われたが、今実行しないと、ドラゴンボンバーズのようにまた元の木阿弥になると思った。それでは絶対に後悔すると思ったし、とにかく自分が信じる道を突き進むしかなかった。それは、シナイ半島での不惑の誓いでもあった。だからこそ形がどうなるかは分からなかったが、とにかく走り出す決意を固めた。

「無我」のネーミングは私が付けた。シナイ半島を旅した時に、荒涼とした砂漠を見て「無」という文字が浮かんだ。これを生かしたフレーズはないかと考えた時に、家内の弟から「無我」はどうだと提案され、採用したのである。

猪木さんが新日本を旗揚げした時に自宅の庭を潰したように、私も団体には道場が何よりも必要だと考えた。そこで義父に相談すると、経営する会社の倉庫が大阪の堺市に空いているという。すぐに頼んで倉庫を借り、道場を用意した。

リングも義父の会社で作ってくれた。義父は安全性を重視し、新日本のリングで使う通常の鉄骨よりも厚めにしてくれた。だから、ウチのリングは他団体よりも重く、今もリング屋さんからは、「ドラディション」のリングは重いと言われている。

義父の工場では、他に前田日明のリングス、猪木さんのIGFのリングも作った。

95年1月4日の東京ドームでの試合を最後に「無我」設立のため、新日本の試合からは欠場した。その間、4月には猪木さんが北朝鮮で試合をやったが、「無我」へ走った私に参戦の声はかからなかった。旗揚げ戦は、10月29日、大阪・ATCホールに決まった。団体の理念である「古き良きプロレスの復興」を体現するため、外国人選手の招集にも力を入れた。ゴッチさん、ビル・ロビンソンら高いレスリング技術を持つ選手を多数輩出した、正統的なレスリングを伝承するイギリスの「ビリー・ライレージム」と提携し、選手を派遣してもらった。

興行は、新日本から資金援助は受けず、全て私の手弁当でやった。家内も選手の送迎や経理などで手伝ってくれた。家内からは「無我」をやってから、我が家の貯金が切り崩された、とこぼされたが、そうなるのは当然だった。なにせ、たった1試合の興行のために外国人を1週間前から日本へ呼び、私が理想とするレスリングを指導し準備を整えたのだ。

旗揚げ戦で私は、タリー・ブランチャードをドラゴンスリーパーで破った。以後、新日本のシリーズがオフの期間に自主興行を開催し、「無我」ならではのクラッシックスタイルはファンの理解を得ていた。当初は定期的に自主興行を行なったが、現実は厳しく、私が構想した通りには進んでいかなかった。

加えて、私自身が99年6月に新日本の社長に就任し、「無我」を最優先に考えることができない立場になった。会社のトップに立った以上、新日本の経営を何よりも優先するのは当然で、私個人がやりたいことを通すことは難しくなった。

ただ、「無我」には倉島信行、正田和彦（現・MAZADA）、竹村豪ら新人選手も加入していて、試合がなくなれば、彼らは闘う場を失ってしまう。私も社長として新日本の役員会で「無我」の興行を継続すべく方向性を説明したが、なかなか理解を得ることは難しかった。

そんな状況の時に長州から「新日本の中で無我をやったらどうなんだ？　そうすれば、辰つぁんの立場も安心じゃないか」と提案され、新日本のシリーズの試合の中で「無我」提供マッチとしてやることになった。長州は「無我」を始めてからは顔を合わせれば「大丈夫？」と気にかけてくれていた。長州の心遣いは、当時、私にとってありがたいものだった。長州の提案を受け、ボブ・バックランド、ドリー・ファンク・ジュニアらを招聘し、新日本の興行の中で試合をすることになった。

こうして振り返りながら「無我」について思うのは、私の中でやりたいことを急いだ焦りがあったということだ。新日本の中での部屋別制度、野球のような1軍、2軍制度の導入が本来の目的だったが、そのためには、やはり、もっとコミュニケーションをとるべきだった。ただ、後悔はない。逆にあそこで突っ走っていなければ、今頃、「何でやらなかったのか」と悔やんでいたことだろう。

nWo

私が「無我」と新日本本隊の狭間で葛藤していた時、爆発的なブームを起こしたのが蝶野正洋率いる「ｎＷｏ」だった。

アメリカのＷＣＷでハルク・ホーガン、ケビン・ナッシュ、スコット・ホールが結成したユニットを蝶野が１９９７年に新日本へ輸入し、日本版の「ｎＷｏジャパン」を結成すると、瞬く間に凄まじい人気を呼んだ。

実は、蝶野が最初に「ｎＷｏ」を率いてリングに上がった時、ファンが注目するのかどうか、私にはピンと来なかった。そんな中で蝶野は、Ｔシャツをシンボルとして試合以外の場でも着るなど、プロレスをファッションにした。それまでの新日本であそこまで自らをコーディネートするレスラーはいなかった。そこがファンには新しかったし、蝶野のセンスが光ったのだろう。

彼は、橋本、武藤と並んで闘魂三銃士と呼ばれたが、3人の中では性格的には、おとなしいというか、人をおしのけて出ていくタイプではなかった。G1で2連覇し注目を集めたが、常に橋本、武藤の後ろを歩いていたような印象だった。

それが「ｎＷｏ」で脱皮し、1998年8月8日に大阪ドームで私からＩＷＧＰヘビー級王座を初めて奪取した。レスラーには必ず脱皮、つまり飛躍のチャンスが来る。そこをつかみ「自分作り」を完成させることで地位が変わる。その意味で蝶野は「ｎＷｏ」で自らのブランドを確立した。

彼は、結婚する時に私と家内が仲人を務めた縁がある。ただ、若い頃に特に面倒を見た覚えはなかったのだが、なぜ、彼は私達に仲人を頼んだのだろう……？（笑）。いずれにしても「ｎＷｏ」で彼は脱皮し、それは今の蝶野を支える礎になっていることだけは揺るがないことだと思う。

長州の引退と復帰

1998年1月4日、東京ドームで最大のライバル、長州が引退試合を行なった。

引退に際して私に事前に相談はなかったが、トップレスラーと現場監督という二重の重責への疲労がピークに達しての決断だったと思う。当時46歳。体力的な部分では、全盛期のファイトを維持することが難しく、現場の舵取りには神経を使い、私の目には、現役を続けることが負担に見えた。

ライバルがリングを去ることは寂しかったが、マッチメイカーに専念した彼がどんな興行を仕掛けるか楽しみでもあった。1990年代にドーム興行で新日本を隆盛に導いたのは間違いなく長州の功績で、彼が新日本、つまり猪木さんが培ってきたイズムをしっかりと継承し、何をやれば新日本のファンが喜ぶかを感じ取る類まれな感性を持っていたからこそ、あれだけの選手を引っ張って来ることができた。

長州は、将来性ある若い選手が出てきた時に、とってつけたようなチャンスを与えない。ファンがその選手に対して、深い思い入れを抱くまでに修羅場を与え、そこをくぐり抜けた選手だけにスポットライトを浴びせた。単純なドラマではファンは振り向かない、様々な試練を与えクリアする姿を見せることで、観客を惹きつけることができるのだ。それが猪木さんのイズムでもあり、恐らく長州自身が私に反旗を翻し這い上がった体験も、彼のマッチメイクの根底にあった。レスラーにとっては厳しかったと思うが、そこまでストイックになったからこそ、ファンに支持され、ドームを毎回満員にできたのだと思う。

私はそんな長州のマッチメイクに全幅の信頼を寄せていた。だからこそ、現場監督に専念する姿に期待していたが、引退試合から2年半を経た2000年7月30日、横浜アリーナで大仁田厚とのノーロープ有刺鉄線電流爆破デスマッチで復帰してしまった。

復帰はともかく、私としては、相手が大仁田でしかも電流爆破と知って「長州よ、これだけは、やってくれるな……」と嘆きたくなった。当時私は社長だったが、現場が決めたことには介入しない姿勢を決めていたため、会議では賛成も反対もしなかった。内心では私にとって同じプロレスとは認められないデスマッチだったので「そこに手をつけるか……」と思っていた。しかし長州が決めたものなのだからしょうがない。そんなあきらめの心境だった。

長州は、長州なりに会社の経営状況を見て、火の中に飛び込むように復帰を決断し、大仁田を選択したのだろう。そこまでやらなければ、新日本の屋台骨が崩れる危機感を持っていた。その部分は理解するが、「名勝負数え唄」を闘ってきたライバルとしては、今でも複雑な思いは消えない。

猪木さんの引退

猪木さんが38年に及ぶ現役生活から引退したのは1998年4月4日、東京ドームだった。当時史上最多の7万人の観客を動員した興行に際し、私自身ファンとして憧れ、日本プロレスに入門し仕え、新日本の旗揚げで背中を追った師匠がリングシューズを脱ぐことは、本来なら弟子として万感迫る寂しさ、ショックがあったはずだろう。

この興行で私は、佐々木健介が持つIWGPヘビー級王座へ挑戦した。当時44歳の私が今さらIWGPへ挑戦するのは、正直抵抗があった。試合を決める時に長州がフレアー戦の前と同じように「辰っつぁん行けるか？」と聞いてきた。会議で、長州の提案に幹部は誰も反対しなかった。むしろ私が受け入れた時、ホッとした空気が流れた。この興行への思いは、誰もが一致しているのを私は感じた。

長州の思いを全て受け止め、私は健介へ挑んだ。フィニッシュはジャーマンで決めた。腰を痛めて、ブリッジを決めることができるかどうか分からない自分自身への賭けでもあった。G1で優勝した馳戦でもジャーマンを出したが、ブリッジは崩れてしまった。しかしこの時は、ブリッジを完成しフォールを奪うことができた。これには自分自身が「まさか！」と一番驚いた。不格好なブリッジだったが、それでも完成できたのは、他でもない猪木さんへの意地だった。全てを持っていかれてたまるかという反骨心がジャーマンを完成させたのだ。

馬場さんの死去

猪木さんの引退から翌年。１９９９年1月31日、ジャイアント馬場さんが61歳で亡くなった。馬場さんの突然の訃報を聞いた時、プロレスの象徴を失ったという喪失感があった。これからのプロレス界はどうなるのか？　あるいは、どう変わるのだろうかという漠然とした不安があった。

馬場さんはプロレスの象徴であり、いわばお目付け役でもあったと思う。プロレス界にいる人間は、誰もが馬場さんという存在があるからこそ、和を乱すようなはみ出したことはできないという暗黙の了解があったように思う。事実、亡くなった後に様々な暴露本などが乱発し、それまであったプロレスの常識と良識が崩れていった。馬場さんは、業界の秩序を守る番人だった。その唯一の存在がいなくなった途端にこの業界のルールは崩壊したと思う。

馬場さんと言えば、思い出すその姿は、日本プロレスの巡業風景だ。駅で歩いている時も、あらゆるレスラーより頭一つ出て、馬場さんがいることでプロレスが動いているようだった。ファンが囲む黒山の人だかりの中で葉巻を吹かす姿は、大衆にプロレスという光を照らす灯台のようでもあった。

私がヘルニアで長期欠場していた1990年5月14日、全日本プロレスの東京体育館大会へ馬場さんを訪ねたことがある。休んでいたこともあって、他団体が自分の目にどう映るか。また、自分が全日本の会場へ行くことで新日本がどう動くのかを見たかった。

控室でお会いした馬場さんは「何かあったら電話してこいよ」とニコッと笑って声をかけてくれた。あの笑顔にある何とも言えない安心感。馬場さんの人柄を表す最高の表情だった。

14章 苦難の社長時代

社長就任

千葉県の大網白里市に一戸建てを買ったのは1997年だった。

物件を見つけたのは、新聞のチラシだった。子供が飼育していたメダカやおたまじゃくしが入った水槽の下に敷いていた新聞紙の広告に目が止まった。そこには「ゴルフ場に住む家」と出ている。よく読むと庭がゴルフ場のコースに面した一戸建てだった。

このゴルフ場に隣接した家は、私の中でずっと憧れだった。WWFの定期戦に出場していたジュニア王者時代に、アーノルド・スコーランという興行部門の責任者の自宅へ招待されたことがあった。ニューヨーク近郊の小高い丘にあるスコーランの家は、ゴルフ場に面し、そこからニューヨークのマンハッタンが一望できた。庭に出るとゴルフ場の開放感がたまらなく「俺もいつかこんな家を建てたい」という思いを抱いた。

調布のマンションも気に入っていたが、あのスコーランの自宅を訪問した時の思いは、ずっと私の中にあり、「ゴルフ場に住む家」の広告に惹かれ、家内と物件を見に行った。

大網白里は、全く知らない土地だったから、東京からどれほど遠い場所なのかと思っていたが、高速道路で都心から1時間、ゴルフ場に面した家は静かで環境は抜群だった。スコーランの自宅への憧れと同時に当時は、リングを離れて気持ちを安らげる環境が欲しいと考えていたこともあり、家内に無理を言って購入することを決めた。
それからは、大網白里の自宅で何もせずゴルフ場をボォーと見ているだけで気持ちが落ち着いた。あの家は、今も息抜きができる、私にとって大切な場所となっている。

新日本の社長就任への打診が入ったのも、この家にいた時だった。あれは、１９９９年の5月過ぎだった。庭の草むしりをしていた時に携帯電話が鳴った。

相手は、私と猪木さんの共通の知人だった。会社を経営するこの方は、猪木さんの支援者で側近でもあった。電話の向こうで単刀直入に「新日本の社長になれ」と言われた。あまりにも突然の言葉に私は戸惑った。

打診を受けるべきかどうかを悩んでいると、様々な情報が入ってきた。猪木さんは、私が拒否した場合、レスラーではない社外の人物を社長に据える方針だという。私は、プロレス団体にとって何よりも大切なのはレスラーであり、力道山以来の伝統に則ってレスラーが社長を務めるべきだと思っていた。ましてや、新日本は旗揚げから携わって来た団体。違う分野の素性も知らない人間をトップに置くことだけは避けたかった。家内に相談すると「あなたに任せる」と言われ、打診を受けることを決断し、猪木さんの側近へ私の意思を伝えた。

そして、6月24日の株主総会で私は、新日本プロレスの3代目の社長に就任した。坂口さんは会長となった。

この間、会社のオーナーだった猪木さんからは、社長に指名した理由、これからの経営方針などを含め、何一つ私へ話はなかった。猪木さんから直接「お前が社長になれ」と命令されることなく私は社長になった。結局その後、社長時代に猪木さんが私に対して直接指示したことはほとんどなく、側近を通じ、あるいはマスコミを利用し、私へメッセージを突き付けることになるが、それは就任前から始まっていたのだ。

私としては、後1年は坂口さんが社長でいて欲しかった。できれば、その後に私が就任したかったのが本音だ。そうなれば、この後に起きる新日本の様々な負の連鎖も違った流れになったかもしれない。

橋本説得

社長就任を決断した時、トップとしてまず最初にやらなければいけない仕事が、橋本真也の復帰だと思った。

橋本は、1999年1月4日、東京ドームでの小川直也戦で一方的に顔面を殴られ、蹴られ、KOされてしまった。試合は無効試合だったが、完膚なきまでに叩きのめされた橋本は、「破壊王」のイメージを完全に失い、この試合後に欠場に入っていた。

小川のコーチは、デビュー以来猪木さんが務めている。この試合の時の小川は、「UFO」のエースという立場だった。ただ、新日本は「UFO」への興行への協力に難色を示していた。小川の攻撃は、恐らく猪木さんがそんな新日本に間接的に自分をアピールするために、指示したのだと思う。そこには、猪木さん自身が引退しても自分の存在価値があることを知らしめたい狙いもあっただろう。

当時の小川は、鳴り物入りでデビューはしたが、グレート・ムタに惨敗するなどプロレスの壁にぶち当たっていた。あの橋本への攻撃は、彼にとっては名誉挽回だったと思うが、大きな冒険でもあっただろう。起死回生の仕掛けだったが、これをきっかけに彼は何かを吹っ切って真の意味でプロレスラーとしてデビューした形になった。

小川とは、何回か直接話をしたが印象は、プロレス界全体をどう活性化するかといった意識やビジョンはなかった。全て個人のプライドが最優先だった。柔道時代に日本一、世界選手権で優勝、オリンピックでも銀メダルと輝かしい実績を引っ提げてプロレスに足を踏み込んだから、そのプライドを崩したくなかったのだろう。そんな小川の思いを満たし、チャンスをくれたのが猪木さんで、彼は我々、新日本の人間の意見には耳を貸さず猪木さんの言うことしか聞かなかった。

小川はともかく、社長になる私にとって橋本は何よりも大切な存在だった。彼はストロングスタイルを継承しようと、闘魂三銃士の中で一番自分作りをしていたし、これからの新日本を考える上でも絶対に必要不可欠なレスラーだった。

ところが、小川にKOされたことで、そのプライドはズタズタに引き裂かれてしまった。精神的ダメージが相当深く、道場にも姿を見せなくなった。恐らく周囲の人間に疑心暗鬼になってしまい、自分でもどう動けばいいのか分からない状況だったと思う。ただ、塞ぎ込んだままでは何も前に進まない。私は、彼に電話をして話し合いを申し出たが、最初の何回かは拒否された。それでも、粘り強く連絡を取り、ようやく応じてくれた。そこで、私の自宅の調布と彼が住む川崎の中間地点となる東京の稲城市のファミリーレストランで会うことになった。

人目を避けるため、会ったのは深夜2時ぐらいだった。最初は、彼の気持ちをほぐすことを考えて、復帰を打診することはなかった。ただ、レスラーの先輩として小川の試合について、かつて武者修行時代にゴッチさんから「やられたら、やり返せ」と教えられていたことから「何で返せなかったのか？　パンチ一つでも返せばあんな試合にはなっていなかった。そこはお前の油断だよ」と諭した。

そして「背負った汚名を晴らすのはリング以外にない。欠場が長引けば長引くほどファンの印象は悪くなり傷は深くなる。早く復帰すれば傷口は浅く済む」と説得し、彼も応じてくれた。

ただ、橋本からは他の選手と顔を合わせたくないから控室を個室にして欲しいと要望された。

私は、彼の思いを受け止めた。こうして、小川戦から5か月後の6月8日、日本武道館での天龍源一郎選手との試合で橋本は復帰した。

就任前にリングへ戻ってくれたことに心からホッとしたが、この後、さらなる波乱が待ち受けていた。

橋本解雇

復帰した橋本は、10月11日に東京ドームで小川にリベンジを挑んだが、返り討ちに遭った。そして、2000年4月7日、東京ドームで橋本は、またも小川と闘うことになる。

この試合は、テレビ朝日がゴールデンタイムで特番を用意した。視聴率を上げたい局は、インパクトを高めようと番組のタイトルに「橋本真也34歳　小川直也に負けたら即引退スペシャル」と銘打ち、橋本が負けた場合、引退することを煽った。この時の橋本は、「破壊王」と呼ばれた頃の飛ぶ鳥を落とす勢いをなくしていた。トップを張ったレスラーなら、意地を張るものだが、小川にKOされたショックを引きずり、反発すらしなかった。結果は、橋本が敗れ、ゴールデンタイムで「負けたら引退」を掲げた手前、容易に復帰できない状況に追い込まれてしまった。

もちろん、会社として橋本を引退させるわけにはいかない。ほとぼりが冷めた頃、橋本に復帰戦を打診し、相手は私が務めることを提案した。彼も私との対戦なら、と納得してくれ、10月9日、東京ドームの第1試合で橋本と対戦した。

社長就任から1年あまりを経たこの頃は、シリーズにはスポット的に参戦していたが、会社の業務が多忙で、練習がままならず最悪のコンディションだった。今でもこの試合のVTRを見ると、自分の体はむくんで、ひどい体調だなと感じる。試合は、橋本の思うようにやらせ、彼の蹴りを真正面から受けた。一方的に攻められ、最後はチキンウイングアームロックで敗れた。

試合後は、結果や試合内容よりも、とにかく橋本をリングに戻せたという安堵しかなかった。しかし彼は、その後のシリーズには帯同したくない、他の選手とは行動を共にしたくないと要望してきた。この時私の中で浮かんだのが「ドラゴンボンバーズ」や「無我」でかねてから実行したかった部屋別対抗戦構想だった。

橋本が新たなユニットを作り団体内で独立させ、独自興行をやりながら、新日本本隊と対抗戦を行なえば、橋本も復活するし、新日本にとっても新たな刺激になると考えた。

この提案を橋本も承諾し、専属のフロント社員を1人つけ、道場も港区内に用意した。ユニット名は「新日本プロレスZERO」で、あくまでも新日本内部の新組織だったが、橋本が予想外の行動に出てしまった。

独断で会社登記し、会社の承諾なしに三沢光晴選手が旗揚げした「プロレスリング・ノア」との交渉を始めたのだ。これは会社に対しての著しい規律違反であり、幹部会で処分を検討した結果、11月13日に解雇となった。その後、橋本は「プロレスリングZERO－ONE」を設立した。

橋本という貴重な選手を失い、さらに理想に掲げた部屋別対抗戦がまたしてもとん挫し、私にとって残念な結果になってしまった。一方でやはりレスラーは独立すると野心を抱くということを痛感させられた。団体のトップに立ち選手を動かしたくなる思いに駆られるのだ。私としては「無我」と同じようにあくまでも団体内で自主興行をしてもらう計画だったが、道場を用意し距離が離れてしまうと意思疎通の難しさを感じた。

ドラゴンストップ

解雇を下した橋本は、処分を決定してからわずか1か月半後の2001年1月4日、東京ドーム大会へ参戦することになる。相手は長州で、橋本は新日本にいた時からマッチメイクを批判するなど両者の対立は表面化していた。

社長に就いてから、マッチメイクは現場監督の長州へ全権を託しており、私は長州が決めたカードに反対することはなかった。この時も決めたカードを承認するだけだったが、ファンにとっては解雇した選手をすぐに起用することに疑問を抱いたことだろう。ただ、ここが新日本の凄いところというか、懐の深さと言える部分で、私と長州の抗争のように自然発生的に起きたハプニングを興行に生かすところが伝統的にあり、この時の橋本と長州の試合もまさに、新日本ならではの一戦だった。

ところが、どっちつかずのような状態のままで2人がリングに上がってしまい、私は大きな不安を抱いていた。

試合は、2人とも一歩も引かず意地の張り合いのような展開となった。私は、テレビの解説を務めていたので、放送席で見たが、橋本の蹴りを一方的に受けるしかない長州を見た時に、このリングに彼を置きたくない衝動が込み上げてきた。

お互いにどっちづかずで、やるなら徹底的に叩きのめせばいいが、そこまでも行かず、何をしたいのか分からない。こんな中途半端な空間に私の永遠のライバルである長州がいて欲しくなかった。

タイガー服部レフェリーが私に判断を仰いできたが、服部さんの動きとは関係なく私は衝動的にリングへ上がって試合を止めた。

結果、凄まじいブーイングをファンから浴びた。ただ、私が止めずにあのままやらせていたらどうなっていたんだろうか、と思う。どちらかが力尽き、観客は納得したかもしれない。一方で、暴動が起きる事態になっていたかもしれない。後に「ドラゴンストップ」と言われた私の介入だったが、繰り返しになるが長州をあんな試合で潰したくなかったことが真意だ。

橋本は、この年の3月に「ZERO－ONE」を旗揚げし完全に独立した。それ以降は、ほとんど接点はなくなったが、2005年7月11日に40歳の若さで生涯を閉じてしまった。訃報を聞いた時は、ただただ驚くばかりでショックという言葉しか見当たらなかった。レスラーとしては素晴らしい輝きを放っていたし、人間的にも何をやっても憎めない愛すべき男だった。あまりに早い逝去に今も無念の思いしかない。

上場計画

社長に就任した時、会社の事務所が六本木のテレビ朝日内から渋谷区東2丁目のビルへ移転した。賃貸ではあったが、地上6階の自社ビルだった。この新事務所で私が掲げた最大の目標が株式の上場だった。

店頭公開することで、多くの資金を調達することになり、ひいては会社の経営が安定すると考えたのだ。具体的には、ナスダックへの上場を目指し、経理担当の社員に加え社外から証券会社、監査法人を入れて、勉強会を繰り返した。上場が実現した暁には、自由が丘にトレーニングジムが入ったビルを自社ビルとして購入する方針だった。

さらに、トレーニングジムを全国展開し、引退したレスラーのセカンドキャリアとして仕事を提供する構想を描いた。同時に各地のジムがチケット販売など興行の拠点になることも考えた。また、ちょうどこの時期に日本航空が熱海の保養所を売りに出しており、温泉や娯楽施設を生かして、ここを買って「闘魂旅館」などと名付け宿泊業も展開することも考えていた。

上場以外には、解雇になる前の橋本を大将に据えて前田日明の「リングス」と対抗戦を行なう構想もあった。前田を渋谷のビルに呼んで交渉をしたこともあった。様々な夢を抱き、また破れた渋谷のオフィスは、何ともほろ苦い場所でもあった。

また、この頃、自民党のある大物政治家から2001年7月の参院選への出馬を打診された。迷ったことは事実だが、政治の世界に足を踏み入れることに抵抗を感じ、最終的にはお断りした。数年後、新幹線の中で別の大物政治家と会った時に「あれだけの出馬要請を断るとは藤波さんは勇気があるね」と言われたことがあった。もしも出馬していれば当選したかもしれない。ただ、そうであれば今、こうして50周年を迎えていなかっただろう。

格闘技への葛藤

社長時代の1999年から2004年は、プロレス界全体が格闘技イベントの勢いに押された時期だった。

昭和時代の我々のようにK−1、PRIDEが観客を集めて、テレビのゴールデンタイムで中継されプロレスのお株が奪われる時代になってしまった。その中で新日本からPRIDEへの参戦も相次いだ。

最初に藤田和之が猪木事務所所属としてPRIDEに出場した。次にケンドー・カシンの石沢常光、永田裕志、中西学、中邑真輔らが格闘技イベントに参戦した。いずれも、学生時代にレスリングで高い実績を持っていた選手ばかりで、プロレスラーの誇りを胸に参戦していた。

ある年の大みそか、「K−1対猪木軍」という企画が生まれた。K−1はテレビ局とタッグを組んで、大みそかにNHK「紅白歌合戦」の裏番組として大々的に宣伝、中継した。新日本のレスラー達は、レスラーの矜持を持ち、限られた条件の中精一杯闘った。

しかし私は、プロレスラーが格闘技へ参戦する場合、もともとの成り立ちが違うので、とても難しい闘いになると考えている。格闘技は1秒でも相手を早く倒せば終わる競技。一方のプロレスは、互いの技を受け合って試合を高めていくもので、相手と向かい合った時の呼吸が違う。

プロレスラーは相手と組み合うことが体に染みついているし、技を受けてしまうクセがある。顔面へのキック、パンチへの対応はすぐにはできない。もし総合格闘技に参戦するなら、それに対応するため根本から練習し直さなければダメなのだ。

例えば、1975年頃に新日本にイワン・ゴメスというブラジリアン柔術家が留学したことがあった。彼は道場のスパーリングで、プロレスでは反則のチョークスリーパーで必ず絞めるのがパターンだった。レスラーは、チョークに対して無防備だから、私も彼とのスパーでは絞められたことがある。ゴメスに我々が絞められると猪木さんは「いつ首を絞められるか分からないから、常に警戒心を持って試合をやらないとダメだ」と教えてくれた。

こうした指導もあって、最初は彼のフェイントをかまして首を絞める技術に対応できなかったが、練習を繰り返すうちに慣れてきて絞められることはなくなっていった。

道場では実力を発揮したゴメスだったが、プロレスの試合になると動きはぎこちなかった。それほど、プロレスと格闘技というものは違うのだ。だからこそあの時、全く違うK－1、PRIDEのリングに上がった選手達の勇気と決断には、今も私は敬意を持っている。

武藤退団

格闘技の波が押し寄せた渦中の2002年1月、武藤敬司が新日本を退団した。武藤は、前年の01年から全日本に参戦し、三冠ヘビー級王者に就いており、そのまま全日本へ移籍した。長年のライバル団体だった全日本は、馬場さんが亡くなった後にエースの三沢光晴らが2000年6月に大量離脱し、新たに「プロレスリング・ノア」を設立していた。全日本に残ったのは川田利明、渕正信の2人だったが、社長に就いた馬場さんの妻・元子さんが団体を存続させ、新日本との対抗戦に活路を見出していた。その流れで武藤が全日本へ参戦し、全日本サイドから移籍を打診され、新日本離脱を決断したのだ。

武藤は小島聡、ケンドー・カシン、さらに社員数名と行動を共にし、全日本へ移った。武藤達の移籍は、事前に全く察知していなかったが、彼はもともと志があるレスラーだったから、純粋なプロレスを表現する場を求めて移籍を決意したのだろう。

坂口さんは、武藤が結婚した時に仲人を務め、公私ともにかわいがっていたから、突然の離脱に残念がっていたが、私は武藤の気持ちに理解できる部分もあり引き留める気持ちはなかった。

それ以上にショックだったのが、共に上場へ向けて動いていたスタッフが武藤と一緒に全日本へ行ってしまったことだった。会社の心臓部とも言える経理部門を把握していたスタッフの退社は、会社にとって大きなダメージだった。私個人としても、上場へ向けて一緒に希望を持って汗を流していただけに心の中に穴が開いたような気持ちになった。

その後長州も退社、空席になったマッチメイカーには蝶野が指名された。猪木さんはかねてよりマッチメイカーの条件として「シングルマッチでメインイベントを務めた経験のあるレスラー」を掲げていた。シングルでメインを務めることで、興行の全ての流れを掌握する術を覚えていくというのが猪木さんの持論だった。取締役に抜擢された蝶野は、もちろんその条件を満たしており、選手を動かすことに長け、私も彼以外にマッチメイカーの重責を務められる人材はいないと思った。

橋本、武藤、長州と新日本の看板が立て続けに抜けた時期で、私も社長として苦しい日々だったが、支えは社員達の仕事ぶりだった。社内がこれほど激震に見舞われても、それぞれが自分の部署で黙々と業務をこなし、興行の日程を変わらずに押さえていた。これが30年以上興行会社として続けてきた会社の底力なんだと、社長として感心し、社員のために頑張らなければと気持ちを新たにしていた。

引退を巡って

社長に就いた時、猪木さんから一つだけ言われたことがある。それが「レスラーを辞めて、社長一本でやれ」ということだった。

私は、社長業をこなすと同時にリングには上がり続けたかったが、猪木さんは二足の草鞋を履くことを良しとはしなかった。

その状況の中で生まれたのが、引退へのカウントダウンとなる「エピローグ・オブ・ドラゴン」だった。

猪木さんも94年5月から98年4月の引退まで「ファイナルカウントダウン」と銘打ち、引退ロードを歩んでいた。この時の私も、猪木さんの企画を参考に、2000年5月5日の福岡ドーム（現・福岡ＰａｙＰａｙドーム）での蝶野戦から引退ロードをスタートさせた。

近い将来の引退を宣言してスタートした「エピローグ・オブ・ドラゴン」だったが、時間が経つにつれ、よりプロレスへの思いや愛情が日に日に増していった。そして引退ロードの中でも、時間が経てば次の動きが生まれるだろうと思っていた。

社長として自分の引退ロードが新日本にとっても良い刺激になればいいと思っていた。私の引退ロードが注目され、それが少しでも興行のプラスになればと、会社が回っていくことを第一に考えていた。

「エピローグ・オブ・ドラゴン」は、2001年2月3日の札幌きたえーるの藤原喜明戦までの3試合で自然に消えた。私自身のプロレスへの変わらぬ愛情があったため、ある意味当然の流れだった。

2003年の大みそかに、猪木さんが日本テレビと組んで神戸ウイングスタジアム(現・ノエビアスタジアム神戸)で格闘技イベント「INOKI BOM-BA-YE」を開催した。興行の目玉として、テレビ局が私の「引退試合」を企画し、猪木事務所を通じて打診された。

この年の大みそかは、フジテレビ、TBSと3局が『紅白歌合戦』の裏で格闘技中継を放送するという、格闘技人気が絶頂の時で、日テレとしては何が何でも目玉が欲しかったのだろう。この時も変わらぬ現役へのこだわりがあり、要請に応じるか応じざるべきか、物凄く悩んだが、結局、猪木さんのイベントということもあり引退を表明することとなった。

当日は、リング上の猪木さんに呼ばれ、ジャージ姿で登場した。様々な想いが去来するリング上で、直接辞めることには言及しないでいると、猪木さんが突然飛び掛かって来た。急遽、5分間のエキシビションマッチとなったが、放送では「藤波引退試合」とテロップで紹介されていた。

結局、その影響で翌2004年は1試合もリングに上がることはなかった。その後、引退を撤回することになるが、ファンの皆さんには「引退」を宣言したことで右往左往させてしまい、本当に申し訳なかったと思っている。「引退」という選手にとって最も大切な決断を何度も考えなくてはいけないほど、社長として忙殺されていた。あの神戸はそんな時期の自らの迷いを象徴する試合だった。この頃は、会社の業務に奔走し、リングにも上がれず、練習もできず、ストレスの塊みたいな状態だった。

胆のう摘出

引退を宣言していた渦中の2004年1月7日、胆のうを摘出する手術を行なった。

最初に違和感を感じたのは、娘が受験した幼稚園の面接前日だった。背中が突っ張り、あまりの激痛に耐えきれず救急搬送された。その時に医師から「胆石かもしれません」と診断されたが、痛み止めだけを打ってもらい処置をした。

それから数年間、放ったらかしにしていると、痛みが出る発作が起きる感覚が短くなってきた。ある時は、試合前に痛みが激しくなりタクシーを呼んで控室から病院へ駆け込み、痛み止めを打ってリングに上がったこともある。そんなことが何回か続いて、いよいよ手術しなければならなくなり、この時に胆石が詰まっている胆のうを除去するためにメスを入れた。

ただ、体を見せるレスラーである以上、開腹手術で傷が目立つのは嫌で、腹腔鏡で手術を行なった。ヘソの周りの3か所に穴を開けて、そこから胆のうを摘出した。取り出した胆のうは、長年にわたって石が詰まっていたのを放置していたため、ヘドロのようになっていた。

今も自宅にはあの時の石は取ってあるが、これは社長時代の苦悩の表れでもある。

社長交代

2004年6月23日、新日本プロレスの株主総会で私は社長を解任され、副会長となった。社長就任を打診された時と同じように、総会の何日か前に猪木さんの側近から辞めることを通告された。

今、社長時代の5年間を振り返るだけで胃が痛くなる。私の人生の中で最もつらい日々だった。当時は、周囲、社内、マスコミから「優柔不断」と揶揄された。会社と猪木さんの間に板挟みになり、どちらにもいい顔をしようと見えたからそう評された。

私自身も、あの頃の自分はまるで「やじろべえ」のようだったと思う。右側に現場があって左に猪木さんがいるとするなら、新日本が軽くなれば、現場へ歩み寄る。そうすると猪木さんは反発する。オーナーの意向を無視するわけにいかず今度は猪木さんへ向かうと、新日本の社内に不信感が生まれた。あの頃、猪木さんはニューヨークに住んでいて、自宅へ戻る時に成田空港で会見を開いていた。私も猪木さんの意向を聞くためによく成田へ通ったことを思い出す。

会社と猪木さんの狭間に立った私は常に両方がいい具合になるようにバランスを取る以外に方法はなかった。周りから見れば優柔不断に見えたが、そうしなければ会社は成り立たない状況だった。優柔不断になる以外にどんなやり方があったのか、と今も思っている。

苦しかった社長時代で助けられたのは、坂口さんの存在だった。何かあると、私は坂口さんに相談し、自分にとってはいいアドバイザー役だった。もしも坂口さんがやけを起こして辞めていたら、新日本は終わっていたと思う。銀行の坂口さんへの信頼は絶大で、おかげで新日本は苦難の時代も倒れなかった。

社長を下りる時に無念だったのは後任が猪木さんの経営コンサルタントを務める外部の人間だったことだ。私は、プロレス団体のトップはレスラーでなければいけないと考えている。その意味で後任が蝶野だったら、私もわだかまりなくバトンを渡せた。そこは今も無念に思っている。

新日本退団

２００６年6月30日、新日本プロレスを退社した。

猪木さんが日本プロレスを追放され、１９７２年1月に会社を設立する前から携わり、草創期は家族のように思っていた団体を私は去った。

この前年の２００５年11月に筆頭株主だった猪木さんは、会社をソフト受託開発会社「ユークス」へ売却した。オーナーが変わり、06年の契約更改では10選手が退団した。猪木さんが株を手放した理由は分からない。私は、ずっと背中を追ってきた人がいなくなった会社は「新日本ではない」と受け止め、家内にも相談し「もう頑張りすぎるぐらい頑張ったから、いいんじゃない」と背中を押され退社を決断した。

最後の試合はこの年の1月4日の東京ドームだった。その直後にショックな別れがあった。１月28日にブラック・キャットが51歳の若さで急逝してしまった。急性心不全だった。

「ネコちゃん」の愛称であらゆる選手から人望があったメキシコ人の彼とは、メキシコで出会った。私を慕って来日し、新日本に所属してからは若手選手のコーチやリング内外で団体のために尽力してくれた。私にとっても新日本にとっても欠かせなかったネコちゃんの死は私にとって大きな衝撃で心の糸がぷっつり切れてしまったようだった。

2006年1月4日。新日本ラストマッチとなった。(提供:山内猛)

レスラーとしては私を生み、育て成長させてくれた新日本。そしてフロントとして社長に就き、経営を学び過酷で反省する部分も多くあるが、いい人生勉強をさせてもらった。

あれから15年以上が経つが、新日本プロレスは、私のプロレス人生の全てが詰まった故郷であることは揺るがない。

15章 WWE殿堂入り

無我ワールド

新日本を退社した私は、新たな団体「無我ワールドプロレスリング」に参加した。

この団体は新日本を退社した西村修、田中秀和リングアナウンサーらが設立に奔走した。彼らからは新日本を辞める前から合流することを要請されていた。彼らの熱意に押され、引くに引けない形で私は新天地へ闘いの場を移した。

新団体には、ヒロ斎藤、後藤達俊らも合流し2006年8月2日、後楽園ホールで旗揚げした。事務所を運営するには社員が少なく、家内にも手伝ってもらった。選手を抱えていたから、試合を行なわなければ経営は回っていかない。そのため当初は興行数も重ねたが、しかし、これは私も含めてレスラーの悪い部分で、試合をこなせば生活ができるという先入観があった。組織として体制が整っている新日本ならそれは許されたが、小さな団体ではレスラー自身も営業し、スポンサーを獲得しなければ、業績は上がっていかない。

「無我ワールド」も07年12月13日の後楽園ホール大会を最後に活動は停止した。

三沢

「無我ワールドプロレスリング」時代に忘れられない試合がある。2007年9月9日、プロレスリング・ノアの日本武道館大会に参戦し、初めて三沢光晴選手と闘ったのだ。

試合は西村と組んで、三沢、潮崎豪組と対戦し、西村が足4の字固めで潮崎を破った。

私は三沢選手に対しては、ノアではなくあくまでも「全日本プロレス」というイメージを持っていた。全日本出身の選手とは新日本時代もWARとの対抗戦で天龍源一郎選手と闘ったが、私の中では天龍選手には「全日本」という看板を実は感じていなかった。

私の中での「全日本」は、やはり創設者のジャイアント馬場さんで、「王道」と呼ばれた馬場さんのプロレスをジャンボ鶴田さんが継承し、三沢選手はその流れを正統的に受け継いでいると捉えていたのだ。

三沢選手とは、それ以前に05年5月14日の東京ドームで越境タッグを結成し蝶野、ライガーと対戦したが、その時はあくまでもタッグ。この初対戦は、私にとって初めて「全日本」の選手と肌を合わせる感慨があり、久々にリング上でゾクゾクする不思議な感覚を覚えた。

対戦して思い出したのは、私が入門した日本プロレスのスタイルだ。三沢選手とリングで対峙し、「日プロ時代は、こうだったな」という懐かしさを覚えた。馬場さんは、日本プロレスの

2007年9月9日、プロレスリング・ノア日本武道館大会に参戦し、三沢選手と初対戦した。（提供：山内猛）

スタイルをそのまま自らの団体でも受け継いだのだと分かった。新日本は猪木さんがゴッチさんの影響を受けているので、独自のスタイルを確立したが、三沢選手と肌を合わせ、馬場さん、鶴田さんを経て力道山先生時代からの基本通りのプロレスが脈々と息づいていることを教えられた。

三沢選手とは、私が新日本の社長時代に恵比寿のウエスティンホテルで何度か食事をしたことがある。口数は少なかったが、温厚で礼儀正しい好印象を持ったものだった。

09年6月13日、三沢選手は試合中の事故で46歳の若さで亡くなってしまった。会食するたびに、体調が良くないことを感じていた。私が社長時代に経営面で悩み、思うように体が動かせなかったのと同じように練習ができていないのではないか、と心配していた。団体を背負う責任感から自らの体調よりもノアのために体を捧げ、天国へ旅立ったと思う。できるなら、もっと闘いたかったしタッグを組みたかったし、リングで顔を合わせたかった。今もそんな思いに駆られる、歴史に残る偉大なレスラーだった。

LEONA

「無我ワールド」の活動を打ち切り、2008年から名称を変え新たに立ち上げたのが現在の

「ドラディション」だ。

「ドラディション」スタート後の最大のサプライズは、スタート4年目の12年4月20日の後楽園ホール大会で起きた。

この日は、私のデビュー40周年ファイナル記念大会で、長州、初代タイガーマスクとトリオを結成して、蝶野、ヒロ斎藤、ＡＫＩＲＡと対戦した。試合はＡＫＩＲＡをドラゴンスリーパーで下し、さらに記念セレモニーに猪木さん、前田日明が来場してくれた。猪木さんに「1、2、3、ダァー」で締めていただき、最高の気分でリングを下りようとした。

驚いたのはその直後だった。長男・怜於南が何を思ったのかリングサイドまで駆けつけ、マイクを持ち、プロレスラーになりたいと私に直訴したのだ。

ハッキリ言って、私は何も知らなかった。後から聞くと家内も聞いてなかった。マイクアピールは完全に彼の単独行動だった。猪木さんの「ダァー」でのハッピーエンド気分から一転、頭の中が真っ白になり「何を言い出すのか」と困惑した。

帰りの車中も自宅に帰ってからも、息子も家内も家族は誰も口を開かなかった。晴れの40周年記念の試合後の藤波家は、息子の直訴で何とも言えない重苦しい雰囲気になってしまった。

家内に聞くと、中学を卒業する時に「プロレスラーになりたい」と彼女には打ち明けていたという。その都度、家内は猛反対していた。私は全く知らなかったが、思い返せば、私が遠征

2012年4月20日、後楽園ホール。デビュー40周年ファイナル記念大会。（提供：山内猛）

から帰ると、家内と息子が真剣な表情で話し合っていた姿を何度か見た。私が帰るとその会話は途切れ、いつもの家族の雰囲気に戻ったが、その時に家内に相談していたのだろう。

怜於南は当時、19歳で大学在学中だった。彼としては、高校、大学は親の言う通りに進学したが、20歳になる前に自分の意思を貫きたかったのだろう。ファンの前でアピールし既成事実にすれば、私も家内も反対できないという計算もあったと思う。いずれにしても、息子なりの必死の叫びだった。

彼は私に憧れてプロレスラーを志した。息子が自分の仕事を尊敬してくれ、親としては内心は嬉しかった。ただ、私自身が経験してきたケガや過酷な闘いを息子がやると思うと、もろ手を挙げて賛成はできない。後楽園での直訴から家内と何度か話し合い、私達も悩んだが、あそこまでアピールした息子の思いを頭ごなしには否定できないと私は結論を出した。いくら親とはいえ本気で息子がやりたいことを止めてしまえば、彼の将来に悔いが残ると思い、レスラーになることを認めた。

レスリングを学ばせるため、イギリスのビリー・ライレージムでの修行を経て、リングネームを「LEONA」とし、13年11月19日、後楽園ホールでの船木誠勝戦でデビューした。あれから8年あまりを経て、彼も様々な経験をしたと思う。大きなケガで長期欠場したこともあった。私の息子であることでプラスもあるが、反対にストレスも溜まることも多いと思う。

レスラーになることを直訴したLEONAと。（提供：山内猛）

私は、60歳の若さで亡くなった自分の父親が、私に何もしてやれなかったと思ったであろう無念の分まで、ＬＥＯＮＡにはできる限りのサポートをしてやりたいと思っている。プロレスラーとして成長することはもちろん大切だが、それ以上にリングで闘ったことが長い人生にプラスになるような生き方を悔いのないようにしてもらいたいと願っている。

それが父親として今のＬＥＯＮＡへの率直な心境だ。

殿堂入り

２０１５年3月19日、アメリカから思わぬ吉報が飛び込んできた。

世界最大の団体「ＷＷＥ」が殿堂（ホール・オブ・フェイム）へ私を迎え入れることを発表したのだ。日本人のＷＷＥ殿堂入りは、猪木さんに続く2人目の栄誉だった。２０１３年12月28日の誕生日に60歳の還暦を迎え、「引退」も現実に考え始めた時だっただけに、力を振り絞ってもう1度現役を続けようと決意させられた、とてつもない力を与えてくれる受章だった。

表彰式は、3月28日、カリフォルニア州サンノゼのＳＡＰセンター・アット・サンノゼで開かれた。家族と一緒に現地に入ったが、嬉しかったのは、前日にデンバーに住むビッグバン・ベイダーが祝福のためホテルまで駆けつけてくれたことだった。彼は初来日した当時、私と何

WWE殿堂入りのセレモニーで拳を突き上げた。（提供：筆者）

度も闘ったことが「今の自分を作ってくれた」と感謝してくれ「それだけに、殿堂入りは自分のことのように嬉しい」と喜んでくれた。ベイダーの私への特別な思いは、私にとって嬉しいサプライズだった。

表彰式では、武者修行時代に知り合い、東京ドームとアメリカで闘ったリック・フレアーが私を「ＩＷＧＰとＮＷＡの両王座に就いた日本で最高のレスラー」と紹介してくれ、登壇した。私は英語で「私はデビューして43年。61歳になりますが、まだまだ現役で試合をしています。それは私にとって使命だからです。殿堂に入ることができましたが、これからも挑戦を冒険を続けていきたいと思っています」とスピーチした。

私のあいさつに満員のファン、ＷＷＥ関係者、レスラーは万雷の拍手で祝福してくれた。あの壇上から見た風景は、感無量としか言いようがない。レスラーにとって最高の場所だった。１人でも多くのレスラーにあの光景を見て欲しい、と願っている。そのためにこれから日本での殿堂を確立すべく尽力したいと考えている。

狭窄症

１９８９年７月から１年３か月の長期欠場へ私を追い込んだ腰の椎間板ヘルニアは、針治療を中心にケアを続けてきたが、メスを入れることなくリングには上がり続けた。手術をしなかったため担当の医師からは「騙し騙し、ここまで来ているから、いつかはドンっと来ますよ」と警告されていたが、2015年夏に本当にその時が来た。

殿堂入りを記念した大会の会見を開いた当日の朝に腰に激痛が走った。脂汗を流しながら何とか会見を行なったが、そこが限界だった。記者が帰った後に友人を何人か呼び、車で国際医療福祉大学三田病院へ運んでもらった。診断の結果は「脊柱管狭窄症」だった。背骨の中にある「脊柱管」が狭くなり神経を圧迫する病だったが、幸い病院に権威の先生がおり、9月3日に緊急手術を受けた。

ヘルニアの時は手術を拒否した私だったが、この時ばかりはメスを入れたくないなどと言っていられない状況で、とにかく、この激痛を取って欲しい一心で手術室へ入った。

背骨を削り神経の通りを良くする手術を行い、5時間ほどにおよんだが無事に成功した。術後、しばらく腰の痛みは続いた。約10日間の入院生活の最初の方は、仰向けにはなれず、ずっとうつ伏せで寝ることしかできず、再び歩けるようになるのか不安がよぎったが、そこから歩行器を使ってリハビリし無事に退院することができた。

緊急手術で10月1、3、4日と後楽園、大阪、博多で開催した「ドラディション」の殿堂入り記念大会の欠場を余儀なくされた。一方、手術前に武藤敬司が運営していた「WRESTL

E－1」の10月31日の後楽園ホール大会に参戦も決まっていたが、欠場する意向を武藤に電話で連絡を入れた。

すると、彼から「リングで何もしなくていいから立っているだけでいいですから、とにかく出てください」と懇願され、不安はあったが、手術から約2か月でリングに復帰した。

足が思い通り動くのか、心配だらけの復帰戦だったが、これが我ながらレスラーというのは、つくづく不思議な性質だと思うが、リングに上がると、そんなものは全て消えて、普通にドラゴンスクリューをやっていた（笑）。

手術から6年を経たが右足、特に小指の神経が鈍い。横へ動く時に、小指から中指の踏ん張りが弱くなった。その影響で頭でイメージした動きが0コンマ何秒ずれる。これがイライラする。以前なら考えずとも無意識でポーンッと動けたが、今は、それが遅れるのだ。

ロープワークも昔は目をつぶっても走れたが、今は私が頭の中で思い描いたようには飛べない。現役である以上、自分の理想とかけ離れた動きしかできないことは、とてつもないストレスだ。腰さえ悪くなければ、飛び蹴りでも、ドラゴンスープレックスでもドラゴンロケットでもやってやりたい気持ちはある。せめて飛び蹴りだけでもやれないか、日々、葛藤の毎日だ。

長州引退

永遠のライバル、長州力が引退したのは2019年6月26日、後楽園ホールだった。

長州は引退する理由として68歳を迎え「リングに上がることが怖くなった」と明かした。私も痛いほどその気持ちは分かるが、やはり、ライバルがリングを去ることに、人一倍の寂しさを感じた。

長州は引退試合に私との対戦を希望してくれた。私にとってもライバルのラストマッチで闘えることは望むところで、長州は、越中、石井智宏と組み、私は武藤、真壁刀義とのトリオでリングへ上がった。

先発は私と長州だった。ゴングが鳴り、ロックアップで組み合った時、長州の衰え知らずのパワーを感じ、辞めるのが惜しい気持ちになった。

試合は、長州が真壁に介錯され現役生活にピリオドを打った。引退セレモニーで長州は奥さんをリングに上げ、キスをされるシーンがあった。感動的な場面だったが、もしも私に引退する日が来た時、恥ずかしがり屋の私に、あのシーンはできないなと思ったものだった（笑）。

長州の引退試合当日は、瞬く間に過ぎ、感傷的になる暇もなかった。しかし一夜明けて、目が覚めると「もう長州と闘うことはないのか」という寂しさが急に襲ってきて、数日間は、心の落ち込みが激しかった。

長州については、何度も書いてきたので、ここで改めて特別に語ることはない。

彼がいたから、ジュニア時代とは違う新しい「藤波辰爾」を確立できた。そのことは感謝以外にない。

ただ、今後について一つだけ思っていることがある。プロ野球ではシーズンオフにOB戦などが行なわれるように、引退した選手がファンの前で投げて打つ姿を見せている。

だからこそ、長州も復帰ではないが、1年に1度ぐらいリングに上がってもいいと思っている。時期が来たら長州にそんな話をしてみるつもりだ。

新日本復帰

66歳になった2020年1月4日、新日本プロレスの東京ドーム大会に12年ぶりに参戦した。

引退する獣神サンダー・ライガーが私とのタッグを希望してくれたことで実現した新日本マット復帰だった。試合が決まってから、食事を管理し専属トレーナーの指導を受け、体をシェイプアップした。自分に鞭を打って体を作ることは、ドームという大舞台、故郷である新日本のリング、そしてレスラーである私の引退するライガーへの最低限の礼儀と敬意だった。

ガウンもこの試合のために特別に作った。創設者である猪木さんのイメージカラーである赤を基調に背中に新日本のライオンマークと私の竜とライガーのイラストを描いた。花道を歩いた時は、万感の思いが込み上げてきた。スタンドでは家内が観戦し、ＬＥＯＮＡがセコンドについた。私の入場に２人とも込み上げるものがあったという。

新日本とは退社後には2度と交わることはないと思っていた。だからこそ、なおさら私も家族もドームのリングに再び立ったことに特別な感慨があった。

試合では私はライガー、ザ・グレート・サスケ、タイガーマスクと組み、田口隆祐、佐野直喜、高岩竜一、大谷晋二郎と対戦した。08年1月4日以来、本当に久々のドームは、やはり格別だった。最高の舞台を用意してくれた新日本、そしてライガーには改めて感謝の思いでいっぱいだ。

２０２２年、新日本は創立50周年を迎える。猪木さんが血のにじむような思いで旗揚げしてから半世紀。もし許されるなら、猪木さんを筆頭に私や長州らあらゆるＯＢが集まる機会があれば、これ以上の喜びはないだろう。

猪木さんへ今語りたいこと

50年のプロレス人生を綴ったこの本も、そろそろ筆を置く時がきた。

こうして半世紀を振り返ると、中学を卒業し、日本プロレスへ入門、新日本プロレス旗揚げ、海外武者修行、ニューヨークでの戴冠、ジュニア時代の栄光、長州力との抗争、飛竜革命、猪木さんとの60分フルタイム、長期欠場、無我、社長就任、退社、そして現在のドラディションと、紆余曲折、波乱万丈の50年だったと我がことながら実感する。ひと時も安らぐ時間はなかったとも思う。

そして、50年間で最も影響を受けた人は、やはりアントニオ猪木さんだ。プロレスラーとしてのあるべき魂、姿を私に叩き込んでくれた。一方で飛竜革命のように、レスラーとして猪木さんと真っ向から対立した時もあったし、社長時代には、恨めしく思うこともあった。実際、新日本を退社してからしばらくは、距離を置いたこともあった。

じゃあ、今もそんな思いがあるのかと言えば、私の中では、過去の葛藤など大した問題ではない。そんなマイナスな感情にいつまでも自分を置きたくない。それ以上に心のどこかで常に消えないのは、猪木さんへの憧れを抱きながらレスラーになった時のことで、それが私の原点だ。

今も浮かぶ光景は、控室でガウンのひもを結んだ瞬間の緊張感と扉を開けて花道に出た時の空気感だ。猪木さんが一歩を踏み出して姿を見せただけで観客の雰囲気が一気に変わった、あの緊迫感。猪木さんだけが作り出す世界。私は、その背中に憧れ、その空気を肌で感じたからこそ、プロレスラーとして自らを高めようとし、その結果、今があると思っている。

私はプロレスラーとしての原点を大切にしたい。16歳で入門した時に感じたこの思いは、50年以上を経ても、何ら変わることなくまるで血液のように私の体に流れている。「プロレスラー藤波辰爾」は猪木さんの背中を追っていなければ存在しない。この思いは、過去の恨みなどははるかに超越し、今、残っている感情は「私は猪木さんにはかなわなかった」という脱帽感だ。猪木さんに憧れて何とか近づこうとマネをしたからこそ今の自分がいる。何よりも出会えて良かった。心の底からそう思っている。

猪木さんとは、ここ数年、２０１９年8月27日に亡くなった妻の田鶴子さんがお元気だった頃、月に1度のペースで家内も交えて4人で食事をしていた。

還暦を過ぎた私だが、猪木さんを前にすると、いつもファンだった中学生時代に戻ってしまう。憧れの人を前にして緊張し、話せなくなるのだ。そんな私の姿を見た家内は、いつも笑っていたが、この年齢になっても、それほど憧れる人がいることを幸せに思っている。

田鶴子さんが亡くなり、猪木さんは20年に「心アミロイドーシス」という難病を告白し、21

年は入院生活が続いた。病室でのやせた姿を「YouTube」に公開した時は、元気な猪木さんの姿しか知らないだけに驚いたが、それも猪木さんにとってレスラーとしてリングで闘ってきた延長線上で病に勝つという意地とプライドだと思う。

8月に猪木さんは退院され電話で元気な声をお聞きし、また対面した時は喜びを感じると同時に私は自然に背筋が伸びる。何歳になろうがいつまでも猪木さんは私の師匠なのだ。

これからも猪木さんの背中を追い続け、プロレスラーとしてリングで冒険を続けていく。50周年は新たな旅の出発なのだ。

エピローグ・オブ・ドラゴン

16歳で入門した時、まさか50年もリングに立ち続けることができるとは、想像すらできなかった。

プロレスという長い旅路を、これだけ長く歩んでこられたのは、猪木さんとの出会い、両親から授かった健康な肉体、家族のサポート、ファンの声援……様々なことがあると思う。私を支えてくれ、出会った人々、全てに感謝したい。

私自身、なぜ、67歳の今も現役生活を続けられているのかを思うと、リングに上がる時の常に消えることのない緊張感に理由があるのではないかと思う。デビューした頃、リングに上がることが恐怖で太腿がピクピク痙攣した。その恐怖は、経験を重ねても私の中からなくなることはなかった。もちろん、緊張の度合いは、時間と共に変わってきたが、今も試合前の控室では恐怖で太腿が動くのだ。

怖いからこそ、その恐怖を断ち切ろうと無我夢中でリング上で闘ってこられた。このプロレスへの畏怖が私を支える力となっている。

そして、レスラーである限り、ファンに笑われるような肉体ではリングに上がる資格はないと戒めている。今も時間があれば、土曜、日曜を除いてほぼ毎日、ジムで1日4時間ほど練習をする。ストレッチを入念に行ない、自転車を1時間ほど漕ぎ、汗を流す。そこから、筋力トレーニングで体を作ることは、私にとって年齢との闘いでもある。

練習ができなくなり、17歳でデビューした時と同じ黒のショートタイツを履けなくなった時は、もしかすると引退する時なのかもしれない。

50周年を迎え嬉しい出来事があった。9月14日に「日本プロレス殿堂会」から殿堂入りの表彰を受けた。アントニオ猪木さん、ジャイアント馬場さん、ジャンボ鶴田さん、天龍源一郎さん、長州と並んでの受賞は光栄の極みだ。プロ野球など他のスポーツ、プロレス界ではWWEで定着しているように、日本でもこの「プロレス殿堂」を定着させ、リングで必死に闘った先輩、仲間、後輩の足跡を後世に伝えていきたいと思っている。

また、9月17日にはHEAT－UPの大会でTAMURA君を破り、HEAT－UPユニバーサル王座とPWL世界王座の2冠を獲得した。シングルのベルト奪取は、1998年4月4日の猪木さんの引退試合で佐々木健介を倒しIWGPヘビー級王座を獲得して以来、23年ぶりのことだった。50周年でシングルのベルトを腰に巻いたのは本当に幸せなことでさらに前進しようと心に火を灯してくれた。

プロレスとは私にとって生きる糧、人生そのものだ。ただ「プロレスとは何か？」と問われても、いまだに答えは出ない。まだ迷っている。

逆に聞きたい。「果たして人生に答えはあるだろうか？」と。レスラー人生50年を経て、思うことは、プロレスに答えなど出してはいけないということだ。答えが見つからないから、これからも私はリングへ上がるのだ。

ニューヨークでベルトを奪取し、私はファンのみなさんから「ドラゴン」と呼ばれるようになった。私にとって「ドラゴン」とは、ファンが求めるプロレスラーになることの象徴だ。「ROAD of the DRAGON」。振り返れば、この50年は理想のプロレスラーになろうと追い求め「ドラゴン」になる道を走り続けた。そして、それは明日も変わることはない。

プロレスへの旅は、まだまだ続く。

藤波　辰爾

藤波辰爾年表 1953-2021

1953(昭和28)年	12月28日	大分県東国東郡(現・国東市)武蔵町で父・晋、母・トヨ子の間に6人兄弟の末っ子の四男として生まれる。
1960(昭和35)年	4月	武蔵町立武蔵東小学校入学
1962(昭和37)年		小学校3年生の時、叔父の家のテレビで初めてプロレスを見る
1966(昭和41)年	4月	武蔵町立武蔵中学校入学
1969(昭和44)年	4月	東国東郡の職業訓練学校に入学
1970(昭和45)年	4月	別府市内の自動車工場「松本自動車」へ就職
	5月	別府市内の温泉旅館で北沢幹之と出会う。プロレスラーになることを直談判する。
	6月16日	北沢に連れられ日本プロレス山口県下関市体育館大会を観戦。試合後、日プロの巡業に加わることを許される。その後、正式に練習生として認められ、アントニオ猪木の付け人になる。
1971(昭和46)年	5月9日	日本プロレスの岐阜市民センター大会で北沢幹之(リングネームは新海弘勝)とデビュー戦。
	12月13日	猪木が「会社乗っ取り」を企てたとして日本プロレス追放。その夜、代官山の日プロ合宿所を離れ猪木と合流する。
1972(昭和47)年	1月26日	猪木が新団体「新日本プロレス」設立発表。
	3月6日	東京・大田区体育館で新日本プロレス旗揚げ戦。第1試合でエル・フリオッソと対戦も敗れる。
	3月16日	愛媛県松山市の愛媛県民会館で浜田広秋を相手に初勝利。
1973(昭和48)年	4月6日	NET(現・テレビ朝日)が宇都宮・栃木県営スポーツセンター大会から毎週金曜夜8時に新日本プロレス中継「ワールドプロレスリング」放送開始。
1974(昭和49)年	12月8日	愛知県・刈谷市体育館で小沢正志を破り「第1回カール・ゴッチ杯」優勝。
1975(昭和50)年	6月	西ドイツに海外武者修行へ出発。
	10月	西ドイツでの試合を終え、米国フロリダ州タンパのカール・ゴッチの自宅での練習がスタート。
1976(昭和51)年	3月	ノースカロライナ州シャーロットが拠点のジム・クロケット・ジュニアのプロモーションと契約し、アメリカマット本格参戦。
1977(昭和52)年	3月	メキシコのUWAに参戦。
1978(昭和53)年	1月23日	ニューヨークのマジソン・スクエア・ガーデンでカルロス・ホセ・エストラーダを初公開のドラゴンスープレックスで破りWWWF世界ジュニアヘビー級王座を奪取する。
	2月22日	羽田空港に凱旋帰国。
	3月3日	群馬県・高崎市体育館のマスクド・カナディアン戦で凱旋初戦を勝利で飾る。
	3月30日	蔵前国技館で対戦予定だったエル・カネックが「敵前逃亡」。代わりに対戦したイワン・コロフを破る。
	5月20日	秋田県立体育館でアントニオ猪木と初対決も完敗。

1978(昭和53)年	7月27日	日本武道館でWWWFジュニア王座をかけ初対決の剛竜馬を破る。
	10月20日	大阪・寝屋川市民体育館で大流血の末、チャボ・ゲレロを破りWWWFジュニア王座10度目の防衛に成功。この試合を妻となる当時、モデルの沼谷かおりが観戦し、その後、交際がスタートする。
	11月30日	広島県立体育館で剛竜馬を破り、11度目の防衛に成功。
	12月1日	父・晋が死去。享年60。
1979(昭和54)年	8月26日	日本武道館で行われた「夢のオールスター戦」でジャンボ鶴田、ミル・マスカラスとトリオを結成し、マサ斎藤、タイガー戸口、高千穂明久と対戦し勝利。
	10月2日	大阪府立体育会館で剛竜馬に敗れ、WWFジュニア王座から転落。防衛回数は24でストップ。
	10月4日	蔵前国技館で剛を破りWWFジュニア王座を奪還。
1980(昭和55)年	2月1日	札幌中島体育センターでスティーブ・カーンとのWWF世界ジュニアとNWAインターナショナルジュニアヘビー級の2冠統一戦を制し、2冠王となる。
	3月20日	岡山・津山総合体育館でドラゴンスープレックスを受けたマンド・ゲレロが失神。以後、ドラゴンスープレックスを封印。
1981(昭和56)年	6月8日	ニューヨークMSGの試合後にリング上で沼谷かおりとの婚約を発表。
	10月16日	大分県立総合体育館でスティーブ・トラビスを破りWWFジュニア王座を28回目の防衛に成功。この試合を最後にヘビー級転向のため、王座返上。
	12月14日	京王プラザホテルで結婚披露宴。
1982(昭和57)年	1月1日	ヘビー級に転向しWWF世界ヘビー級王者ボブ・バックランドに挑戦。この試合から「飛竜十番勝負」がスタート。
	8月30日	MSGでジノ・ブリッドを破り、WWFインターナショナルヘビー級王座を奪取。
	10月8日	後楽園ホールでの「闘魂シリーズ」開幕戦のメインイベントで猪木、長州力とのトリオでアブドーラ・ザ・ブッチャー、バッドニュース・アレン、SDジョーンズと対戦。試合中に長州と仲間割れし、2人の抗争が勃発する。
	10月22日	広島県立体育館で反逆した長州と一騎打ち。無効試合に終わる。
	11月4日	蔵前国技館で長州とWWFインターナショナル王座をかけて対戦し反則勝ち。
1983(昭和58)年	4月3日	蔵前国技館でのWWFインター選手権で長州に敗れ王座陥落。
	4月21日	蔵前国技館でWWFインター王者の長州に挑戦もリングアウト負け。その後、日本を離れアメリカ遠征を行なう。
	7月7日	大阪府立体育会館で長州のWWFインター王座に挑戦。相手の必殺技「サソリ固め」を繰り出すも反則負け。
	8月4日	蔵前国技館で長州をリングアウトで破り、WWFインター王座を奪還。

1984(昭和59)年	2月3日	札幌中島体育センターでの長州戦で藤原喜明が花道で長州を襲撃し試合不成立となる。
	8月12日	パキスタン遠征でクエッタのアエブスタジアムで長州とタッグ。ビリー・クラッシャー、エル・カネックと対戦。
	9月21日	長州が新日本離脱を表明。
	12月5日	大阪府立体育会館でのMSGタッグリーグ決勝戦を猪木とのタッグでディック・マードック、アドリアン・アドニス組を破り初優勝。
1985(昭和60)年	4月18日	新日本プロレス初の両国国技館大会でストロング・マシン1号と対戦。ドラゴンスープレックスを復活させフォール勝ち。
	5月17日	熊本県立総合体育館でマイク・シャープとの試合後に乱入したスーパー・ストロング・マシンへマイクで「お前、平田だろ!」と言い放つ。
	9月19日	東京体育館で猪木と一騎打ち。卍固めを極められレフェリーストップで敗れる。
	12月12日	宮城県スポーツセンターでのIWGPタッグリーグ戦決勝戦で木村健吾とタッグを組み、坂口征二と組んだ猪木をドラゴンスープレックスで破り、猪木から初のフォール勝ち。初代IWGPタッグ王者となる(防衛5度)。
1986(昭和61)年	6月12日	大阪城ホールで前田日明と対決。大流血の末、両者KOで終わる。
	9月23日	後楽園ホールで木村とのタッグで前田、木戸修組を破りIWGPタッグ王座奪還(後に返上)。
	11月14日	長女誕生
1987(昭和62)年	1月14日	後楽園ホールで木村健吾と日本マット史上初のワンマッチ興行で対戦。逆片エビ固めで勝利。
	4月27日	両国国技館大会の客席に長州が登場。のちに新日本復帰。
	8月19日	初の両国国技館2連戦となった「サマーナイトフィーバーイン国技館」。世代闘争が開戦し、メインで長州、前田、木村、スーパー・ストロング・マシンと組んで、猪木、坂口、星野勘太郎、藤原、武藤敬司と5対5イリミネーションマッチで対戦。
	8月20日	「サマーナイトフィーバーイン国技館」2日目。長州と組んで、猪木、武藤と対戦。
	10月5日	後楽園ホールで長州と3年3か月ぶりの一騎打ち。
	12月27日	両国国技館大会での「イヤーエンドイン国技館」で木村と組んで長州、斎藤と対戦もリングに物が投げ入れられ、試合後、大暴動が起きる。
1988(昭和63)年	1月18日	木村とのタッグで徳山市体育館で藤原喜明、山崎一夫を破りIWGPタッグ王座奪還(防衛3度)。
	4月22日	沖縄・奥武山公園体育館で猪木と組んで、斎藤、ベイダー組と対戦。反則勝ちも試合後の控室で猪木へ世代交代、ビッグバン・ベイダー戦をアピールし、飛竜革命を敢行。

1988(昭和63)年	4月27日	大阪府立体育会館で欠場した猪木に代わってベイダーと対戦。リングアウトで勝つ。
	5月8日	有明コロシアムでベイダーとのIWGPヘビー級王座決定戦を争い反則勝ちで初の同王座獲得。
	5月27日	宮城県スポーツセンターで長州とIWGPヘビーの防衛戦も無効試合で王座をコミッショナーへ預ける。
	6月24日	大阪府立体育会館で長州とのIWGPヘビー級王座決定戦に勝利し再び王座獲得。
	6月26日	名古屋レインボーホールでのIWGPヘビー級初防衛戦でベイダーを逆さ押さえ込みで破る。
	8月8日	横浜文化体育館での「スーパーマンデーナイトインヨコハマ」で猪木を挑戦者に迎えIWGPヘビー級防衛戦。60分フルタイムで引き分け2度目の防衛に成功。
1989(平成元)年	3月16日	横浜文化体育館でジェリー・ローラーを破りIWGP王座、7度目の防衛に成功。のちに日米ソ三国対抗トーナメント開催にあたり王座返上。
	4月24日	プロレス界初の東京ドーム大会。IWGPヘビー級王座決定トーナメントに出場。1回戦は、ソ連のベルコビッチに勝利も準決勝でベイダーに敗れる。
	6月16日	新日本プロレスの株主総会で社長が猪木から坂口へ交代。
	6月20日	猪木が参院選出馬を表明。
	6月22日	長野県・佐久市総合体育館のベイダー戦で勝利も激しい腰痛が発覚。
	7月4日	青森県・五所川原市体育館で長州、木村と組んで、ベイダー、グレート・コキーナ、マイク・カーシュナーと対戦。この試合を最後に腰椎椎間板ヘルニアで長期欠場に入る。
	7月24日	猪木が参院選初当選。プロレスラー初の国会議員となる。
	11月3日	後楽園ホール大会のリング上であいさつ。
1990(平成2)年	8月7日	後楽園ホールで公開練習。
	9月25日	新ユニット「ドラゴンボンバーズ」結成発表。
	9月30日	横浜アリーナで越中詩郎と5分間のエキシビションマッチ。
	10月25日	群馬県・前橋グリーンドームで478日ぶりの復帰戦。越中と組んで、長州、アニマル浜口と対戦も長州のリキラリアットに敗れる。
	12月26日	静岡県・浜松アリーナで長州のIWGPヘビー級王座に挑戦。回転足折り固めで勝利し、1年9か月ぶりに王座奪還。
1991(平成3)年	1月17日	横浜文化体育館でベイダーとのIWGPヘビー初防衛戦で敗れる。
	3月4日	広島サンプラザでベイダーに挑戦しIWGPヘビー王座奪還。
	3月21日	東京ドームでの「スターケード・イン・闘強導夢」でリック・フレアーとIWGPヘビー&NWA世界ヘビー級のダブルタイトル戦。グラウンドコブラツイストでフレアーを破り、2冠王となる。のちに王座移動は無効に。
	5月19日	フロリダ州セントピーターズバーグでNWA世界ヘビー級王座決定戦でフレアーに敗れる。

1991(平成3)年	5月31日	大阪城ホールでデビュー20周年記念大会「LEGEND OF DRAGON」を開催。IWGPヘビー級選手権で蝶野をドラゴンスリーパーで破り防衛に成功。
	9月23日	横浜アリーナでグレート・ムタと初対決。ムーンサルトプレスに敗れる。
1992(平成4)年	1月4日	東京ドームで長州とIWGP&グレーテスト18クラブのダブル選手権。リキラリアット3連発で長州に敗れ王座陥落。
	2月8日	「ファイティングスピリット」の札幌中島体育センター大会を最後に欠場に入る。
	7月8日	横浜文化体育館での「DRAGON THE RIVIVAL」で復帰戦。初の異種格闘技戦でリチャード・バーンを5ラウンド43秒、ヒザ十字固めで破る。
1993(平成5)年	7月7日	長男・怜於南(現・LEONA)誕生
	8月7日	両国国技館での「第3回G1クライマックス」決勝戦で馳浩をサソリ固めで破り、初優勝。
1994(平成6)年	4月4日	広島グリーンアリーナで橋本真也を破り、2年3か月ぶり、5度目のIWGP王座奪還。
	4月15日	愛知県・岡崎市体育館大会のあと、エジプトのシナイ半島からエルサレムを目指す旅番組のロケに出発。
	5月1日	エジプトから一時帰国し福岡ドームで橋本に敗れIWGPヘビー陥落。試合後、再びシナイ半島へ向かい、エルサレムを初めて訪問する。
	11月23日	福島県・郡山セントラルホールで国内3000試合達成。記念試合で木戸修をドラゴンスリーパーで破る。
1995(平成7)年	1月4日	東京ドーム大会出場後、長期欠場に入る。
	10月29日	大阪・ATCホールで「無我」旗揚げ戦。タリー・ブランチャードをドラゴンスリーパーで破る。
1997(平成9)年	1月4日	木村とのタッグで東京ドームで蝶野正洋、天山広吉を破りIWGPタッグ王座獲得(防衛3度)。
1998(平成10)年	1月4日	東京ドームで長州力が引退試合。
	4月4日	東京ドームでアントニオ猪木が引退試合。この日、佐々木健介を破り、IWGPヘビー6度目の戴冠。
	8月8日	大阪ドームで蝶野に敗れ、IWGPヘビー陥落。
1999(平成11)年	1月4日	東京ドームで橋本が小川直也にKOされる。試合結果は無効試合。
	1月31日	ジャイアント馬場が肝不全のため東京医科大学病院で死去。享年61。
	6月24日	新日本プロレスの株主総会で社長就任。
2000(平成12)年	4月7日	橋本が「負けたら引退」をかけた試合で小川に敗れる。
	5月5日	福岡ドームで引退へ向けたカウントダウン「エピローグ・オブ・ドラゴン」スタート。第一弾で蝶野と対戦し敗れる。
	6月	三沢光晴らが全日本プロレスを離脱。その後、プロレスリング・ノアを設立。
	10月9日	東京ドームでの橋本の復帰戦で対戦し敗れる。
	11月13日	新日本プロレスが橋本を解雇。

2001(平成13)年	1月4日	東京ドームでの長州対橋本戦を試合途中で止める。後に「ドラゴンストップ」と呼ばれる。
	2月3日	札幌きたえーるで藤原喜明と「エピローグ・オブ・ドラゴン」第3弾。足4の字固めで勝利。その後、カウントダウンの撤回を表明。
	9月23日	大阪・なみはやドームで西村修と組んで天山広吉、小島聡を破りIWGPタッグ王座を奪取(防衛1度)。
	10月7日	後楽園ホールでデビュー30周年記念で飛竜十番勝負最終戦と銘打ちボブ・バックランドと5分1本勝負のエキシビションマッチ。
	12月11日	大阪府立体育会館で武藤敬司が持つ全日本プロレスの三冠ヘビー級王座に初挑戦も敗れる。
2002(平成14)年	1月18日	武藤敬司が新日本を退団。その後、小島聡、ケンドー・カシン、複数の社員と全日本プロレスへ移籍。
2003(平成15)年	11月6日	記者会見で2004年1月4日の東京ドームでの引退を示唆。
	12月31日	神戸ウイングスタジアムで行なわれた「INOKI BOM―BA―YE」で猪木と5分間のエキジビションマッチ。「引退試合」と放送される。
2004(平成16)年	1月7日	都内の病院で胆のう摘出手術。
	6月23日	新日本プロレスの株主総会で社長退任。副会長となる。
2005(平成17)年	3月26日	両国国技館での西村戦で03年1月4日以来の復帰戦。結果は15分時間切れ引き分け。
	11月14日	ゲームソフト開発会社のユークスが、経営難に苦しむ新日本の株式51.5%を取得したことを発表。新日本はユークスの子会社として再出発することに。
2006(平成18)年	1月4日	東京ドームでの長州組との12人タッグに出場。この試合が新日本所属のラストマッチとなる。
	6月30日	新日本プロレス退社。その後、「無我ワールドプロレスリング」へ参加し社長に就任。
	8月2日	後楽園ホールで「無我ワールドプロレスリング」旗揚げ戦。マーク・マッカイを逆さ押さえ込みで破る。
2007(平成19)年	9月9日	プロレスリング・ノアの日本武道館大会で西村と組み、三沢光晴、潮﨑豪と対戦。この試合が三沢との初対決。試合は西村が潮崎を足4の字固めで破る。
	12月13日	後楽園ホール大会を最後に「無我ワールドプロレスング」活動を停止。その後、団体名を「ドラディション」に改称する。
2008(平成20)年	1月4日	新日本プロレスの東京ドーム大会参戦。
	2月23日	大阪府立体育会館第二競技場で「ドラディション」プレ旗揚げ戦。
	3月20日	船橋アリーナで「ドラディション」旗揚げ戦。
	11月24日	愛知県体育館でのIGFに参戦。初代タイガーマスクと10分1本勝負で対戦し時間切れ引き分け。
2009(平成21)年	6月13日	三沢光晴が広島グリーンアリーナでの試合中の事故で急逝。享年46。

2011(平成23)年	1月10日	後楽園ホールで「レジェンド・ザ・プロレスリング」開催。長州とシングルマッチで対決し勝利。
2012(平成24)年	4月20日	後楽園ホールで「デビュー40周年記念ファイナル」大会を開催。長州、初代タイガーマスクと組んで蝶野、ヒロ斎藤、AKIRAと対戦しAKIRAをドラゴンスリーパーで下す。特別ゲストに猪木、前田が来場。興行終了後に長男・怜於南がマイクを持ち、プロレスラーになりたいことを表明。
2013(平成25)年	11月19日	「ドラディション」後楽園ホール大会でLEONAがデビュー。船木誠勝と対戦し完敗。
	12月28日	60歳還暦の誕生日を迎える。
2014(平成26)年	1月13日	後楽園ホールでの「レジェンド」でLEONAと初タッグ。長州、坂口征夫と対戦もLEONAが長州に敗れる。
	5月11日	「ドラディション」後楽園ホール大会で金本浩二と還暦記念試合。5分1本勝負で時間切れ引き分け。
2015(平成27)年	3月28日	カリフォルニア州サンノゼのSAPセンター・アット・サンノゼでWWE殿堂入り表彰式。日本人では猪木に続き2人目。
	9月	脊柱管狭窄症の手術を受ける。
2017(平成29)年	4月20日	「ドラディション」後楽園ホール大会でデビュー45周年記念大会を開催。長州、越中と組み、ビッグバン・ベイダー、武藤敬司、AKIRAと対戦。試合後のセレモニーに猪木、木村、前田らがゲスト登場。
2018(平成30)年	6月18日	ベイダー(本名・レオン・ホワイト)死去。享年63。
2019(令和元)年	6月26日	後楽園ホールでの「長州力引退興行」に参戦。真壁刀義、武藤と組み、長州、越中、石井智宏と対戦。
2020(令和2)年	1月4日	新日本プロレスの東京ドーム大会に出場。獣神サンダー・ライガーの引退試合でライガー、ザ・グレート・サスケ、タイガーマスクと組み、田口隆祐、佐野直喜、高岩竜一、大谷晋二郎と対戦。
2021(令和3)年	9月14日	日本プロレス殿堂会から殿堂入り表彰。
	9月17日	「HEAT-UP」の川崎市とどろきアリーナ大会でTAMURAを破り、HEAT-UPユニバーサル&PWLワールド王座の2冠王座を奪取。
	10月31日	大阪・ATCホールで50周年記念ツアー「THE NEVER GIVE UP TOUR」PHASE-1が開幕。

藤波辰爾
FUJINAMI TATSUMI

昭和28年12月28日生まれ。大分県東国東郡出身。

1970年6月、16歳で日本プロレスに入門。翌1971年5月9日デビュー。1972年3月、新日本プロレス旗揚げ戦に出場。1974年12月に開催された第1回カールゴッチ杯で優勝を果たし、1975年6月に海外遠征へ出発。 カール・ ゴッチ氏のもとで修行を積み、'78年1月にWWWFジュニア・ヘビー級王座を獲得した。同年2月に帰国、空前のドラゴンブームを巻き起こし、ジュニア戦線を確立。

1981年10月、ヘビー級転向後は、数度に渡るIWGPヘビー級王座、タッグ王座の戴冠、G1優勝等、新日本プロレスのエースとして活躍。1995年10月、自主興行『無我』を旗揚げ。1999年6月より5年間に渡り新日本プロレス社長を務めた。2006年6月30日付けで新日本を退団し、同年8月に『無我ワールドプロレスリング』を旗揚げ。'08年1月より団体名を『ドラディション』に変更。

2011年レジェンド・ザ・プロレスリングにおいて宿敵・長州力との『名勝負数え唄』を復活させ、同年5月にはレスラー生活40周年を迎えた。2015年3月にはアントニオ猪木氏に続き、 日本人2人目となるWWE殿堂入り（WWE HALL OF FAME）を果たす。2017年には、PWHF（Professional Wrestling Hall of Fame）殿堂入り。2021年5月9日には、デビュー50周年を迎え、2021年10月31日大阪・ATCホール、11月9日東京・後楽園ホールを皮切りに2022年まで、デビュー50周年記念ツアーの開催が決定。

藤波辰爾自伝《ふじなみたつみじでん》
ROAD of the DRAGON
プロレス50年《ねん》、旅《たび》の途上《とじょう》で

2021年11月7日　初版第1刷発行

著者　藤波辰爾《ふじなみたつみ》
カバー写真撮影　原悦生
扉写真撮影　笹井タカマサ
装丁　金井久幸(TwoThree)
本文デザイン　岩本巧(TwoThree)
校正　鈴木佑

発行人　永田和泉
発行所　株式会社イースト・プレス
〒101-0051
東京都千代田区神田神保町2-4-7
久月神田ビル
TEL:03-5213-4700
FAX:03-5213-4701
https://www.eastpress.co.jp/

印刷所　中央精版印刷株式会社

ISBN978-4-7816-2022-0